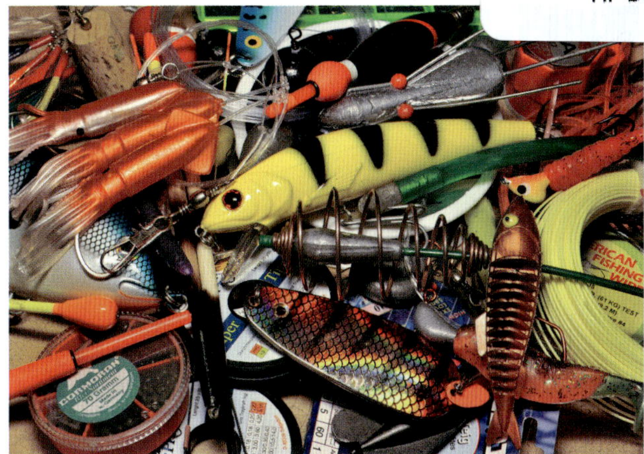

Bayerischer Landwirtschaftsverlag

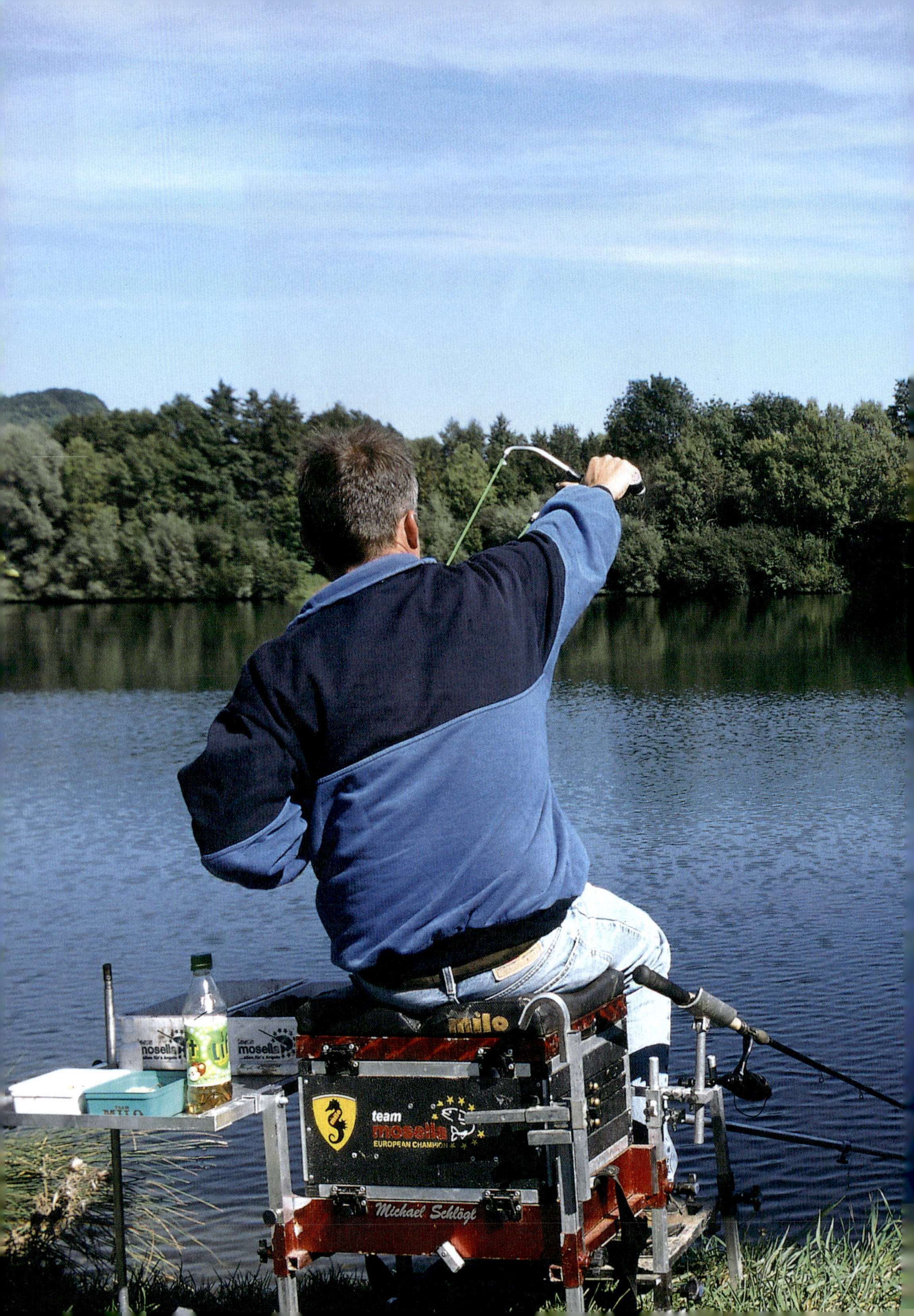
milo
team
mosella
EUROPEAN CHAMPION
Michael Schlögl

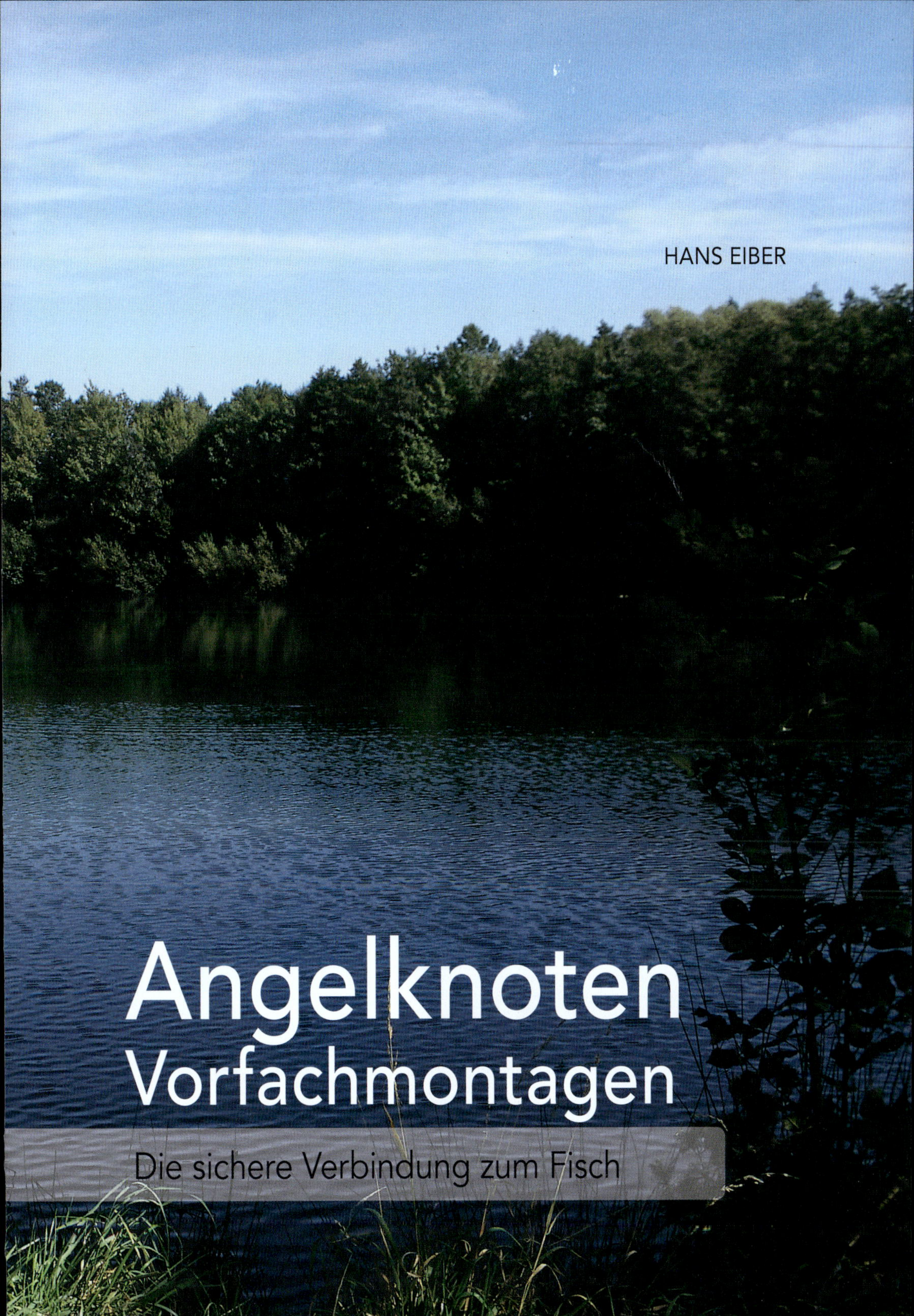
HANS EIBER
Angelknoten
Vorfachmontagen
Die sichere Verbindung zum Fisch

Was Sie in diesem Buch finden

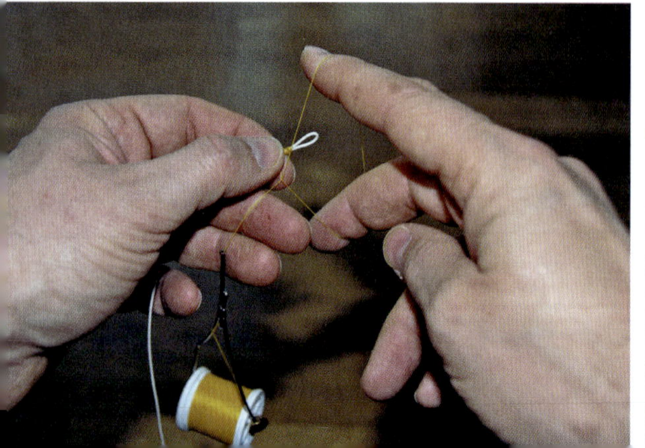

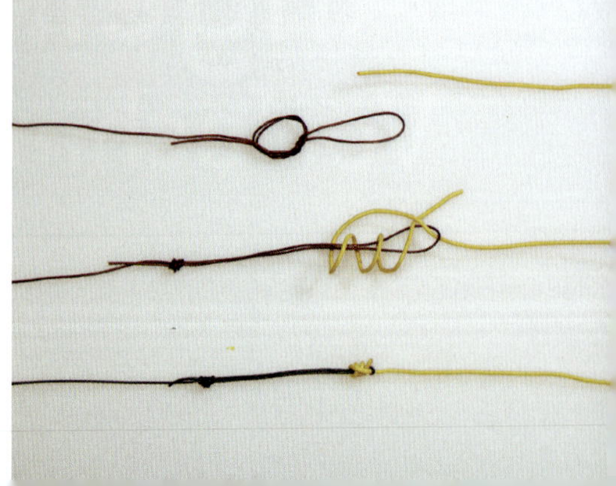

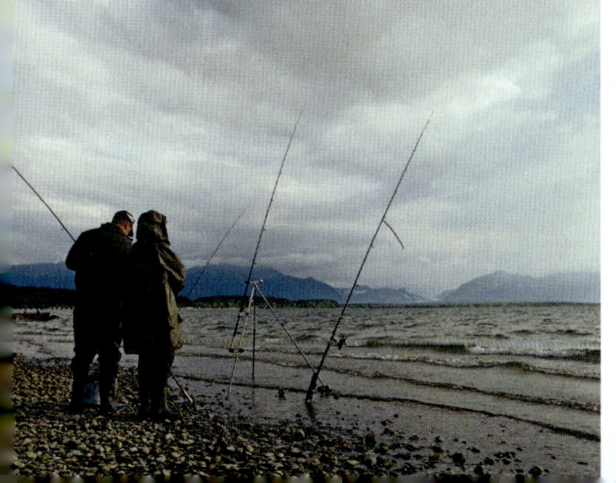

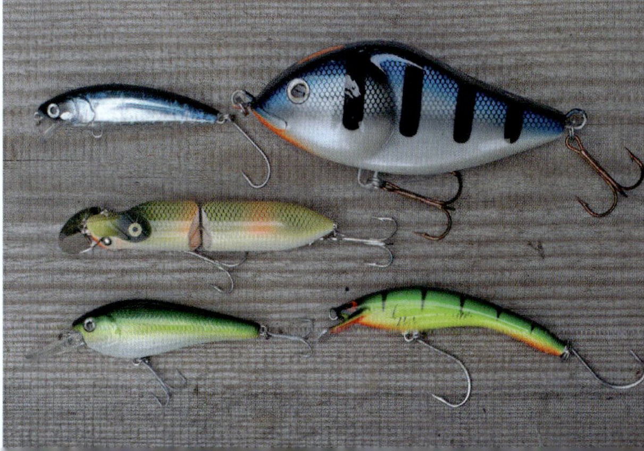

Ein Wort zuvor

Lieber Leser,

seit der Mensch vor mehreren tausend Jahren zum ersten Mal eine Leine mit einem Haken daran nach einem Fisch ausgeworfen hat, war er immer bemüht dieses letzte Stück der Schnur zu verbessern, zu verfeinern, kurz »fängiger« zu machen. Heute nennt man dieses letzte Stück, an dem der Haken hängt, »Endmontage« oder man benutzt den kurzen englischen Ausdruck »Rig«.

Es gibt unzählige verschiedene »Rigs«. Hier in diesem Buch sind genau zweiundsechzig davon, zugeschnitten auf die bei uns wichtigsten Fischarten und beliebtesten Angelmethoden. Diese Vorschläge sollen jedoch auf keinen Fall davon abhalten zu experimentieren, im Gegenteil, sie sollen dazu auffordern. Alle Angaben über Schnurstärken, Beschwerungen, Längen etc. können und müssen unter bestimmten Bedingungen verändert und angepasst werden, um verschiedenen Situationen

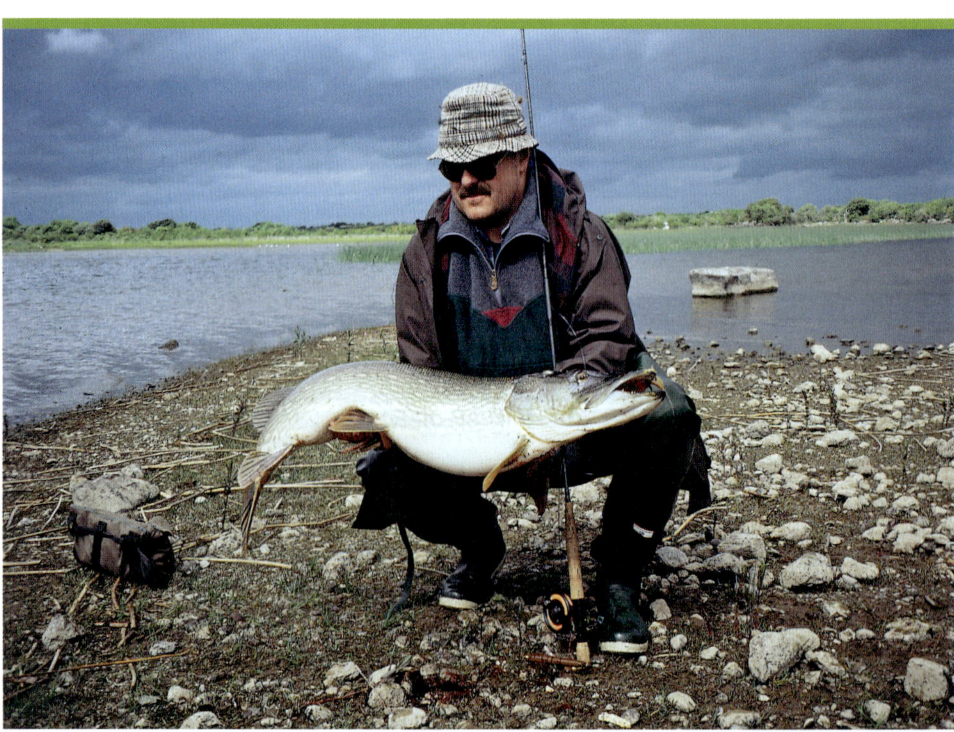

Für so einen Fisch müssen alle Knoten halten.

und Anforderungen gerecht zu werden. Dieses Büchlein soll dazu beitragen, den Beginner schnell mit unterschiedlichen Angelmethoden vertraut zu machen, und den »alten Hasen« ermuntern, vielleicht eine neue Angelart oder eine für ihn neue Methode auszuprobieren. Eine handliche Sache für den Angelurlaub, wenn man schnell eine passende Antwort auf eine bestimmte Angelsituation finden muss. Die am Anfang vorgestellten zuverlässigen Angelknoten sorgen dafür, dass die Montagen sicher halten, auch wenn ein größerer Fisch angebissen hat.

In diesem Sinne wünsche ich viel Petri Heil!

Hans Eiber

Noch einige Anmerkungen

In Deutschland ist die Verwendung eines lebenden Köderfisches in der Regel verboten. Alle gezeigten Köderfisch-Montagen sind deshalb für tote Köderfische gedacht.
Einige der Raubfisch-Rigs und Spinnköder sind mit Drillingen ausgestattet. Das geschieht, weil es sich dabei um Original-Montagen handelt, die ich hier nicht verändern wollte. Drillinge sind jedoch für untermaßige oder zu schonende Fische, die zurückgesetzt werden sollen, gefährlich. Oft werden sie beim Lösen der sperrigen Haken schwer verletzt und selbst wenn ein zurückgesetzter Fisch auf den ersten Blick »quicklebendig« in der Tiefe verschwindet, heißt dies nicht, dass er den Tag überleben wird. In allen Fällen ist es möglich, passende Einzelhaken zu verwenden, die zudem oft besser im Fischmaul halten als ein kleinerer Drilling. An der Ostsee versehen zum Beispiel aus diesem Grund einige Meerforellenspezialisten die kleinen Dreifachhaken ihrer Küstenpilker mit etwas größeren Einzelhaken. Ein großer Streamer zum Fliegenfischen besitzt auch nur einen Haken und fängt Hechte jeder Größenordnung. Mein größter Hecht, den ich mit der Fliegenrute landen konnte und der links abgebildet ist, wog 13,5 kg und fiel auf einen widerhakenlosen Streamer der Hakengröße 3/0 herein. Warum muss dann ein Hechtwobbler unbedingt Drillinge besitzen?

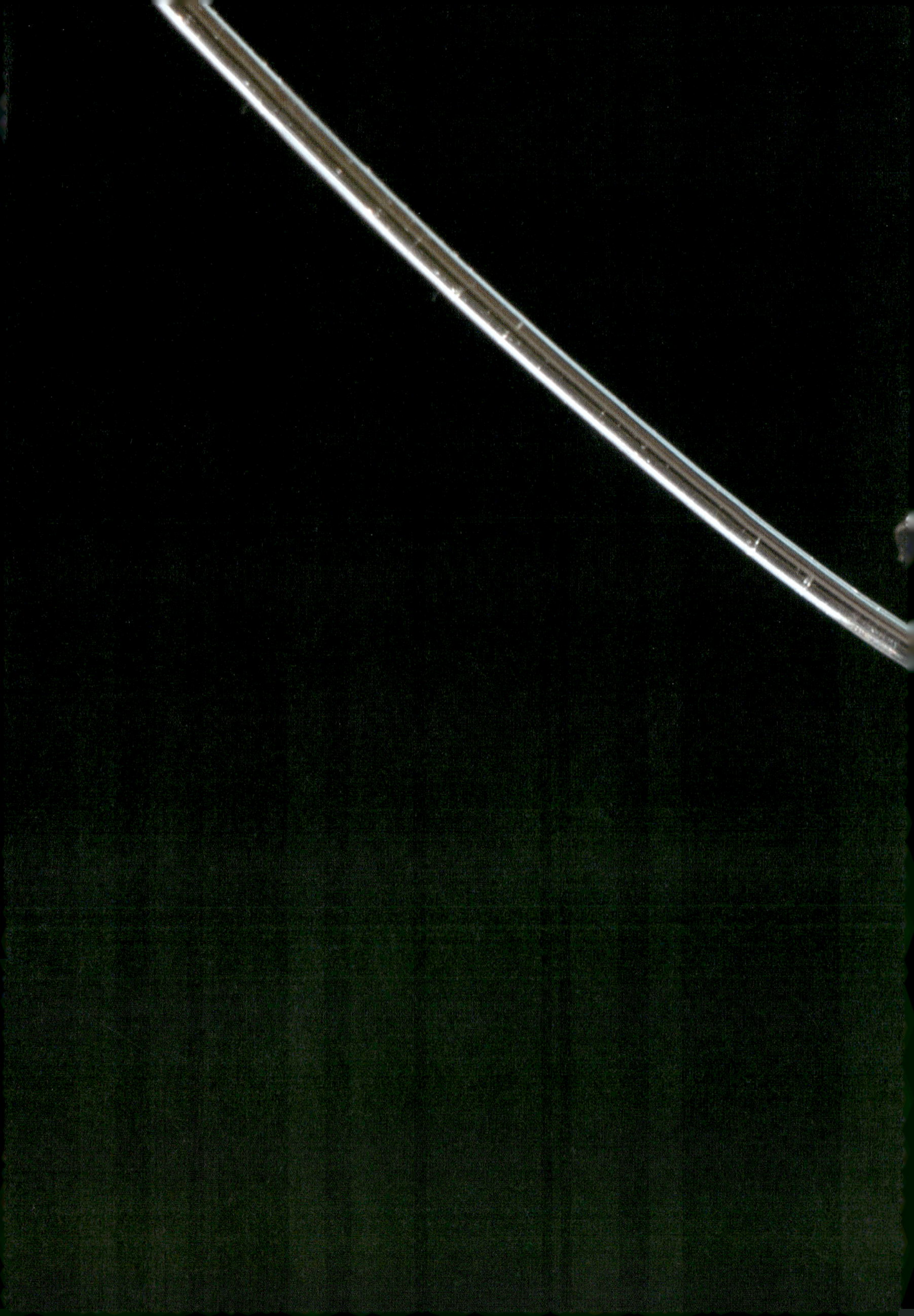

Angelknoten

Sauber geknüpfte Knoten sind eine faszinierende Sache. Starke Knoten sind auch die Voraussetzung, um Fische erfolgreich mit Schnur und Haken zu fangen.

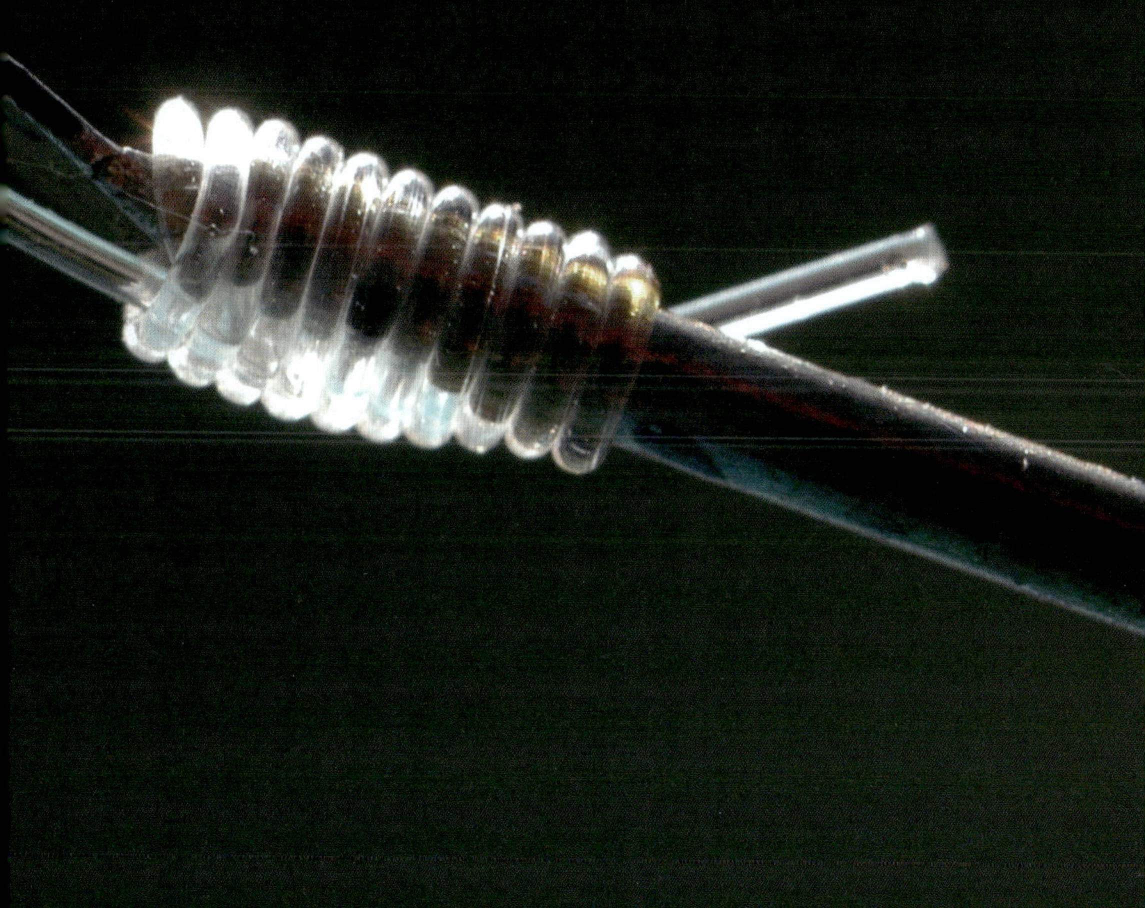

Empfehlenswerte Knoten

Ein zuverlässiger Knoten in der Angelschnur ist essentiell, wenn man einen gehakten Fisch auch sicher an Land bringen möchte. Viel zu viele Fische gehen im Drill verloren, weil die Knoten fehlerhaft sind.

In diesem Abschnitt befindet sich eine Auswahl von bewährten und sicheren Angelknoten, die mit allen im Buch gezeigten Montagen geknüpft werden können. Probieren und perfektionieren Sie jene mit denen Sie am besten zurechtkommen.

TIPP

Grundsätzlich monofile Knoten beim Zusammenziehen anfeuchten. Das vermeidet eine Überhitzung der beteiligten Schnüre und somit deren Schwächung. Darüber ob Knoten aus multifilen (geflochtenen) Schnüren angefeuchtet werden sollen, gehen die Meinungen auseinander. Stellen Sie immer sicher, dass ein Knoten wirklich ganz festgezogen ist, bevor sie das Schnurende zurechtstutzen, sonst kann er sich unter Belastung öffnen.

Hakenknoten

Einfacher Snell-Knoten

Der gezeigte Knoten ist eigentlich nichts anderes als ein *Grinner-Knoten* (siehe S. 26), dem Sie in diesem Büchlein noch öfter begegnen werden:

- Das Vorfachende durch das Öhr fädeln und eine große Schlaufe unter dem Hakenschenkel formen.

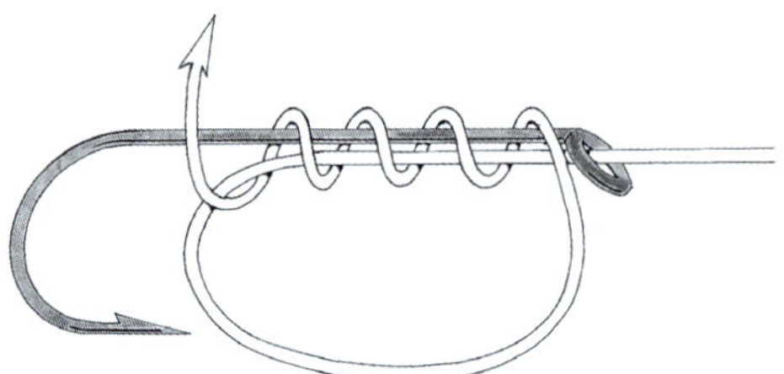

- Danach 4 bis 5 straffe Törns um den Hakenschenkel herum und durch die Schlaufe hindurch schlagen.
- Knoten langsam festziehen, dabei die Törns mit dem Fingernagel zum Hakenöhr schieben.

Verbesserter Einfacher Snell-Knoten

Ein sehr elegant aussehender Knoten, da im geschlossenen Zustand nur die eng anliegenden Törns zu sehen sind. Alle restlichen Knotenteile liegen unter ihnen verborgen.

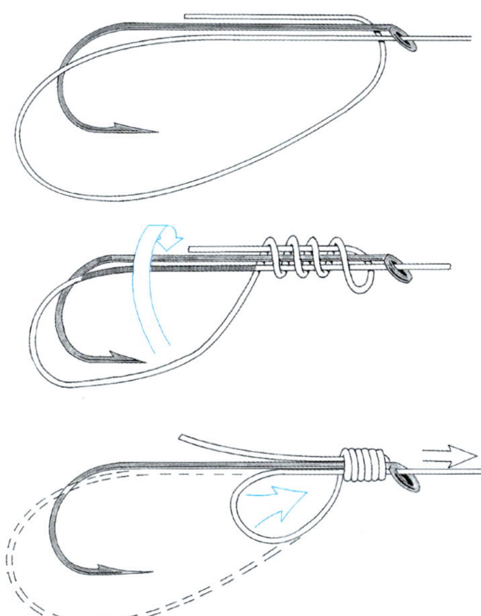

1 Das Leinenende am Hakenschenkel entlang anlegen und eine größere Schlaufe formen, die über den Hakenbogen hinausreicht.

2 Die Schlaufe wiederholt um den Hakenschenkel schlagen, dabei darauf achten, dass der stehende Teil (dunkel gefärbt) an dieser Stelle bleibt und nicht mit um den Schenkel gedreht wird.

3 6 bis 7 Törns ausführen, dann durch Zug an der stehenden Leine vor dem Öhr die Schlaufe langsam schließen. Darauf achten, dass die Törns straff anliegen.

Lock-Knoten

Dieser Knoten wird auch *Hakenschaft-Knoten* genannt und wurde angeblich speziell zum Anbinden von Monofil an Haken mit geradem Öhr entwickelt.

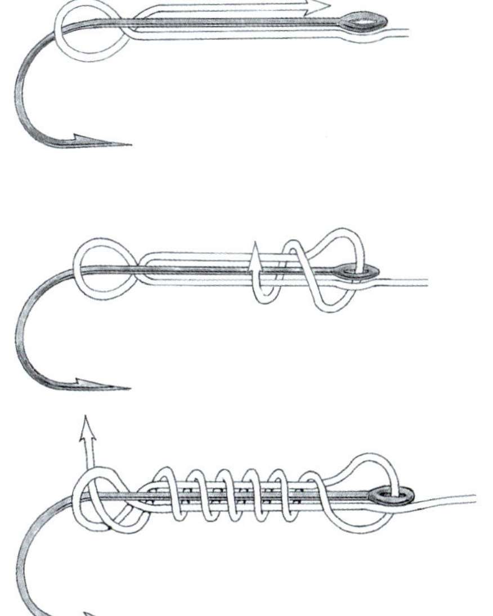

1 Die Leine am Hakenschenkel entlang anlegen und auf Höhe des Hakenbogens um den Schenkel herum schlagen, dann zurückführen.

2 Das lose Ende durch das Öhr stecken und enge Törns nach hinten führen.

3 5 bis 6 Törns durchführen und das Schnurende durch die nach hinten zeigende Schlaufe führen. Darauf achten, dass die Törns eng anliegen, dann vorsichtig am stehenden Ende ziehen und den Knoten sorgfältig nach vorne zum Öhr hin schließen.

Plättchenhaken-Knoten

Dieser Knoten ist auch als *Domhof-Knoten* bekannt. Damit können Öhr- und Plättchenhaken an Monofil befestigt werden.

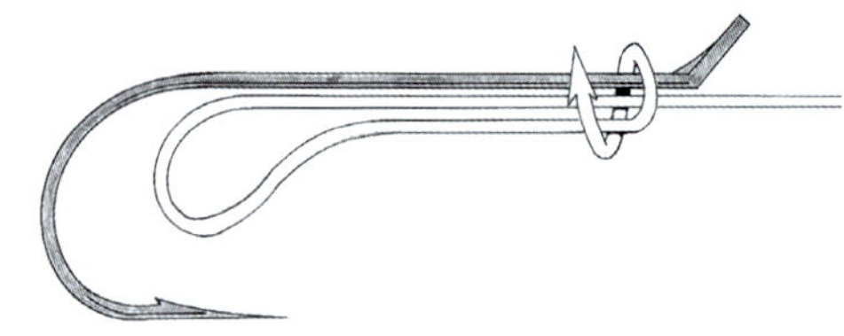

1 Eine lang gezogene Schlaufe am Hakenschenkel entlang legen, dann das Schnurende hinter dem Öhr um Schlaufe und Hakenschenkel herum winden.

2 5 bis 6 enge Törns ausführen, schließlich das lose Ende durch die Schlaufe führen.

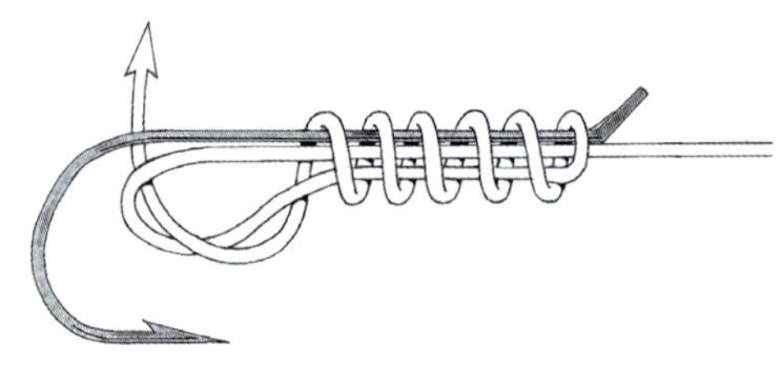

3 Die Törns eng zusammenschieben und durch Zug an der stehenden Leine den Knoten langsam schließen.

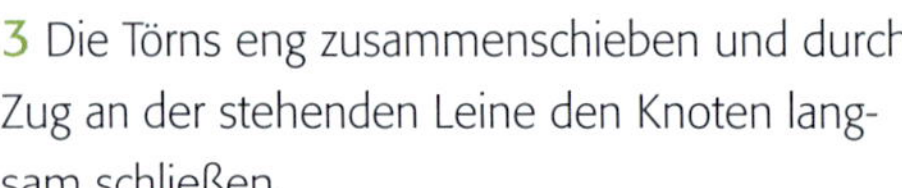

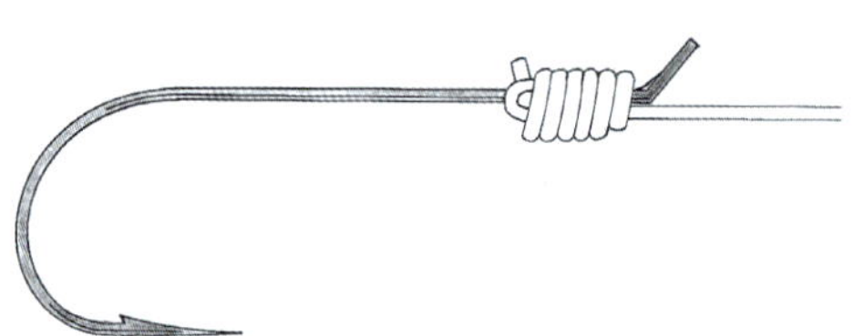

Öhrknoten

Grinner- oder Uniknoten

Für Wirbel und Kunstköder. Es entsteht eine offene Schlaufe, die sich unter Zug schließt.

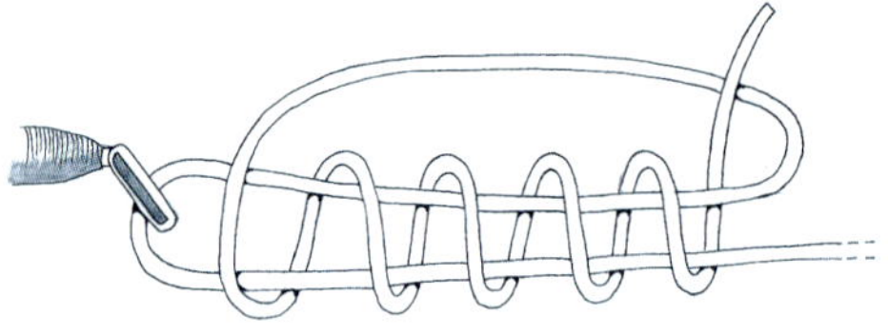

Verbesserter Klammerknoten

Einer der tragkräftigsten und einfachsten Knoten für das Anknüpfen von Wirbeln, Öhrhaken und Kunstködern.

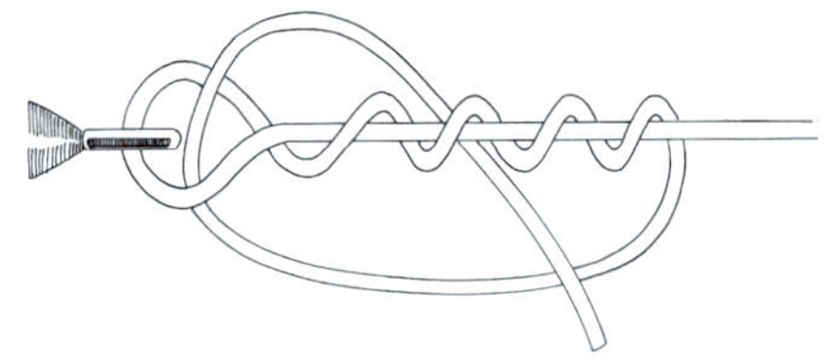

Doppelschlaufen-Klammerknoten

Wie der verbesserte Klammerknoten ein sehr sicherer Knoten für Wirbel und Kunstköder. Das Monofil muss aber unbedingt zwei Mal durch das Öhr geführt werden.

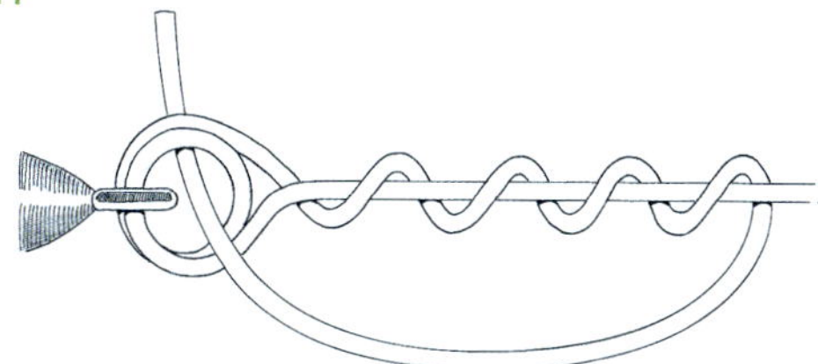

Orvis-Knoten

Diesem einfach zu bindenden Knoten werden bis zu 95 % der linearen Schnurtragkraft zugeschrieben.

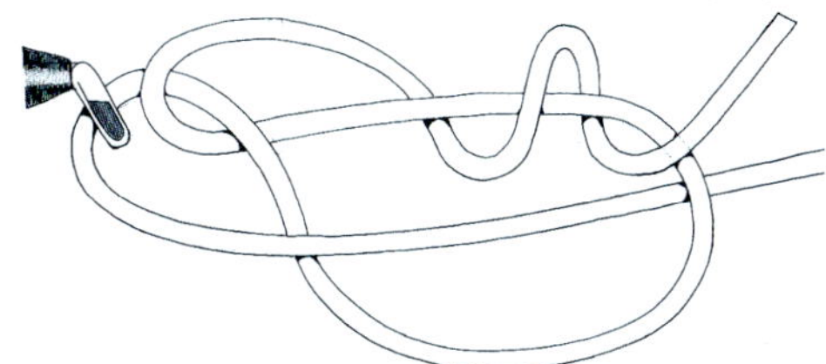

Berkley-Knoten

Ein sehr zuverlässiger Haken- oder Öhrknoten für geflochtene Leinen. Dieser Knoten wurde angeblich vom Entwicklungsteam der Berkley Company gründlich getestet und für die geflochtenen Schnüre dieses Herstellers empfohlen. Durch das Doppeln der Leine wird tatsächlich eine hohe Tragkraft erreicht und das Durchrutschen des Knotens verhindert.

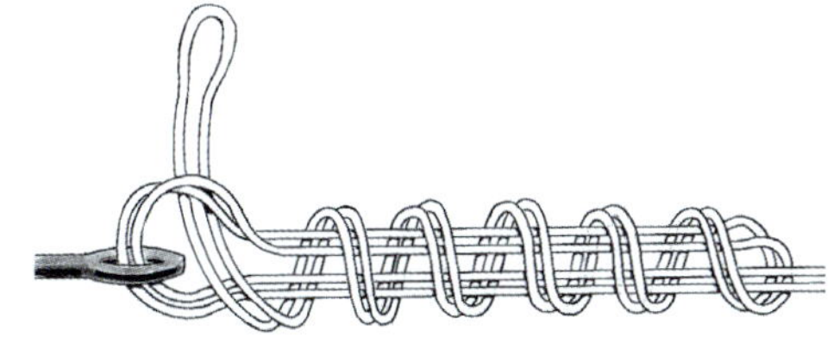

George Harvey Dry Fly Knot

Dieser Knoten wurde von dem legendären amerikanischen Fliegenfischer und -Wurfinstruktor George Harvey ersonnen, um Fliegenhaken mit einem abgeschrägten Öhr besser anbinden zu können. Die Leine kommt direkt aus dem Öhr heraus und bildet eine gerade Linie mit dem Hakenschenkel – die beste Voraussetzung, dass auch die Fliege gerade auf dem Wasser sitzt. Beim Binden dieses Knotens muss, im Gegensatz zu in diesem Buch nicht gezeigten *Turle-Knoten*, keine offene Schlaufe über eine voluminöse Fliege gestülpt werden. Es geht einfacher: Die Schlaufe schlüpft von vorne über das Öhr. Mit ein bisschen Übung gelingt der Knoten recht schnell.

1 Die Leine durch das Öhr fädeln und 2 offene Schlaufen um die stehende Leine legen.

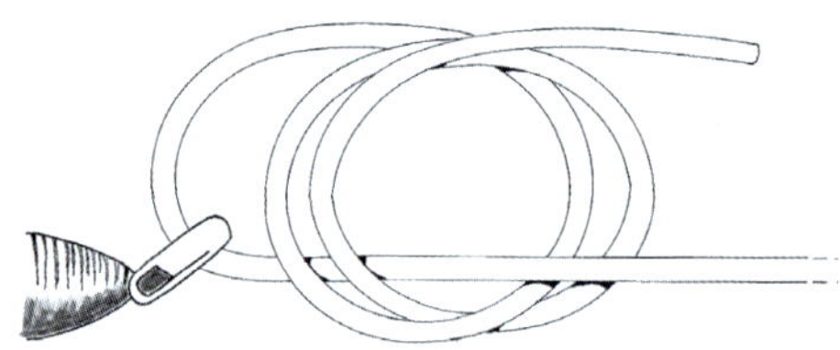

2 Schlagen Sie nun 2 Törns durch und um die aneinander liegenden Schlaufen.

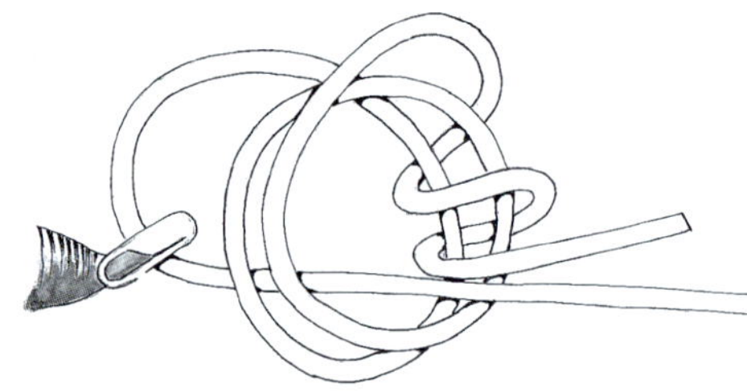

3 Halten Sie die Fliege fest oder hängen Sie diese in einen Ring an Ihrer Weste ein, dann ziehen Sie an der stehenden Leine. Wenn Sie alles richtig gemacht haben, rutschen die beiden Schlaufen zurück, hüpfen über das Öhr hinweg und legen sich dort fest. Nach dem Festziehen das Knotenende zurückschneiden.

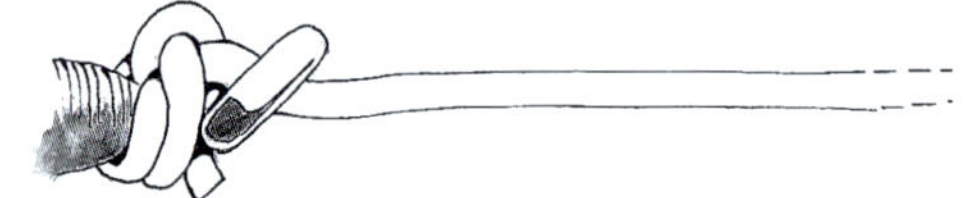

San Diego Jam Knot

Er ist bei den Big-Game-Anglern in San Diego entstanden, die den Knoten bei eher starkem Monofil anwenden. Er passt aber auch beim Fliegenfischen mit feinen Spitzenteilen. Im Unterschied zum ähnlichen *Pitzenbauer-Knoten* wird das Tippet vor dem Öhr durch die Schlaufe gesteckt und nicht nur außen herum gelegt. Angeblich ist dies einer der stärksten Öhr-Knoten, da die Wicklungen um die stehende Schnur sowie das lose Ende herum gelegt werden.

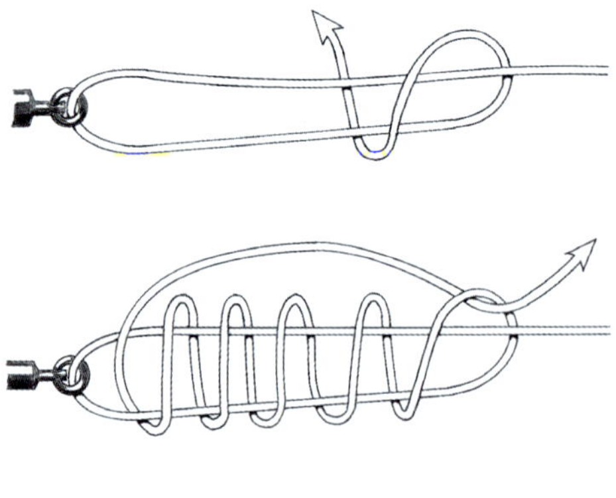

Midge-Knoten (Davy's Knoten)

Dieser Knoten wird dem Engländer Davy Wotton zugeschrieben, der ihn angeblich für die in England beliebten Wettkämpfe im Fliegenfischen entwickelt hat. Mit ihm lassen sich Fliegenmuster sehr schnell wechseln, da der Knoten sehr leicht und schnell zu binden ist. Irgendwie traut man ihm nicht zu, dass er einem großen Fisch standhält. Aber er tut es. Angeblich liegt die Tragkraft des Knotens nur knapp unter der linearen Tragkraft des jeweils verwendeten Monofils.

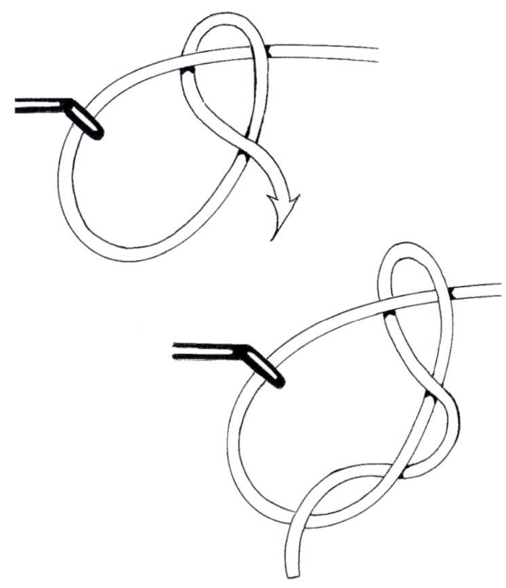

Palomar-Knoten

Ein sehr zuverlässiger Knoten dem 100 % Tragkraft zugesprochen werden, wenn er richtig gebunden wurde. Beim Zusammenziehen müssen alle Knotenteile eng aneinander liegen. Der Knoten eignet sich auch für geflochtene Schnüre, aber nicht für zu starkes Monofil. Für Drop-Shot-Montagen ist er sehr beliebt. Dafür muss das überstehende Knotenende lang genug (etwa 50 bis 70 cm) gelassen werden, um daran ein Sinkblei befestigen zu können.

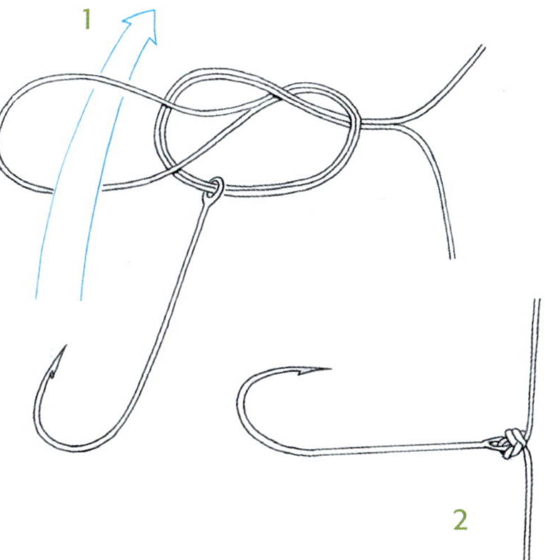

Palomar für Drop-Shot-Montage

1 Leine gedoppelt von unten (Seite des Hakenbogens) durch das Hakenöhr führen und einen Überhandknoten formen. Den Haken durch die entstandene Schlaufe stecken und dann den Knoten zusammenziehen.

2 Sitzt der Knoten fest und gleichmäßig am Öhr, steht der Haken bei gespannter Leine im 90 Grad mit nach oben weisenden Hakenbogen vom Vorfach ab. In der Praxis wird dies beim vertikalen Drop-Shot Angeln durch das Gewicht des Sinkbleis gewährleistet.

Achter-Knoten

Ein zuverlässiger Knoten um schnell ein mehrfädiges Stahlvorfach an einem Kunstköder festzumachen. Er lässt sich sogar wieder lösen. Mit einem stärkeren Nylonvorfach (mindestens 0,35 Millimeter) kann das Stahlvorfach einfach über zwei ineinander gesteckte Schlaufen verbunden werden. Der Stahl schneidet das Nylon nicht durch. Fliegenfischer verwenden diese Verbindung gerne für Raubfischvorfächer.

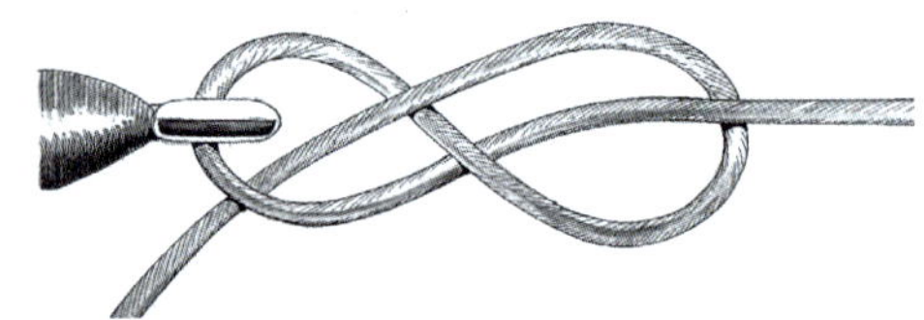

Non-Slip-Mono-Knoten (Schlaufen-Knoten)

Eine offene Schlaufe verbessert den Lauf eines Blinkers oder Wobblers. Dieser Knoten ist einer der besten für diesen Zweck. Auch für weiche, mehrfädige Stahlvorfächer geeignet.

1 Überhand-Knoten in das Leinenende legen, genug loses Ende stehen lassen.

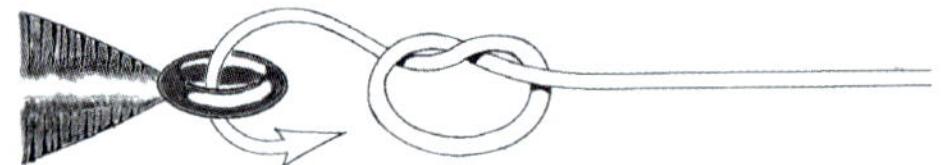

2 Überhand-Knoten nahe ans Öhr führen, loses Ende durch den Knoten zurückführen und 4 bis 5 Törns um das stehende Ende schlagen. Loses Ende zurück durch das Auge des Überhandknotens führen. Würde man das lose Ende noch 1-mal zurückbiegen und durch die große Schlaufe führen, handelte es sich um den Rapala-Knoten.

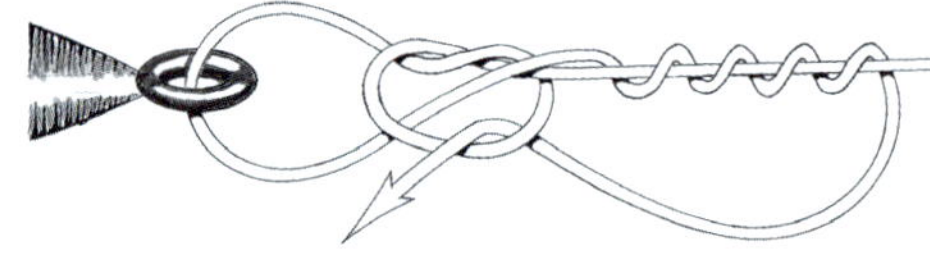

3 Die fertige Schlaufe.

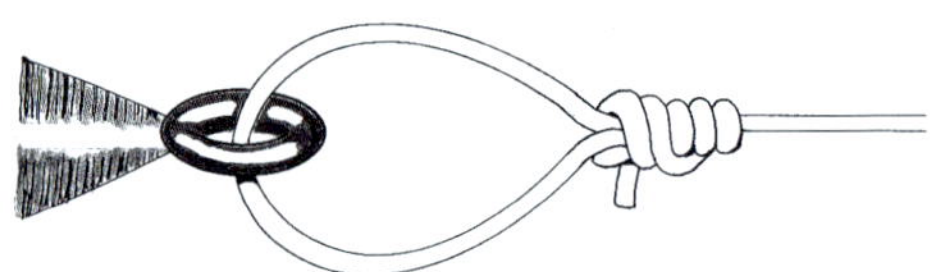

Raubfischvorfächer

Starkes Hard-Monofil wird für die Herstellung von Vorfächern für scharfzähnige Raubfische verwendet. Der dafür geeignete »Homer-Rhode-Loop« Knoten besitzt nur in entsprechend großen Durchmessern (ca. → 0,80 mm) eine gute Tragkraft. Für schwächeres Monofil ist er untauglich.

1 Einen Überhand-Knoten formen, dann das Schnurende durch die Öse und zurück durch den Überhand-Knoten führen.

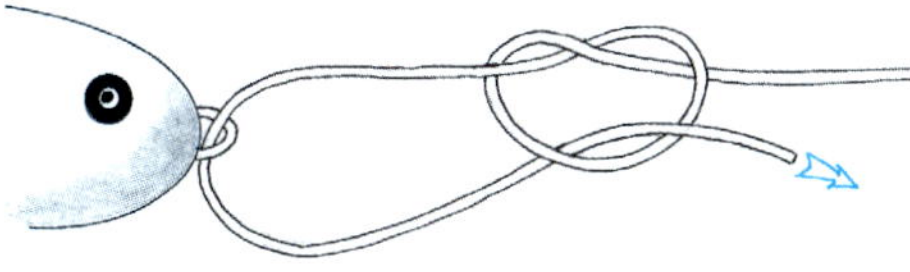

2 Überhand-Knoten etwas schließen und dicht an die Öse heranführen. Je näher er an der Öse positioniert wird, desto kleiner fällt später die Knotenschlaufe aus. Dann das lose Leinenende zwei Mal um die stehende Leine schlagen und durch die entstandenen Schlaufen führen.

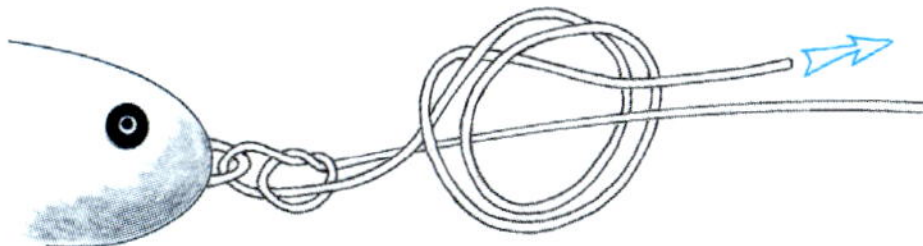

3 Knoten zusammenziehen, dabei wegen des starken Monofils etwas mit den Fingernägeln nachhelfen, damit sich alle Schlaufen gut schließen. Bei sehr starkem Monofil eventuell auch mithilfe einer kleinen Zange (Arterienklemme) am Knotenende ziehen.

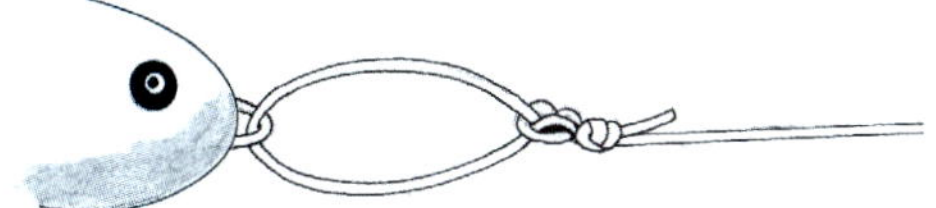

Schlaufenknoten

Chirurgen-Schlaufe

Die einfachste Möglichkeit eine Schlaufe in ein Leinenende zu binden. Sehr wichtig für die Verbindung »Schlaufe zu Schlaufe« (z. B. Hauptschnur zu Vorfach). Drei Überschläge bis 0,25 mm, bei stärkerem Monofil genügen zwei Überschlage.

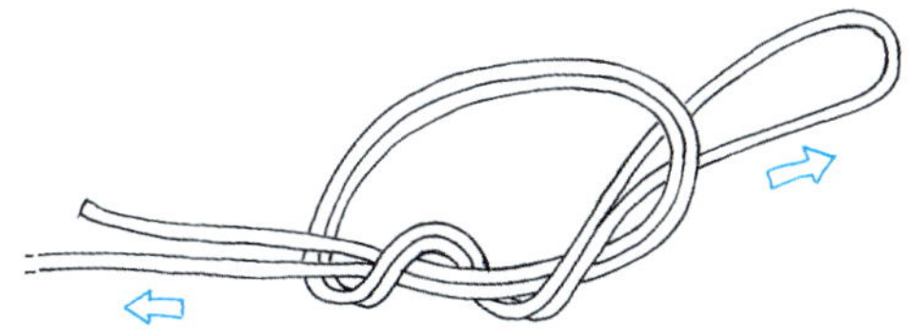

Bight Loop

Diese Endschlaufe ist ebenfalls eine sehr tragfähige Alternative zur *Chirurgen-Schlaufe*. Wird manchmal auch als *Seaguar-Loop* bezeichnet.

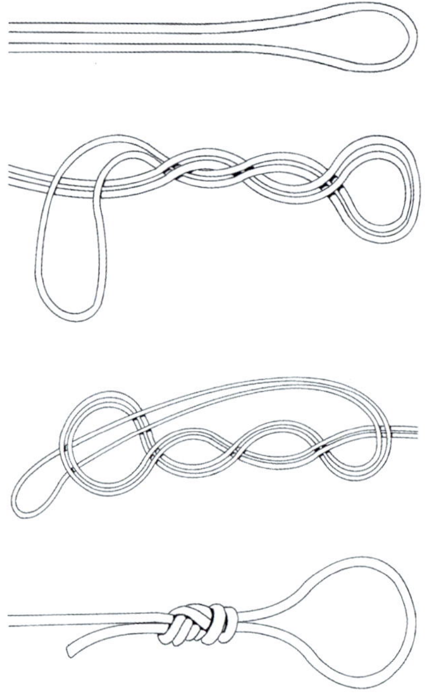

- Doppeln Sie die Leine und formen Sie eine einfache Schlaufe aus. Sie können die Törns auf normale Art legen, aber auch die Schlaufe am unteren Ende festhalten und den Zeigefinger der anderen Hand durch die Schlaufe stecken.

- Durch kreisende Bewegungen mit der Fingerspitze verdrehen Sie die Leine 3- bis 4-mal. Danach wird die Endschlaufe durch die entstandene verdrehte Schlaufe gesteckt und der Knoten geschlossen.

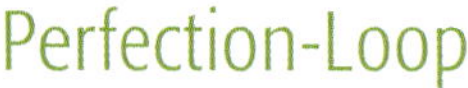

Perfection-Loop

Diese Schlaufe steht gerade in Verlängerung der Leine und besitzt eine hohe Tragkraft.

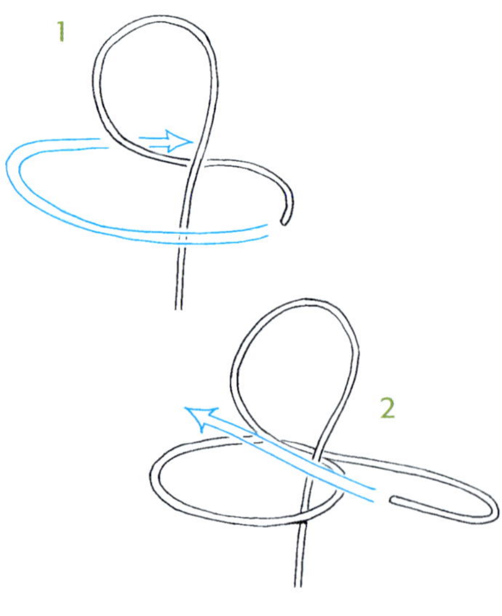

1 Eine Schlaufe formen und das Schnurende um die stehende Schnur herumführen.

2 Dadurch entsteht eine zweite Schlaufe. Das Schnurende zwischen beide Schlaufen legen.

3 Die untere, zweite Schlaufe nun durch die erste hindurchführen und den Knoten festziehen.

4 Die fertige Schlaufe. Schnurende zurechtstutzen. Der Knoten ist klein und unauffällig.

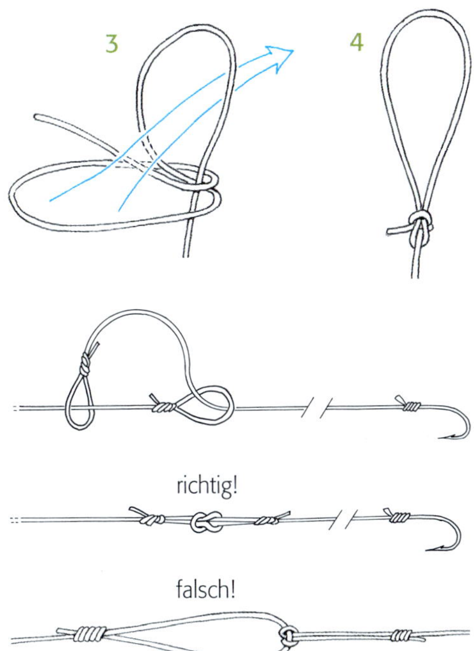

Ineinandergesteckte Schlaufen (Loop to Loop)

Mit die wichtigste Schnurverbindung für Angler, vor allem für Verknüpfung von Vorfach und Hauptschnur. Beide Schnurstärken sollen nicht zu stark voneinander abweichen, damit die Schlaufen gleichmäßig ineinandergreifen. Das Umschlagen einer Schlaufe (es ist immer die dünnere Schnur) schwächt die Verbindung.

Klemm- oder Quetschhülsen

Eine elegante Lösung für Schlaufen in starkem Hard-Monofil. Der Innendurchmesser der Hülse muss so groß sein, dass das Monofil doppelt hindurch passt.

Zuerst die Hülse auf das Mono aufstecken. Soll ein Wirbel oder ein Haken (z.B. Hechtstreamer) in der Schlaufe eingehängt werden, wird dieser nach der Hülse aufgefädelt. Dann das Monofil zurückbiegen und entgegengesetzt durch die Hülse fädeln **(1)**. Das Ende weit genug durchziehen, dann etwas mit einem Fingern abspreizen und das Ende mit einer Feuerzeugflamme vorsichtig ansengen, bis sich ein kleines Kügelchen formt **(2)**. Eine eventuell auftretende Flamme sofort ablöschen, das entstandene Kügelchen abkühlen lassen, Hülse bis zum Kügel-

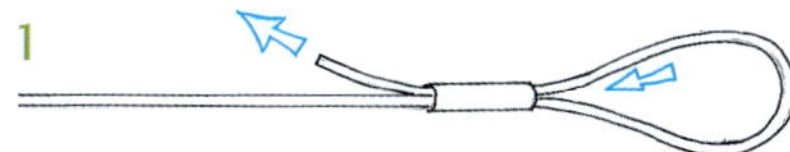

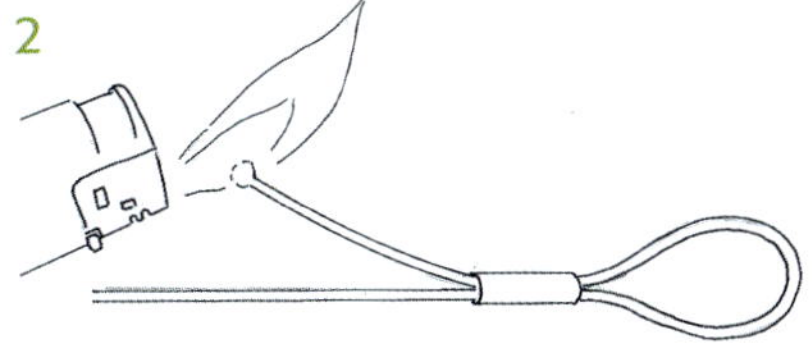

chen führen und Schlaufengröße wie gewünscht anpassen. Die Hülse mit einer Spezialzange andrücken. Da das Kügelchen als Arretierung dient und das Mono vor dem Durchrutschen bewahrt, ist kein übermäßig festes Zusammendrücken der Hülse notwendig. Damit wird eine Beschädigung des Monofils vermieden (3).

Wer Knoten in Stahlvorfächern misstraut, kann ebenfalls mit Klemmhülsen arbeiten. Auffädeln des Vorfachs wie beim Hard-Mono. Das Stahlvorfach soll aber nach dem Herstellen der Schlaufe noch ein weiteres Mal zurückgeschlagen und durch die Hülse geführt werden (4). So ist es nach dem Zusammenpressen der Hülse zuverlässig gegen Durchrutschen gesichert (5). Vorfachende mit einer Schneidezange kurz abknipsen.

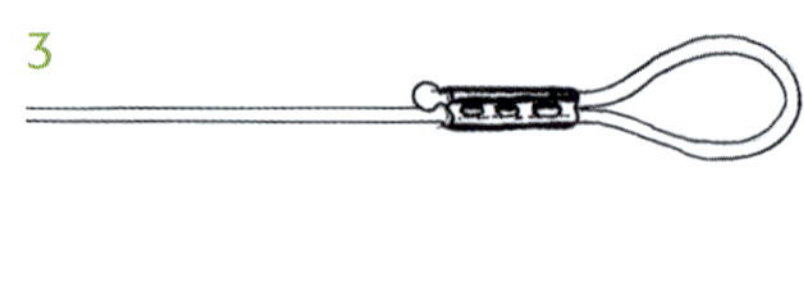

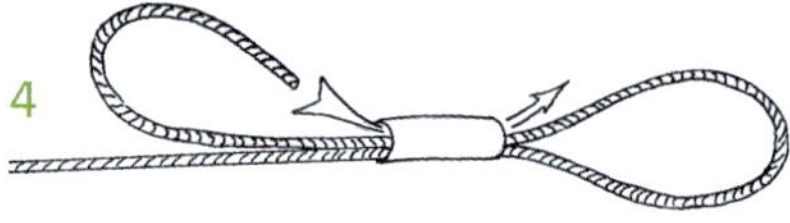

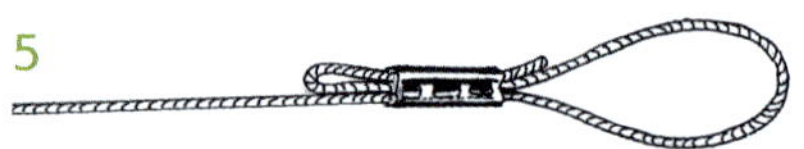

Flämischer Knoten

Ein Hakenknoten für starke Stahlvorfächer zum Meeresfischen auf große Fische, z. B. Haie oder Rochen. Der Knoten wird in der Regel mit zwei Klemmhülsen gesichert. Die Hülsen zuerst auf das Stahlvorfach aufschieben, danach dieses 2 Mal durch das Öhr stecken und zwei offene Schlaufen formen.

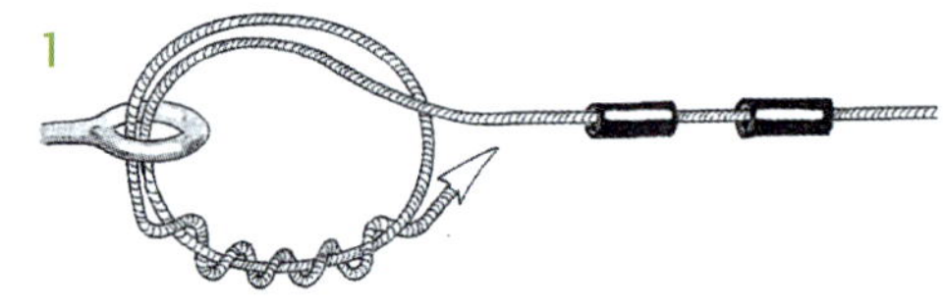

1 Schlagen Sie unter dem Öhr mit dem losen Ende einige Törns um den nebenliegenden Strang.

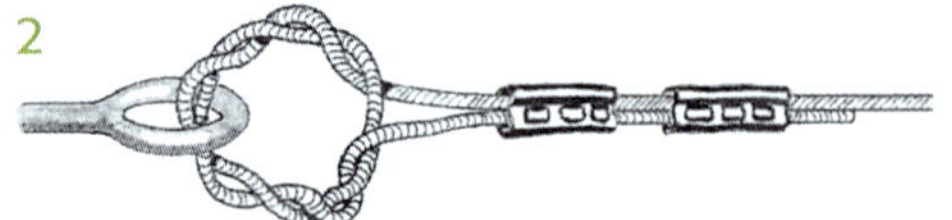

2 Verschieben Sie die Schlaufen, damit die Törns gleichmäßig zu beiden Seiten des Öhrs liegen und stecken Sie dann das lose Ende durch beide Klemmhülsen. Drücken Sie die Hülsen mit einer speziellen Hülsenzange fest.

Leine zu Leine

Doppelter Grinner-Knoten

Dieser Knoten ist sehr gut geeignet, um zwei Leinenlängen sicher miteinander zu verknüpfen ohne eine davon (siehe Wasser-Knoten) beim Bindevorgang ganz durchziehen zu müssen. Die Verbindung kann also auch dann geknüpft werden, obwohl die jeweils anderen Enden der Leine an der Ruten- bzw. Köderseite besetzt sind.

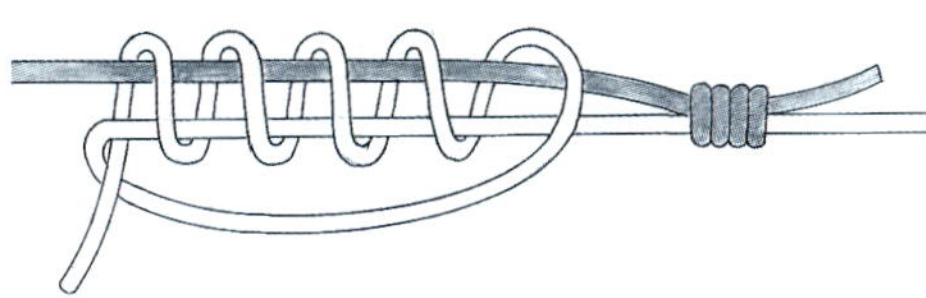

Blutknoten

Ein klassischer, bei manchen Anglern beliebter Knoten, der allerdings einiger Übung bedarf. Wie beim doppelten Grinner-Knoten kann man die Enden direkt verknüpfen ohne ein Schnurstück durch den Knoten durchziehen zu müssen. Macht man es richtig, entsteht ein sauber aussehender Verbindungsknoten. Die Tragkraft ist allerdings nicht so hoch wie beim Chirurgen-Knoten.

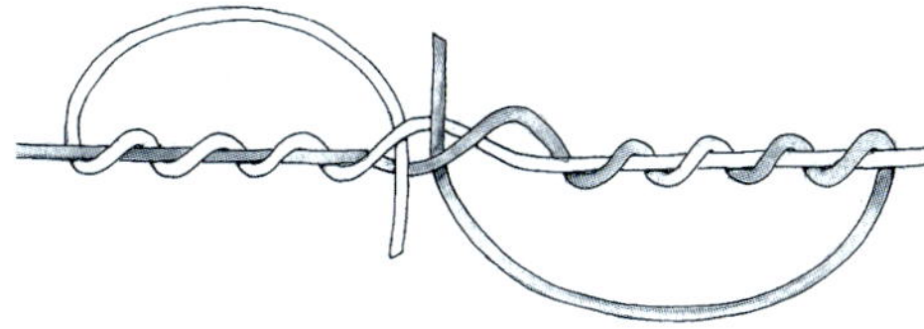

Wasser-Knoten

Diese Verbindung zweier, auch unterschiedlich starker Leinen, wird oft als *Chirurgen-Knoten* bezeichnet. Würde man allerdings tatsächlich einen Chirurgen befragen, bekäme man vermutlich zur Antwort, dass dieser Knoten bei seiner Arbeit eigentlich keine Rolle spielt. Der Ursprung dieser Bezeichnung ist unbekannt. Eigentlich handelt es sich nur um einen mehrfachen Überhand-Knoten zur Verbindung zweier Schnurlängen. Der Nachteil besteht darin, dass zumindest ein freies Leinenstück beim Bindevorgang immer ganz durchgezogen werden muss. Der Knoten eignet sich also nicht, wenn z. B. die eine Länge zur Rute zeigt und die andere bereits mit einem Haken, Kunstköder oder einer Fliege besetzt ist. Ansonsten ist es ein schnell zu knüpfender sicherer Knoten. Auch geeignet, um rasch einen Springer am Vorfach anzubringen. Empfohlen werden drei Überschläge bei normalen Monofildurchmessern. Für sehr starkes Monofil reichen auch zwei Überschläge.

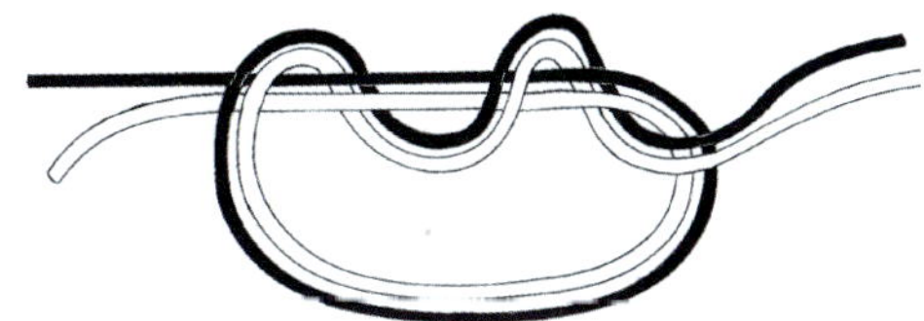

Albright-Knoten

Sehr verlässlicher und sauber aussehender Verbindungsknoten zwischen zwei unterschiedlich starken Leinen, z. B. Hauptleine (Monofil oder Multifil) und Schlagschnur (Monofil).
Auch als Verbindung zwischen Fliegenschnur und Backing (Nachschnur).

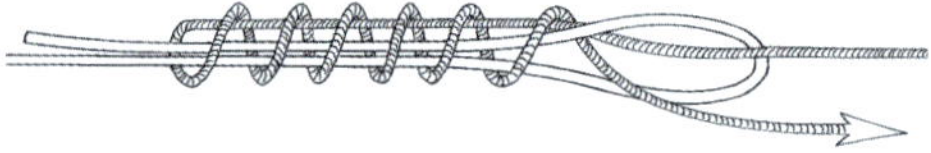

1 Die stärkere Hauptleine doppeln und eine Schaufe formen. Der Knoten wird immer mit der dünneren Leine gesteckt.

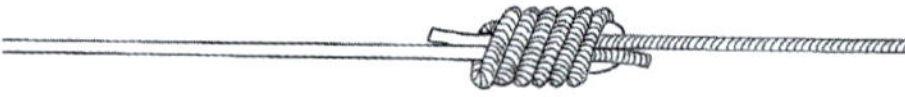

2 Der fertige Knoten.

Schlagschnur-Knoten

Eine Möglichkeit der Verbindung zwischen geflochtener Schnur und stärkere Monofil mit welchem kein sauberer *Grinner-Knoten* mehr möglich ist. Zuerst einen *Überhand-Knoten* in das starke Monofil schlagen, aber nicht ganz schließen. Dann die geflochtene Schnur durch das Auge führen und einen *verbesserten Klammer-Knoten* über das stehende Monofil legen. Danach beide Knoten schließen.

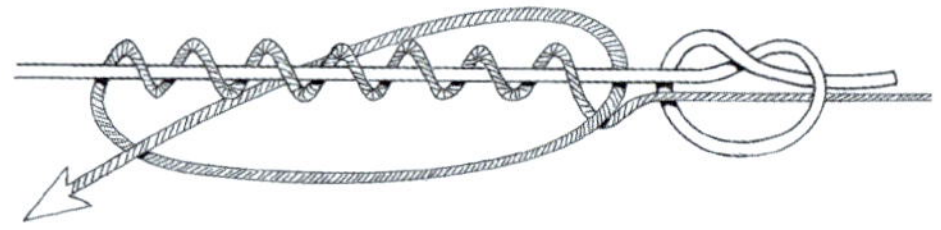

Meeres-Drop-Shot Montage mit Grinner-Knoten

Für eine Drop-Shot Montage beim Meeresfischen werden stärkere Monofilschnüre benötigt. Der Palomar-Knoten ist damit nicht möglich. Eine einfache, sauber aussehende und tragkräftige Lösung bietet der doppelte Grinner-Knoten.

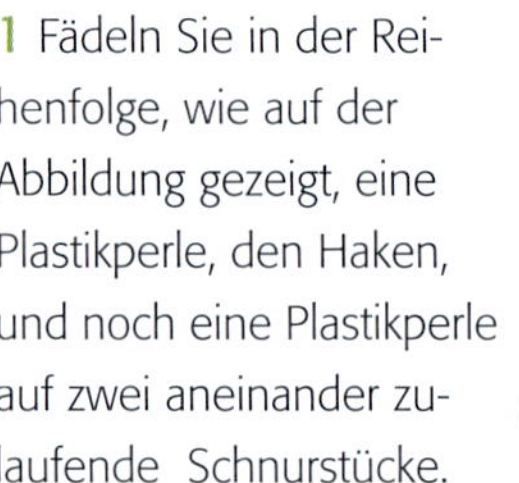

1 Fädeln Sie in der Reihenfolge, wie auf der Abbildung gezeigt, eine Plastikperle, den Haken, und noch eine Plastikperle auf zwei aneinander zulaufende Schnurstücke.

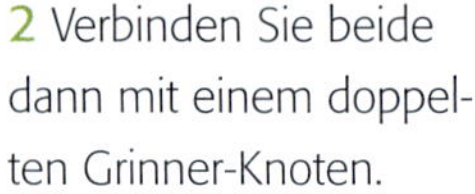

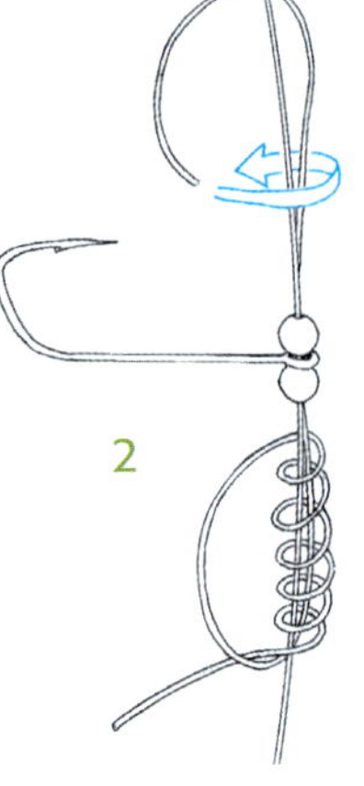

2 Verbinden Sie beide dann mit einem doppelten Grinner-Knoten.

3 Ergebnis ist eine sehr sauber aussehende Verbindung und ein sicher sitzender Haken.

Durch Zug auf beide Schnurstücke, entsteht zwischen den Perlen so viel Druck auf das Hakenöhr, dass der Haken sauber im 90 Grad Winkel vom Vorfach absteht.

Spezielle Knoten

Spulenknoten

Eine einfache Möglichkeit die Angelschnur mit der Achse der Rollenspule zu verbinden. Monofilschnüre bereiten dabei weniger Probleme, aber moderne geflochtene Hochleistungsschnüre sind sehr glatt. Damit sie auf der Achse Halt finden, legt man ein kleines Stück doppelseitiges Klebeband unter.

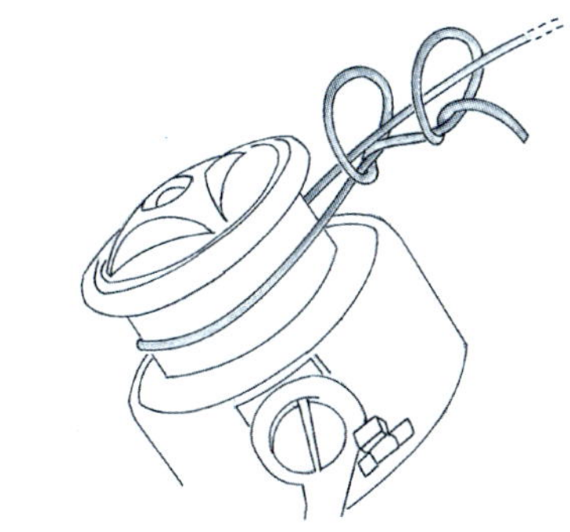

Stopper-Knoten

Ein *Stopper-Knoten* wird z. B. benötigt, um die Tiefeneinstellung eines Gleitfloßes auf der Schnur zu fixieren. Normalerweise verwendet man Monofil in der gleichen Stärke wie die Hauptschnur, aber manche Angler bevorzugen auch Garn oder Geflechtschnur. Vor allem wenn Monofil verwendet wird, sollte man die Enden um die 2 bis 3 Zentimeter überstehen lassen. Auf diese Weise gleiten sie bequem durch die Ringe, ohne sich zu spießen.

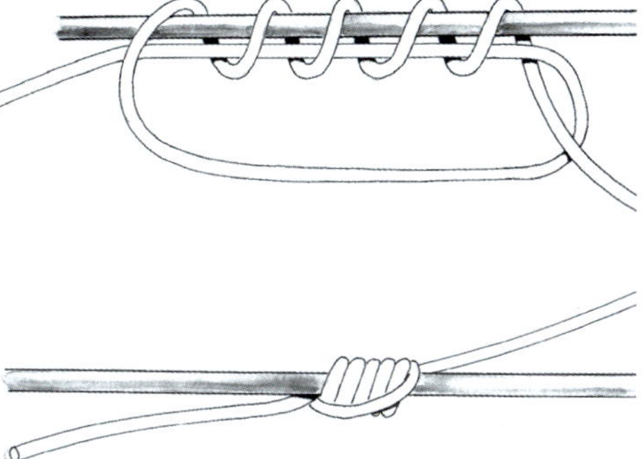

»Knotenloser Knoten«

Eine pfiffige Verbindung, die gerne verwendet wird, um an einen Karpfenhaken mit geradem Öhr das geflochtene Vorfach zu befestigen und gleichzeitig eine Haar-Montage anzulegen. Knüpfen Sie gleich am Anfang eine kleine Schlaufe in das Ende des Vorfachs und legen Sie dieses so an den Haken, dass Sie die ge-

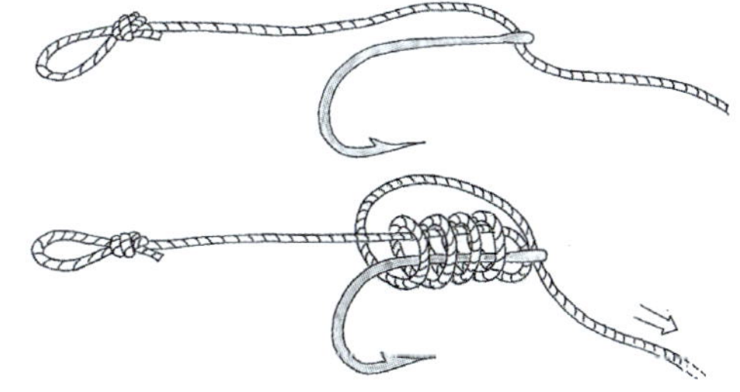

wünschte Länge des »Haars« erreichen. Dann befestigen Sie den Haken wie auf der Abbildung gezeigt. Die Haarlänge verändert sich beim abschließenden Schließen des »Knotens« nicht mehr. Achten Sie darauf, dass wegen der optimalen Hakeigenschaften das Vorfach am Schluss des Bindevorgangs immer nach unten durch das Hakenöhr austritt.

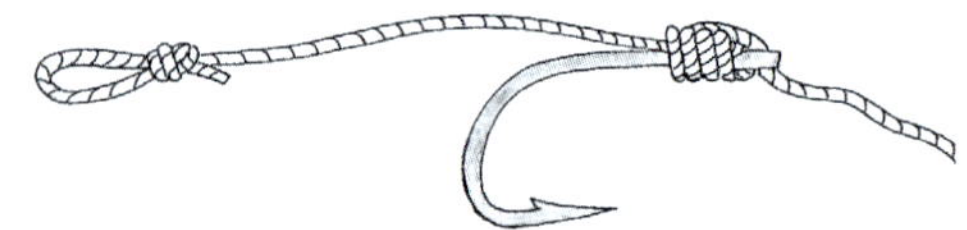

Bissanzeiger-Schlaufe

Damit wird ein Bissanzeiger aus Kunstgarn an beliebiger Stelle am Fliegenvorfach fixiert.

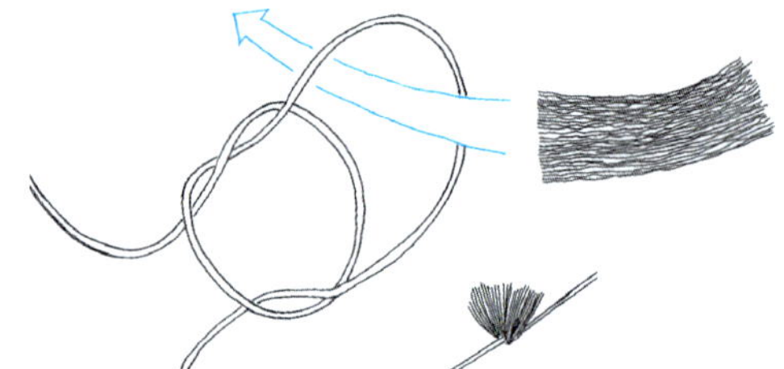

Einfache Seitenarm-Schlaufe

Geeignet zum Grund- und Meeresangeln mit mehreren Ködern. Auf diese Weise werden zum Beispiel Paternostersysteme mit einer Reihe von Federhaken zum Makrelenfischen hergestellt.

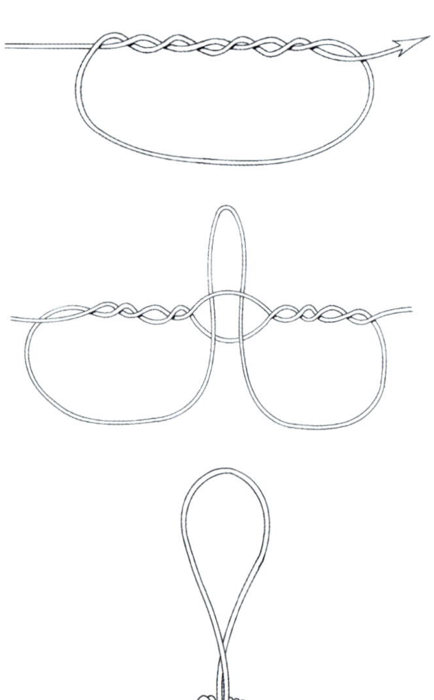

1 Legen Sie einen Überhand-Knoten in das Vorfach und schlagen Sie danach noch 5 bis 6 weitere Törns.

2 Öffnen Sie in der Mitte der Törns ein Auge und fädeln Sie das gedoppelte Monofil der großen Schlaufe hindurch.

3 Schließen Sie den Knoten. Möglicherweise müssen Sie an den Törns durch Schieben etwas nachhelfen. Es entsteht eine senkrecht zur Seite stehende Schlaufe, in der man unmittelbar einen Öhrhaken bzw. ein weiteres Monofil-Stück einschlaufen oder anknüpfen kann.

Fliegenschnur und Fliegenvorfach

Pseudo-Nagel-Knoten

Für eine schnelle Verbindung zwischen Fliegenvorfach und einer Fliegenschnur ohne Verwendung irgendeiner Schlaufe. Im Prinzip handelt es sich wieder um einen *Grinner-Knoten* (siehe S. 21). Besondere Sorgfalt beim Zusammenziehen ist ganz wichtig. Gegebenenfalls muss man die Törns etwas mit den Fingernägeln nachschieben, damit sie eng aneinander liegen. Der Knoten klammert sich eng um die Fliegenschnur und schneidet tief und sicher in den Schnurmantel ein. Er ist allerdings nicht geeignet für Fliegenschnüre mit einer Monofil-Seele. In diesem Fall würde der Knoten unter starkem Zug zusammen mit dem Schnurmantel von der glatten Seele abrutschen.

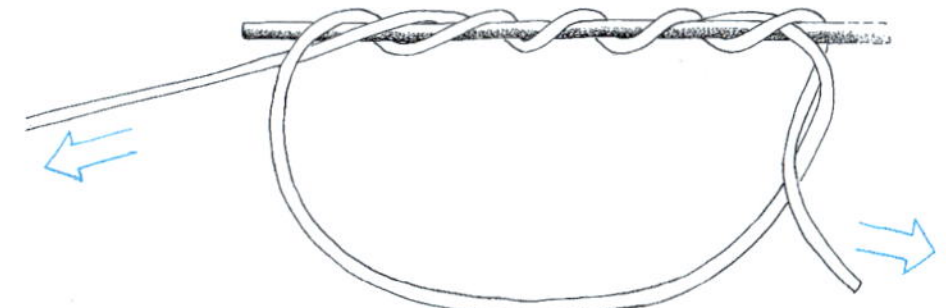

Klemm-Knoten (Variante 1)

Eine weitere schnelle Möglichkeit ohne Schlaufe das blanke Fliegenschnurende mit dem Vorfach zu verbinden. Englische Fliegenfischer nennen diese Verbindung *Jam Knot*, was ins deutsche übersetzt einfach *Klemm-Knoten* bedeutet.

1 Schlaufe in das Vorfachende knüpfen.

2 Fliegenschnurende durch die Schlaufe fädeln, dann rückwärts 3 Wicklungen um beide Monofil-Stränge der Schlaufe herum und unter der Fliegenschnur hindurch führen.

3 Fliegenschnur festziehen. Rest abschneiden. Ein relativ kleiner, aber sehr festsitzender Knoten.

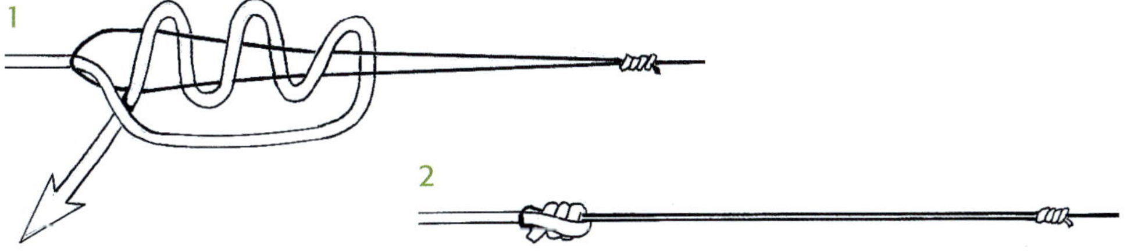

Vorfachschlaufen (Leader-Loops) für Fliegenschnüre

Fertige »Loops« aus Geflechtsschläuchen sind bei Fliegenfischern zum Anbringen des Vorfachs sehr beliebt. Sie werden über das Ende einer Fliegenschnur geschoben und halten durch den Klammereffekt. Unter zunehmenden Zug schließt sich das Geflecht immer fester um den Kunststoffmantel der Fliegenschnur. Damit dieses Prinzip aber funktioniert, muss sich am oberen Ende des Schlauches ein Ankerpunkt befinden.

Für die leichte Fischerei genügt es diesen Ankerpunkt mit einer mitgelieferten Plastik-Überschubhülse und einem Tropfen Sekundenkleber herzustellen.

Gewickelte Fliegenschnurschlaufe

Für das schwere Fliegenfischen auf Hecht, Lachs etc. ist eine Wicklung aus dünner aber reißfester Bindeseide sehr viel sicherer. Dazu könnte man auch auf den Geflechtschlauch verzichten und gleich das Fliegenschnurende zur Schlaufe biegen. Die Wicklung aus Bindeseide stellt man am besten mit Hilfe eines Spulenhalters her, den man schwungvoll um die Leine kreisen lässt. Die Bindeseide sollte dabei 3- bis 4-mal um den Spulenarm gewunden sein, damit sich die Spule nicht mitdreht. Einen Tropfen Lack schon während des Wickelvorgangs aufbringen, um die Wicklungen gut zu verkleben. Zum Abschluss ein ca. 20 cm langes gedoppeltes Stück

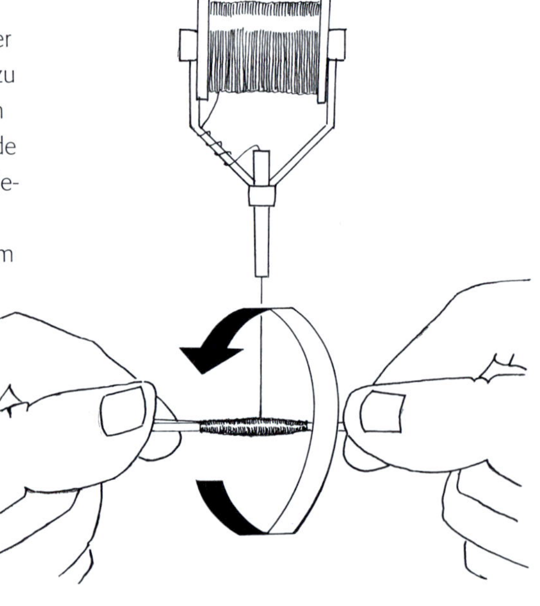

Bindeseide parallel zur Wicklung legen und als Schlaufe mit einwinden. Bindefaden abschneiden, sein Ende durch die Schlaufe stecken und in die Wicklung einziehen. Überstehendes Ende knapp abschneiden und die Wicklung sorgfältig lackieren.

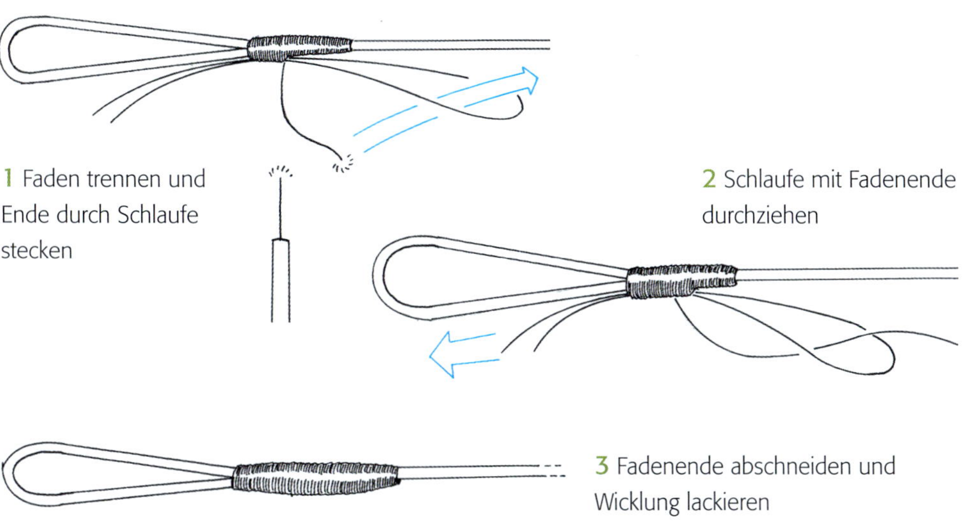

1 Faden trennen und Ende durch Schlaufe stecken

2 Schlaufe mit Fadenende durchziehen

3 Fadenende abschneiden und Wicklung lackieren

Sicherung mit dem halben Stich

Nicht ganz so aufwändig wie das Unterziehen mit einem Faden ist das Anbringen eines *halben Stiches*. Nach dem Umwickeln der Endschlaufe mit dem Spulenhalters, erfassen Zeige- und Mittelfinger den Faden und bilden mit gespreizten Fingern eine umgeschlagene Schlaufe und legen diese über die Wicklung. Dieser Vorgang wird 3- bis 4-mal wiederholt. Dann alles noch einmal mit Sekundenkleber benetzen. Zusätzlich die Wicklung noch einmal mit Nagellack bestreichen und gut trocknen lassen.

Durch einen *halben Stich* klemmt sich der Faden selbst fest.

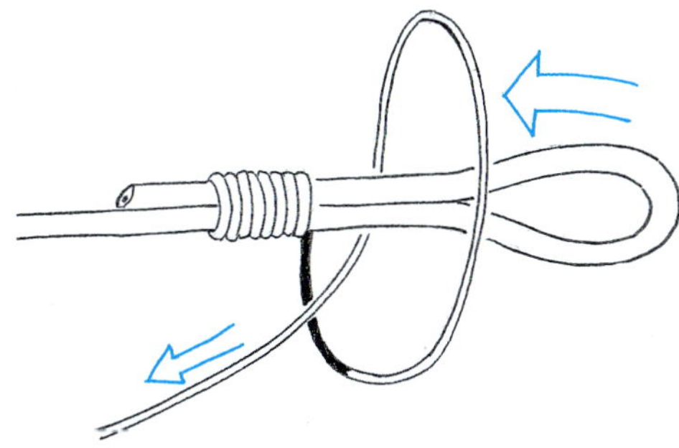

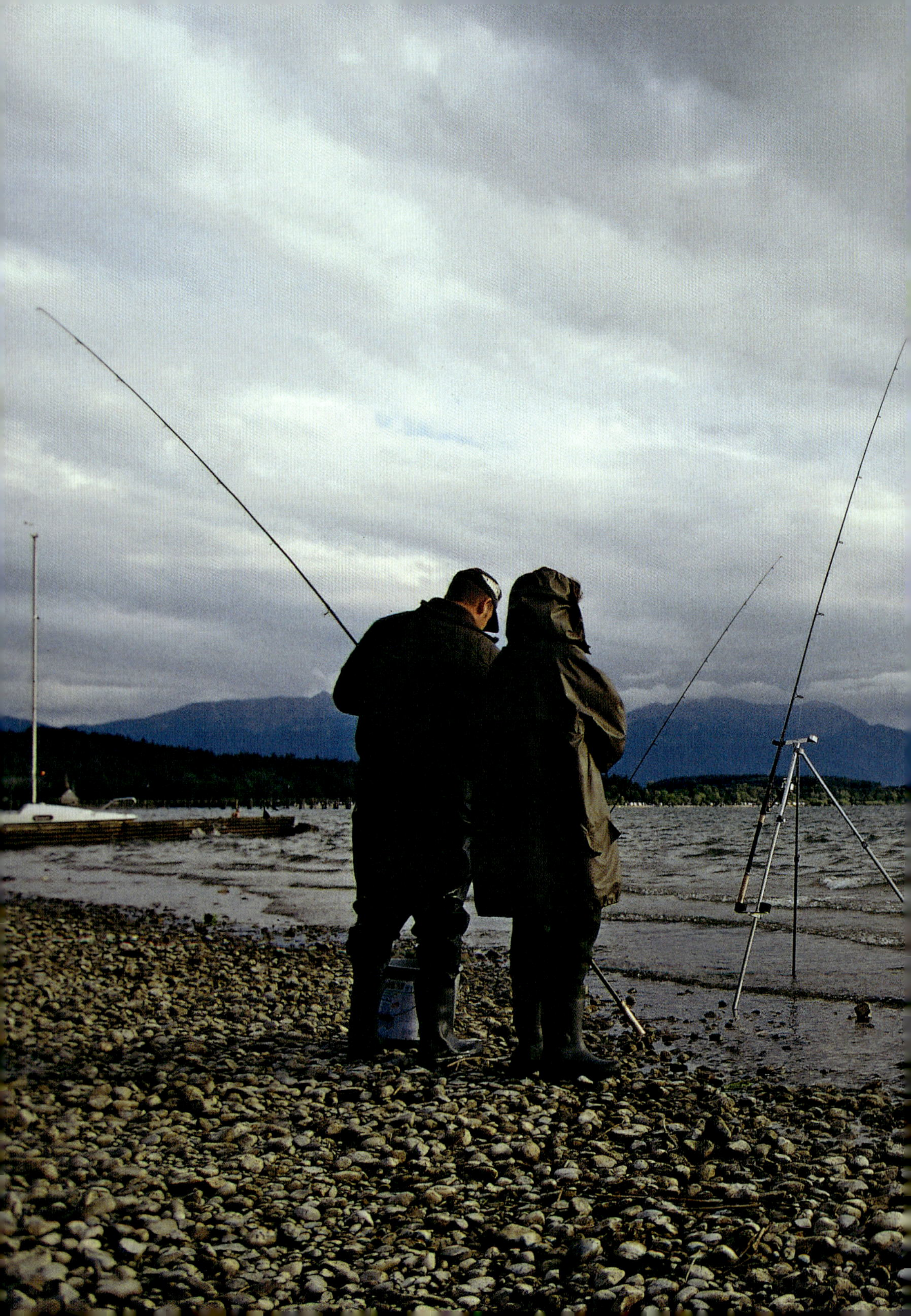

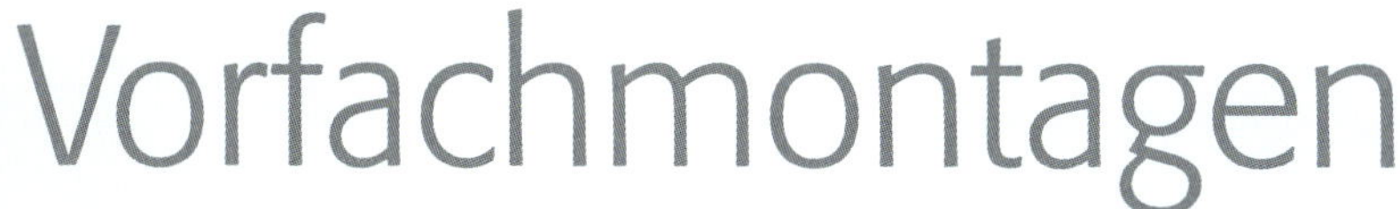

Vorfachmontagen

Sie scheinen nur eine willkürliche Reihenfolge eigentümlicher Kleinteile zu sein, aufgezogen an einem dünnen, unscheinbaren Stück Schnur. Die richtige Kombination und Abstimmung des Ganzen entscheidet aber letztlich darüber, ob wir am Ende des Tages einen Fisch mit nach Hause nehmen werden oder nicht.

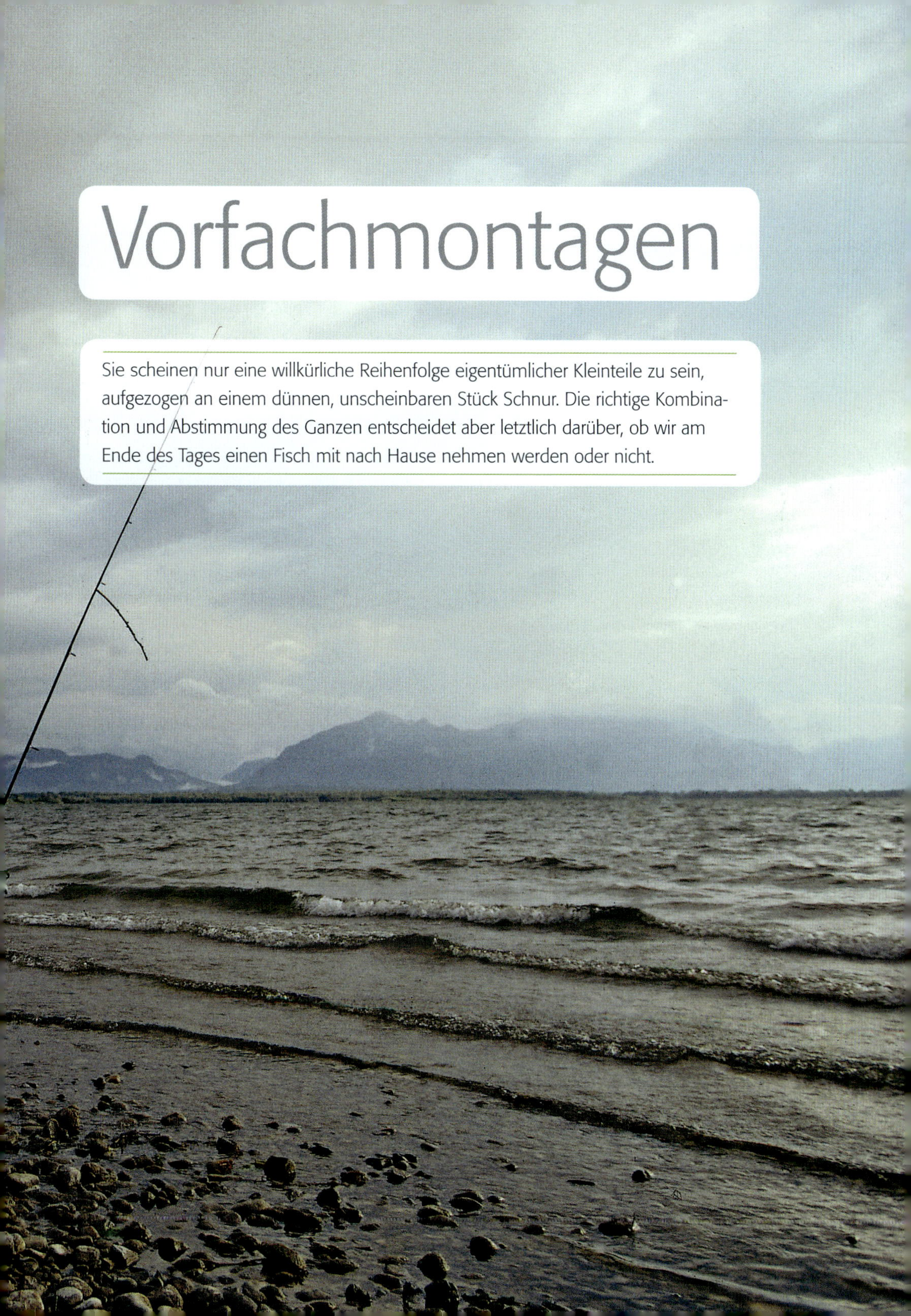

Die verzögerte Drift

Gleichmäßige langsame bis mittelschnelle Strömung (Barbenregion)

Zielfische: Fische, die grundnah in der Strömung stehen, z. B. Barbe, Döbel, Rotauge

Beschreibung

Bei dieser aus England kommenden Methode, wo sie »Trotting« genannt wird, lässt man eine sorgfältig austarierte Posenmontage über eine bestimmte, i. d. R. vorher ausgelotete Strecke, stromabwärts treiben. Der Köder befindet sich nahe dem Grund oder schleift darüber entlang. Der Angler kontrolliert den Schnurauslauf von der geöffneten Stationärrolle mit dem Zeigefinger. Ideal ist eine leichtläufige und qualitativ hochwertige (aber leider sehr teure) Achs- oder Centrepin-Rolle von der die Schnur gleichmäßig abzieht. Zeitweises Zurückstoppen der Pose lässt den Köder kurz aufsteigen, eine Aktion, die besonders Döbel sehr verführerisch finden. Der Schwerpunkt der Bebleiung wird durch Verschieben der Schrote gesteuert:

A. Langsame Strömung: Die Masse der Bleischrote wird im oberen Bereich direkt unter der Pose positioniert. Der Köder sinkt langsam und natürlich ab und wird möglicherweise schon in der Absinkphase genommen.

B. Schnellere Strömung: Die meisten Bleischrote werden nach unten in Richtung Haken geschoben. Dadurch sinkt der Köder rasch in Grundnähe ab und wird dort gehalten.

Geräte- und Ködervorschlag

Rute: Bolognese- oder Posen-Rute, Länge 4 bis 7 m; Wurfgewicht: 5 bis 30 g

Rolle/Schnur: Kleine Stationär- oder Centrepinrolle (Achsrolle) mit 150 m Monofil 0,16 bis 0,20 mm

Köder: Teig, Wurm, Maden, Brotflocke, Käse, diverse Partikelköder (Mais etc.). Sparsames Anfüttern in einer bestimmten Driftlinie ist zu empfehlen.

TIPP

In der kälteren Jahreszeit verfolgen die Fische den Köder nicht so aktiv wie im Sommer. Experten verzögern die Drift und lassen den Köder an einer längeren Montage langsam über den Boden schleifen.

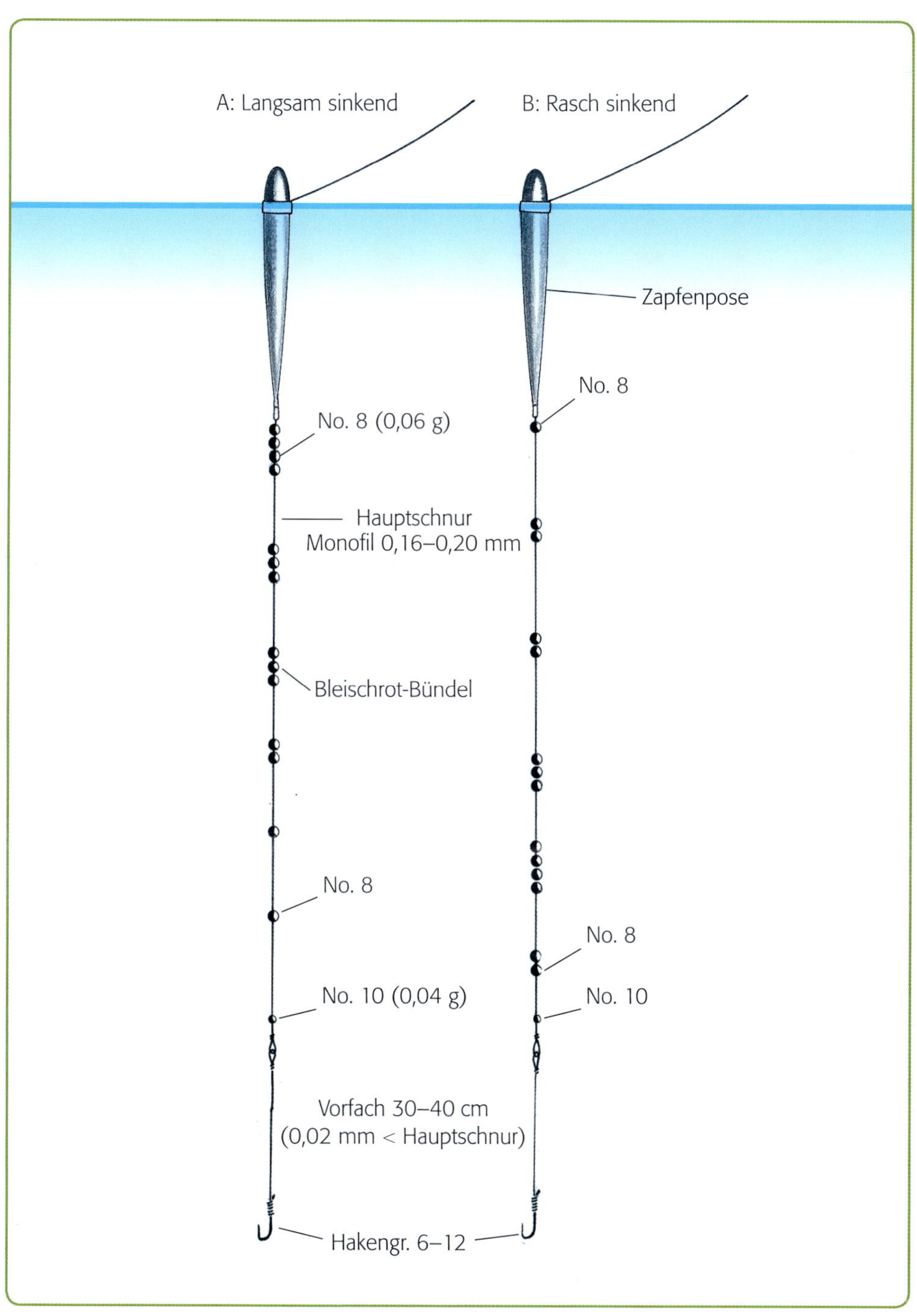
A: Langsam sinkend
B: Rasch sinkend
Zapfenpose
No. 8
No. 8 (0,06 g)
Hauptschnur
Monofil 0,16–0,20 mm
Bleischrot-Bündel
No. 8
No. 8
No. 10 (0,04 g)
No. 10
Vorfach 30–40 cm
(0,02 mm < Hauptschnur)
Hakengr. 6–12

Die Topper-Montage

Tiefes Wasser, schnellere Strömung, Verwirbelungen, Hochwassersituationen

Zielfische: Barbe, Döbel, Rotauge

Beschreibung

Für das Treibangeln bei höherem Pegelstand und wenn an der Oberfläche Verwirbelungen auftreten, ist etwas schwereres Gerät angebracht. Eine leichtere Stickfloat-Montage reicht dann nicht mehr aus, um den Köder zuverlässig zum Grund zu bringen und kontrolliert dort zu halten. Englische Wettkampffischer verwenden in einem solchen Fall ein dickbauchigere Avon-Pose (Topper) ohne Antenne. Der hoch liegende Auftriebskörper sorgt für eine stabile Lage in der unruhigen Strömung und die weiter unten angebrachte Beschwerung bringt den Köder schnell in Grundnähe. Auch in diesem Fall kann der Köder frei abtreiben oder über den Gewässerboden schleifen. Als Beschwerung dienen Olivetten oder mehrere größere Spaltschrote.

Geräte- und Ködervorschlag

Rute: Bolognese- oder Posen-Rute, Länge 4 bis 7 m; Wurfgewicht: 5 bis 30 g
Rolle/Schnur: Kleine Stationärrolle oder Centrepin-Rolle (Achsrolle) mit 150 m Monofil 0,16 bis 0,20 mm
Köder: Teig, Wurm, Maden, Brotflocke, Käse, diverse Partikelköder (Mais etc.)

TIPP

Die von der Rolle kommende Schnur muss beim Trotting grundsätzlich immer hinter der abtreibenden Pose bleiben. Es soll sich kein stromabwärts gerichteter Schnurbogen bilden. Die Schnur immer gut fetten, damit sie an der Oberfläche bleibt und ähnlich wie beim Fliegenfischen immer wieder stromaufwärts »gemendet« werden kann.

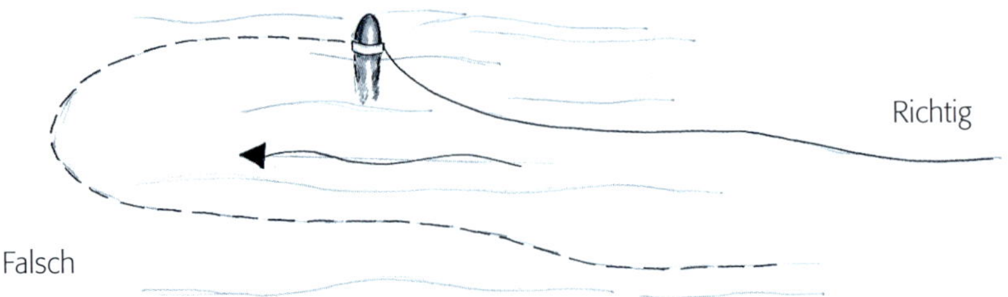

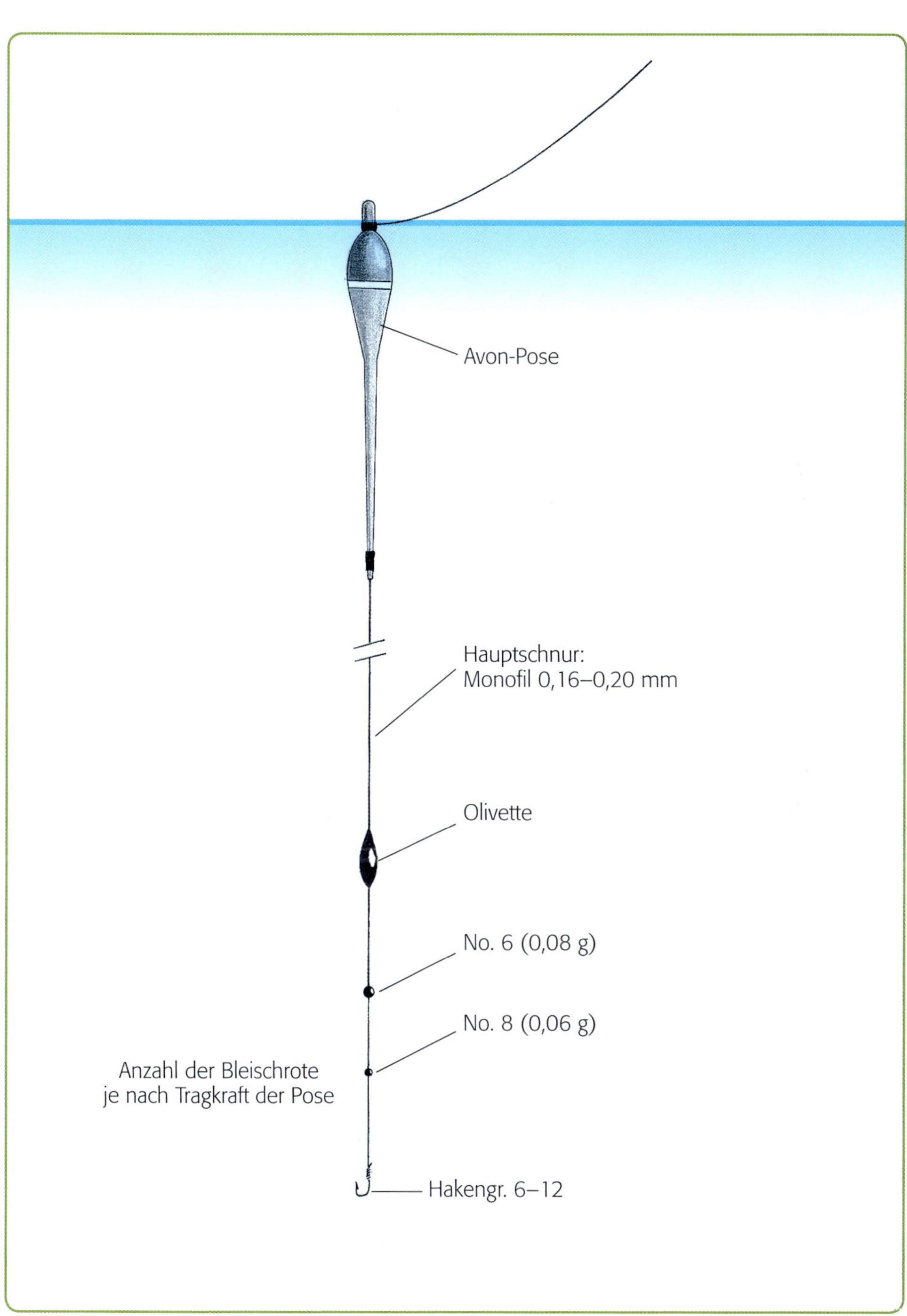
Avon-Pose
Hauptschnur:
Monofil 0,16–0,20 mm
Olivette
No. 6 (0,08 g)
No. 8 (0,06 g)
Anzahl der Bleischrote
je nach Tragkraft der Pose
Hakengr. 6–12

Posenangeln stromab mit auf dem Grund liegenden Köder

Randströmung eines Flusses

Zielfische: Döbel, Nase, Aland, Barbe, Aal, Karpfen

Beschreibung

Eine traditionelle Methode aus England (dort heißt sie »Stret pegging«) für langsam bis mäßig fließendes Wasser. Die Wassertiefe des vorgesehenen Angelabschnitts sollte dazu vorher möglichst genau ausgelotet werden, denn die Stelltiefe der Pose muss etwas länger sein.

Die Montage wird zuerst schräg stromab ausgeworfen, dann lässt man die Schnur mit der Strömung herumschwingen bis sie am Rand der Hauptströmung zur Ruhe kommt und sich Beschwerung und Köder auf dem Boden ablegen. Die Schnur jetzt vorsichtig straffziehen, bis sich die Pose, die überschwer ausgebleit ist (unter normalen Bedingungen würde sie unter Wasser gezogen) halb aufstellt.

Der Köder liegt nun stromab vor den Bleischroten auf dem Boden auf. Ein gegen den Strom stehender oder ziehender Fisch trifft nun zuerst auf den Köder und nicht auf das Vorfach.

Die Rute lehnt am besten in einen Rutenhalter. Hin und wieder kann man den Schnurbügel kurz öffnen und den Köder ein bis zwei Meter abtreiben lassen, um einen neuen Platz auszuprobieren. Verlagert man den Köder von Zeit zu Zeit auch seitwärts, kann man einen größeren Bereich systematisch absuchen. Eine gute Chance irgendwann auf eine Gruppe hungriger Fische zu stoßen, deren Verhalten vor allem durch Futterneid bestimmt wird.

Geräte- und Ködervorschlag

Rute: Posenrute, Länge 3,0 bis 4,0 m; Wurfgewicht: 20 bis 30 g

Rolle/Schnur: Kleine Stationär- oder Centrepinrolle mit 150 m Monofil 0,20 bis 0,25 mm

Köder: Rotwurm, Madenbündel, Teig, Käse

TIPP

Das Vorfach bleibt bei allen Montagen (nicht nur dieser) grundsätzlich unbeschwert. Bei einem Abriss kann es schnell ersetzt werden, ohne dass die Bebleiung der Montage erneuert werden muss.

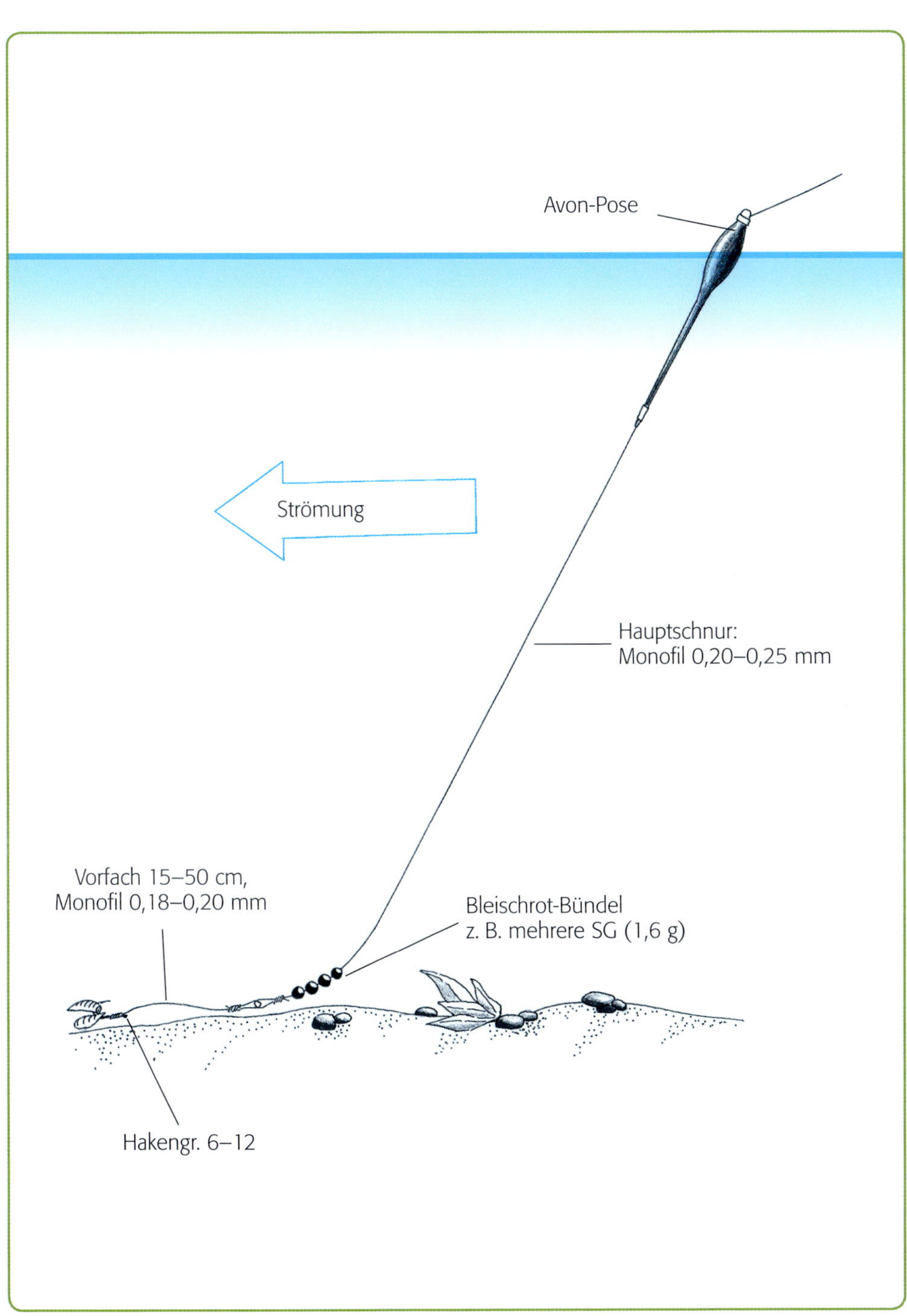
Avon-Pose
Strömung
Hauptschnur:
Monofil 0,20–0,25 mm
Vorfach 15–50 cm,
Monofil 0,18–0,20 mm
Bleischrot-Bündel
z. B. mehrere SG (1,6 g)
Hakengr. 6–12

Lift-Montage (Hebebiss-Montage)

Stillgewässer, Kanäle, Altwasser, träge Strömung

Zielfische: Schleie, Brachsen, Karausche

Beschreibung

Eine sensible Posen-Montage für das Angeln in Ufernähe in stehenden oder sehr langsam fließenden Gewässern. Die Wassertiefe muss vorher exakt ausgelotet werden. Die leichte kurze Pose (Waggler) ist an ihrem unteren Ende auf der Schnur fixiert. Möglicherweise muss hier ein zusätzliches Bleischrot zur richtigen Austarierung der Pose angebracht werden. Das Gewicht des auf dem Boden aufliegenden Bleischrots wird dann so gewählt, dass es die Pose gerade unter Wasser ziehen würde. Sollte sie nach dem Auswerfen noch flach auf der Oberfläche aufliegen, wird die Pose stückchenweise auf der Schnur nach unten verschoben, bis die Tiefeneinstellung stimmt und sie nur noch mit der Spitze über die Wasseroberfläche ragt.
Der Abstand von Bleischrot zum Köder beträgt zwischen 3 und 8 cm . Nimmt ein Fisch den Köder auf, hebt er das Bleischrot mit an. Dadurch wird die Pose entlastet, sie steigt auf und stellt sich schräg oder legt sich sogar flach aufs Wasser. Eine sehr empfindsame Methode für vorsichtige Cypriniden. Die Rute liegt während des Angelns in einem Rutenhalter.

Geräte- und Ködervorschlag

Rute: Match- oder Posenrute 3,90 bis 4,30 m; Wurfgewicht: 5 bis 20 g
Rolle/Schnur: Kleine Stationärrolle mit 150 m Monofil 0,18 bis 0,22 mm (auf ein Vorfach kann auch verzichtet werden)
Köder: Süßmais, Miniboilies, Maden, Mistwurm oder ein »Cocktail« (z. B. Maiskorn/Made)

TIPP

Angeln mit einem »Waggler« bedeutet immer, dass die Pose nur am unteren Ende befestigt ist. Oft genügt es dazu rechts und links des Posenfußes ein Bleischrot anzuklemmen. Verwenden Sie grundsätzlich nur feinstes, weiches Bleischrot. Zu hartes Blei könnte die Schnur beschädigen.

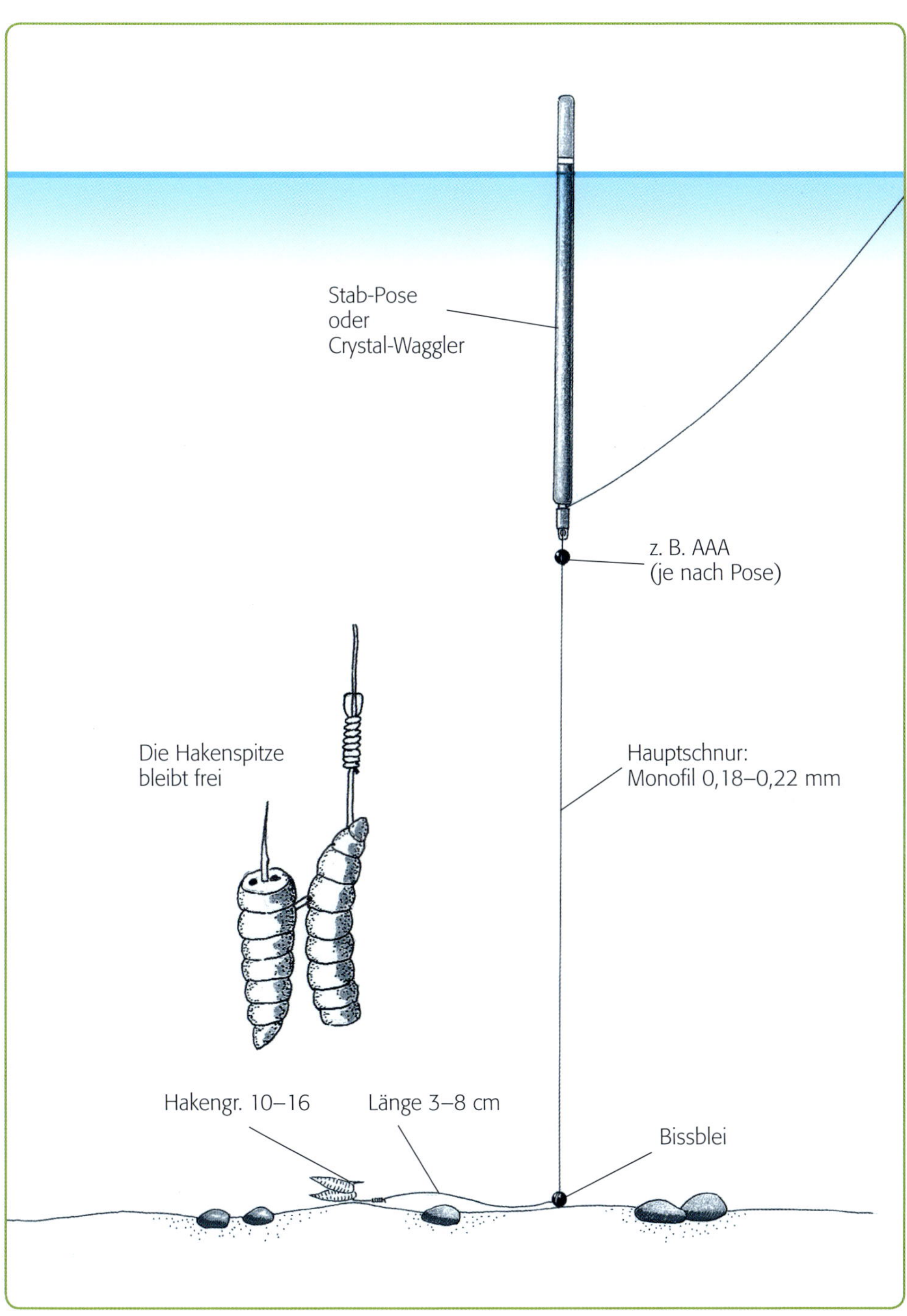
Stab-Pose
oder
Crystal-Waggler
z. B. AAA
(je nach Pose)
Die Hakenspitze
bleibt frei
Hauptschnur:
Monofil 0,18–0,22 mm
Hakengr. 10–16
Länge 3–8 cm
Bissblei

Matchangeln: Die Gleitposen-Montage (Slider-Rig)

Tiefes Stillwasser

Zielfische: Rotauge, Rotfeder, Brachse, Karausche

Beschreibung

Die nachfolgende Montage eignet sich für das Distanzfischen im Stillwasser in Tiefen über Rutenlänge. Ein für weite Würfe geeigneter vorgebleiter Bodied-Waggler mit ca. 12 g Tragkraft wird gleitend auf der Schnur angebracht. Ein Stopper-Knoten bestimmt die Angeltiefe, die vorher genau ausgelotet wurde. Nach dem Auswerfen stellt sich die Pose erst durch das Gewicht im Posenfuß im Wasser senkrecht auf. Das Gewicht und die Art der Verteilung der Bleischrote auf der Schnur bestimmen die Absinkgeschwindigkeit des Köders und strecken die Montage beim Absinken Schritt für Schritt durch. Der Angler kann beobachten wie die Posenantenne stufenweise einsinkt, bis sie die Endstellung erreicht hat. Nun sind nur noch wenige Zentimeter der Antenne über der Wasseroberfläche sichtbar.
Außergewöhnliche Vorkommnisse beim Absinken werden auf diese Weise sofort erkannt. Sinkt die Pose nämlich zu schnell bis zur Endstellung durch, hat sich die Montage beim Wurf verheddert und die Bebleiung hängt in einer Art Knäuel dicht unter der Pose. Taucht die Posenantenne dagegen nicht wie erwartet ab, sondern bleibt plötzlich unnatürlich hoch im Wasser stehen, hat sich ein Fisch bereits im Mittelwasser für den Köder interessiert.

Geräte- und Ködervorschlag

Rute: Matchrute, Länge 4,20 bis 4,50 m; Wurfgewicht: 10 bis 30 g
Rolle/Schnur: Kleine Stationärrolle mit Monofil 0,15 bis 0,17 mm.
Wer eine ähnliche Montage auf Karpfen und Schleie anwenden möchte, wählt das Gerät entsprechend stärker.
Köder: Maden, Rotwurm, Teig, kleine Partikel (Hanf etc.). Anfüttern mit Futterbällen per Katapult.

TIPP

Die Schnur wird nach dem Auswerfen gestrafft und mit der Rutenspitze unter Wasser gezogen, um sie dem Windeinfluss zu entziehen. Achten Sie darauf, dass die Schnur gut entfettet ist.

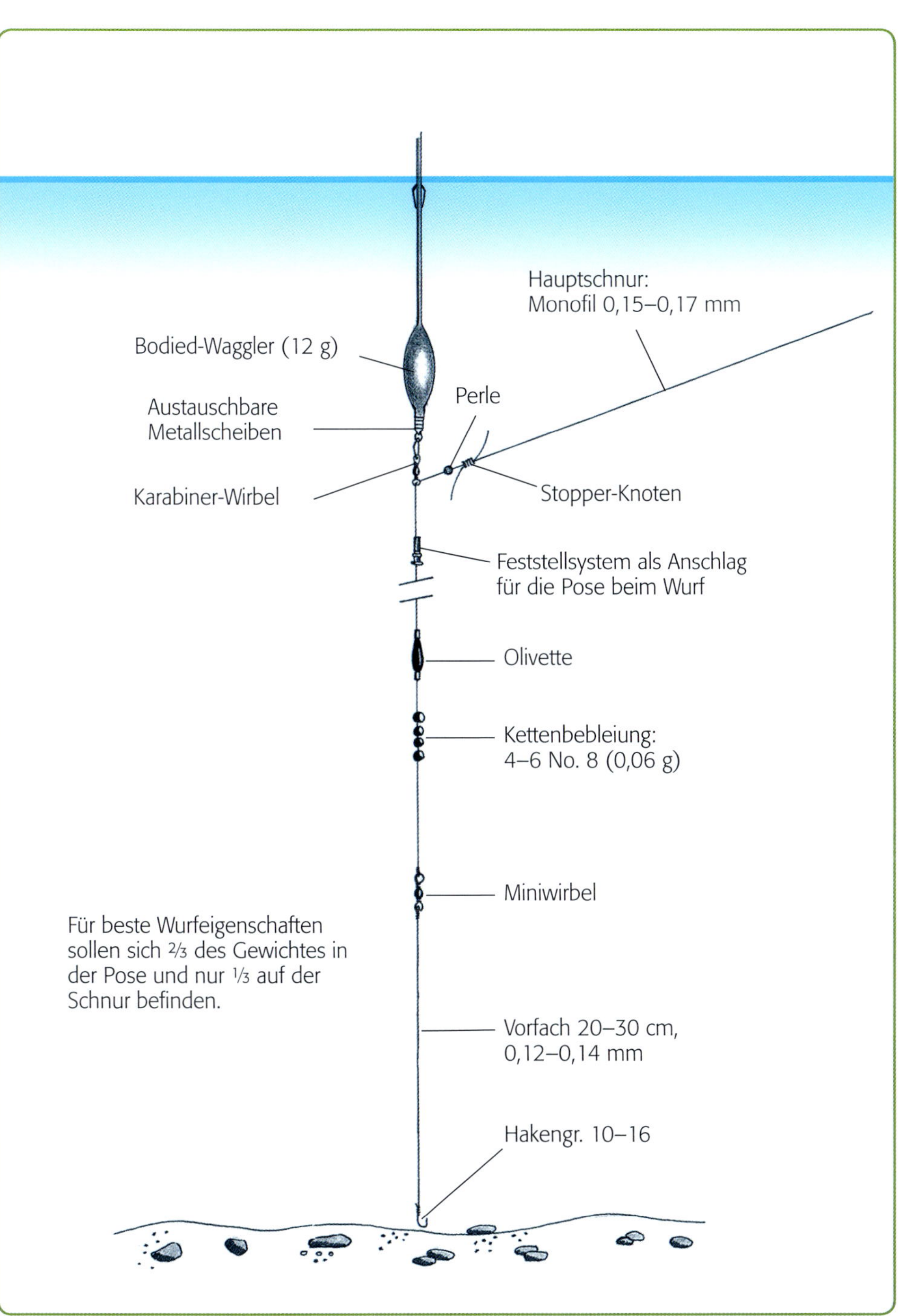
Hauptschnur:
Monofil 0,15–0,17 mm
Bodied-Waggler (12 g)
Perle
Austauschbare
Metallscheiben
Karabiner-Wirbel
Stopper-Knoten
Feststellsystem als Anschlag
für die Pose beim Wurf
Olivette
Kettenbebleiung:
4–6 No. 8 (0,06 g)
Miniwirbel
Für beste Wurfeigenschaften
sollen sich 2/3 des Gewichtes in
der Pose und nur 1/3 auf der
Schnur befinden.
Vorfach 20–30 cm,
0,12–0,14 mm
Hakengr. 10–16

Die liegende Pose für vorsichtige Cypriniden

Stillwasser, ufernah

Zielfische: Karpfen, Schleien, große Brachsen

Beschreibung

Eine Methode für sehr vorsichtige Fische, z. B. alte, größere Cypriniden, die auf ihrer Nahrungssuche in die flachen Gewässerbereiche nahe am Ufer kommen. Sie sind buchstäblich »mit allen Wassern gewaschen«. Eine senkrecht im Wasser aufgerichtete Pose würde bei ihnen sämtliche Alarmglocken schrillen lassen. In diesem Fall hilft eine einfache Montage mit einer unauffälligen, flach auf der Wasseroberfläche liegenden Pose, am besten in natürlichen Holzfarben. Der Köder wird nur mit ein bis drei Bleischroten (z. B. AAA) als Grundblei auf dem Gewässerboden festgelegt. Der Abstand zwischen Blei und Köder kann bis zu einem Meter betragen.

Als zusätzliche Vorsichtsmaßnahme lässt sich die Schnur zwischen dem Grundblei und dem Haken mit drei bis vier weiteren kleinen Schroten dicht am Boden halten. So wird vermieden, dass die Fische die Leine mit den Flossen berühren und erschrecken. Je nach Gewässerverhältnissen kann man auf das Vorfach auch verzichten und den Haken direkt an die Hauptschnur binden. Die Rute liegt während des Ansitzes ruhig in einem Rutenhalter. Beginnt die Pose unruhig zu zittern und sich zu bewegen ist geduldiges Warten nötig. Im Moment spielt der Fisch nur mit dem Köder. Sobald die Pose aber seitlich weg- oder unter Wasser gezogen wird, setzt man den Anhieb.

Geräte- und Ködervorschlag

Rute: Matchrute, Länge 3,0 bis 3,60 m; Wurfgewicht: 20 bis 30 g

Rolle/Schnur: Stationärrolle mit Monofil 0,25 bis 0,30 mm

Köder: Tauwurm, Teig, Brotflocke Boilie, gekochte Kartoffel, Corned Beef etc.

TIPP

Gehen Sie selbst nicht zu nahe an das Wasser heran, sondern setzen Sie sich in einigem Abstand zum Ufer hin. Auch die Rutenspitze sollte nur ganz knapp über die Wasserfläche ragen. Anfüttern ist meist sinnvoll.

Wer seine Montage besonders tarnen will, benützt ein kleines trockenes Aststückchen als Pose.

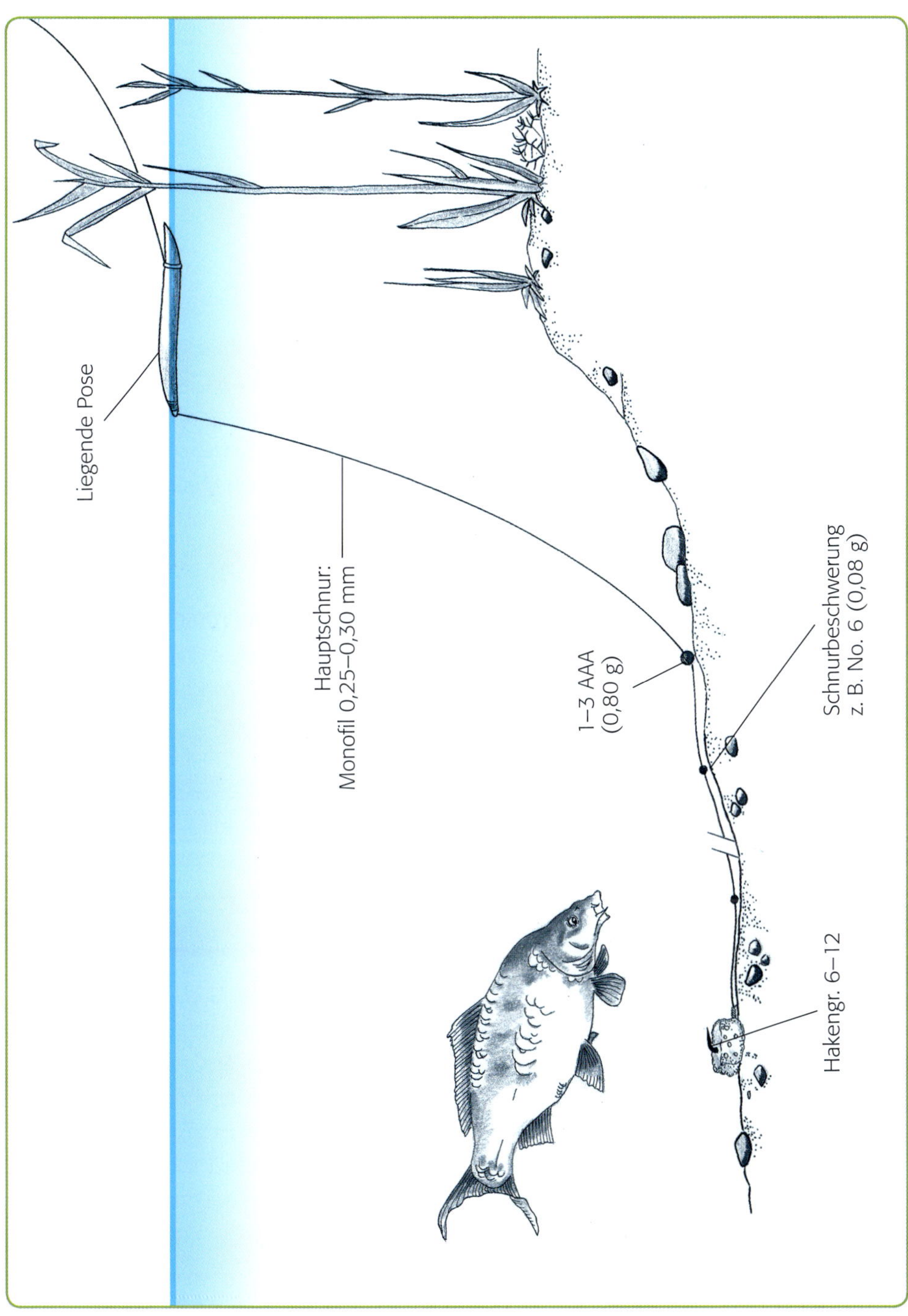
Liegende Pose
Hauptschnur:
Monofil 0,25–0,30 mm
1–3 AAA
(0,80 g)
Schnurbeschwerung
z. B. No. 6 (0,08 g)
Hakengr. 6–12

Mit Pose und Grundblei

Stehende Gewässer, langsame Fließgewässer

Zielfische: Karpfen, Schleie, Brachsen

Beschreibung

Bei dieser auf den ersten Blick ungewöhnlichen Kombination dient das Grundblei als Anker, um den Köder vor dem Abtreiben zu sichern und die Pose wie gewohnt als Bissanzeiger. Sobald ein Fisch den Köder aufnimmt, zieht er die freilaufende Leine durch die Öse des Wirbels am Blei und die Pose reagiert wie gewohnt durch Abtauchen.

Dies ist eine Möglichkeit bei Wind, in größerer Entfernung vom Ufer, mit einer Pose zu fischen, wenn selbst das solideste Driftbeater-Floß der starken Unterströmung nicht standhalten könnte.

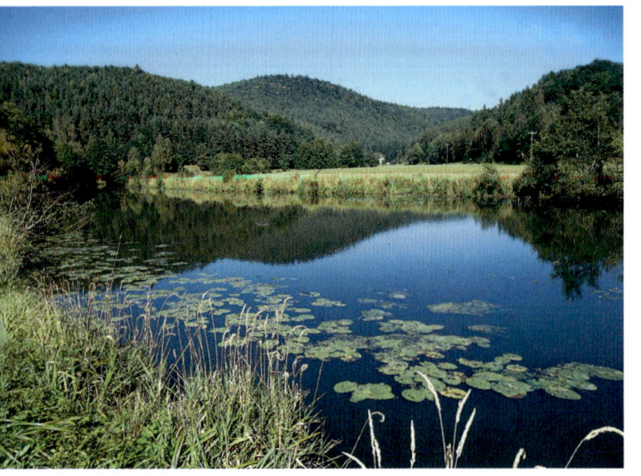

Seerosenfeld im Fluss

Diese Montage bewährt sich auch in Bereichen mit vielen Wasserpflanzen. In diesem Fall bitte die Hauptschnur sorgfältig einfetten, damit sie nicht zwischen die Pflanzen sinkt und sich dort verhängt. Wichtig ist die korrekte Tiefeneinstellung. Das Wurfgewicht richtet sich nach der Entfernung.

Geräte- und Ködervorschlag

Rute: Leichte bis mittlere Grundrute, 3,60 bis 3,90 m; Wurfgewicht: zwischen 20 und 60 g (je nach Wurfentfernung)

Rolle/Schnur: Kleine Stationärrolle mit Monofil 0,20 bis 0,30 mm

Köder: Boilie, Partikel, Wurm etc.

TIPP

Bei schlammigen Untergrund sinkt das Blei ein und die Schnur läuft u. U. nicht mehr frei durch die Öse. In diesem Fall kann man das Grundblei durch ein relativ schweres Tiroler Hölzl ersetzen. Das Hölzl stellt sich senkrecht auf und die Spitze mit der Schnurführung liegt dann oberhalb des Schlamms.

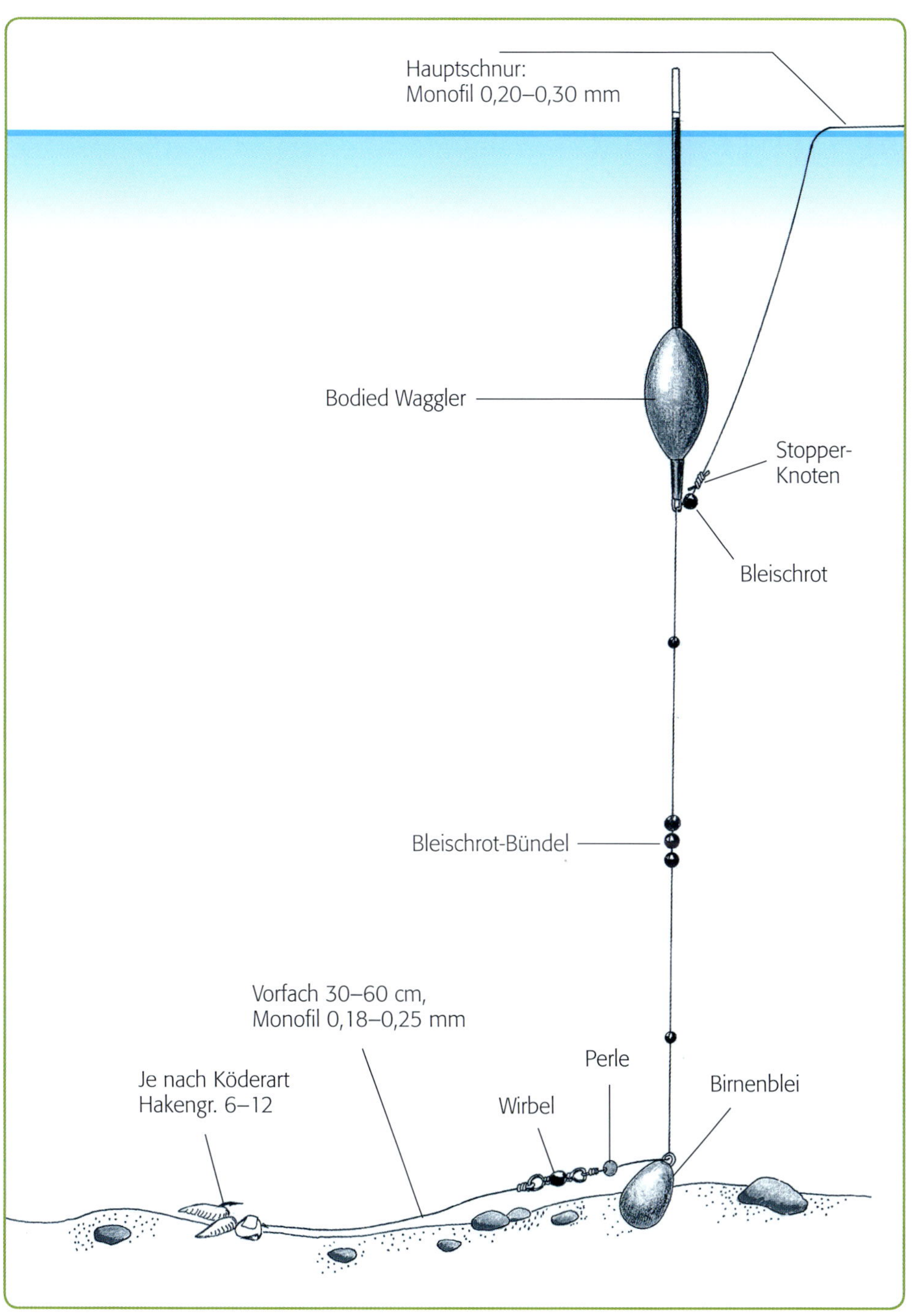
Hauptschnur:
Monofil 0,20–0,30 mm
Bodied Waggler
Stopper-
Knoten
Bleischrot
Bleischrot-Bündel
Vorfach 30–60 cm,
Monofil 0,18–0,25 mm
Perle
Je nach Köderart
Hakengr. 6–12
Wirbel
Birnenblei

Mit Schwimmköder und »Controller«

Karpfengewässer im Sommer

Zielfische: Karpfen, Graskarpfen, Döbel u.a.

Beschreibung

Wenn Fische weit draußen an der Oberfläche unterwegs sind, lässt sich ein Schwimmköder an einer gut gefetteten Schnur mit Hilfe eines »Controllers« ausbringen. Diese Spezialpose, bei der sich der Schnurlaufring an der oberen Spitze befindet, ist als Wurfgewicht und Signalpunkt gedacht, aber nicht als Bissanzeiger. Die Verwendung einer feineren Schnur als beim Grundangeln ist möglich. Die Vorfachlänge (hinter dem Controller) kann je nach Erfordernissen zwischen 0,5 und 3 m betragen. Den Blick auf Controller und Köder gerichtet, hält man die Rute am besten in der Hand, um sofort reagieren zu können. Ist der Haken direkt an der Hauptschnur befestigt, wird der Abstand des Controllers durch Stopper-Knoten und Perle festgelegt. Ein Vorfach (etwas schwächer als Hauptschnur) wird mittels Steckschlaufe oder einem kleinem Wirbel mit der Hauptschnur verbunden. Bringt man eine Perle und einen Stopper-Knoten kurz hinter dem Controller an, erhält man ein schwimmendes Bolt-Rig.

Karpfen an Wasserkugel

Geräte- und Ködervorschlag

Rute: Posenrute, 3,90 bis 4,25 m; Wurfgewicht: 10 bis 40 g

Rolle/Schnur: Mittlere Stationärrolle mit 150 m Monofil 0,20 bis 0,25 mm

Köder: Brotkruste, -flocke, Schwimmboilie

TIPP

Sind die Karpfen sehr vorsichtig, bringt man den Köder mithilfe einer Haar-Montage an. In diesem Fall sind Partikel-Köder besser als Schwimmbrot. Die letzten 15 bis 20 cm des Vorfachs sorgfältig entfetten, so dass es leicht im Wasser einsinkt und nicht im Oberflächenfilm sichtbar wird. Eventuell weniger sichtbares Fluorocarbon verwenden.

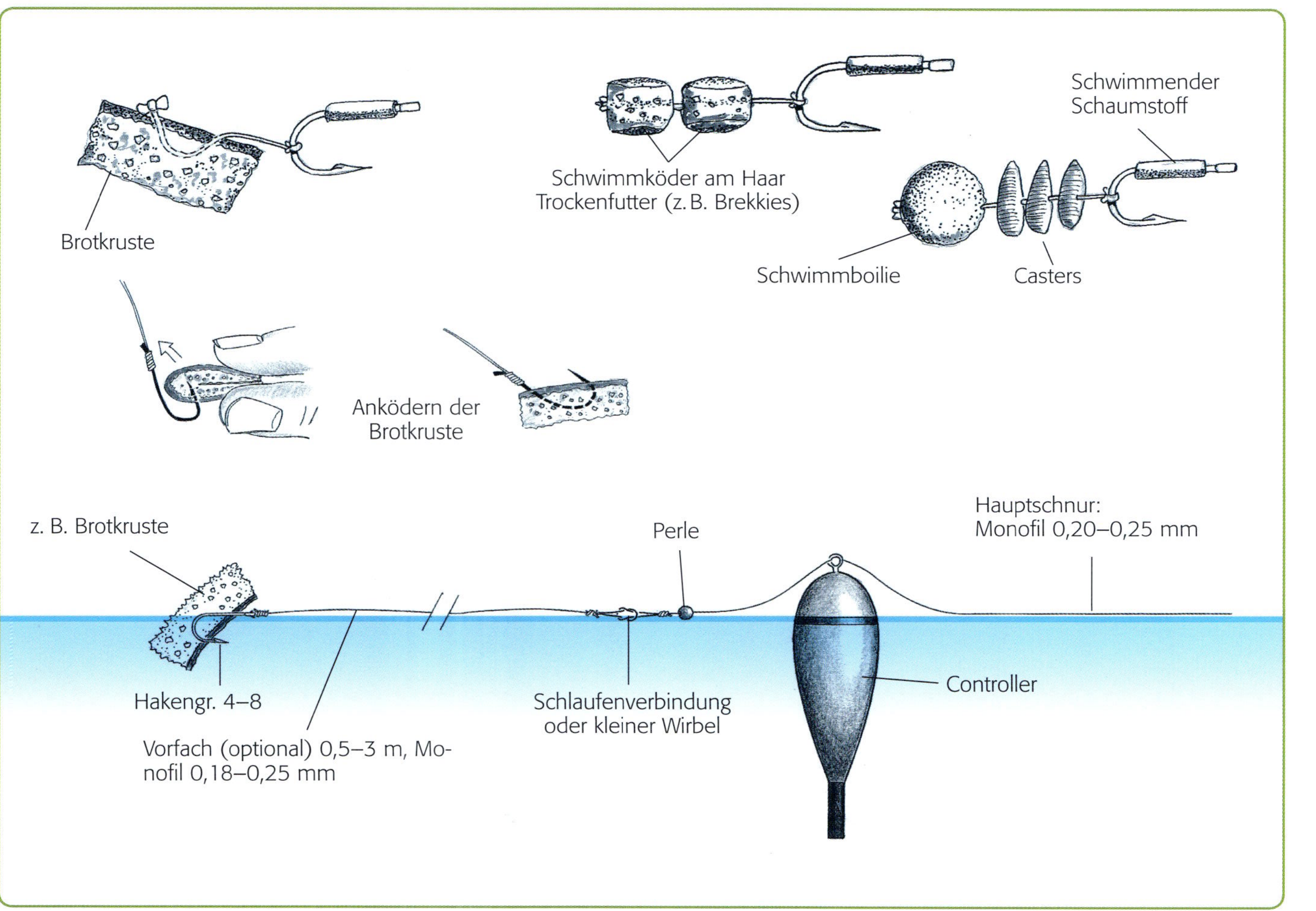
Brotkruste
Schwimmköder am Haar
Trockenfutter (z. B. Brekkies)
Schwimmender
Schaumstoff
Schwimmboilie
Casters
Anködern der
Brotkruste
z. B. Brotkruste
Perle
Hauptschnur:
Monofil 0,20–0,25 mm
Hakengr. 4–8
Schlaufenverbindung
oder kleiner Wirbel
Controller
Vorfach (optional) 0,5–3 m, Mo-
nofil 0,18–0,25 mm

Verankerte Controller- bzw. Schwebemontage

Langsame Strömung, Altarme, stehende Gewässer

Zielfische: Karpfen, Döbel etc.

Beschreibung

Schwimmköder an einer Controller-Montage werden bei Wind leicht abgetrieben. Das lässt sich verhindern, indem man eine freilaufendes Birnenblei auf die Hauptschnur fädelt und damit am Boden einen Ankerpunkt setzt. Falls weicher Grund vorhanden ist, verwendet man ein sich selbst aufrichtendes Stabblei, bzw. ein schweres Tiroler Hölzl. Verfügt der Köder selbst über entsprechende Auftriebskraft, steigt er, sobald Schnur nachgefüttert wird, langsam senkrecht über dem Blei nach oben, maximal bis zur Oberfläche. Er lässt sich aber in jeder Tiefe positionieren. Ist Pflanzenbewuchs vorhanden bleibt der Köder oft darin hängen. In diesem Fall ist eine zwischengeschaltete Unterwasserpose (Größe variabel) als Steighilfe sehr hilfreich. Sie besitzt genügend Auftrieb, um den Köder sicher an den Pflanzen vorbei nach oben zu bringen.

Gerätevorschlag

Rute: Leichte Grundrute 3,00–3,60 m; Wurfgewicht: 20–40 g.
Rolle: Mittlere Stationärrolle mit 150 m Monofil 0,25–0,30 mm
Köder: Schwimm-Pellets bzw. -Boilies, Maiskörner, zähe Brotrinde.

TIPP

Befestigen Sie die Schwimmboilies oder -pellets am Haar oder mit einem Bait-Band (kleiner Elastikring) am Haken. Es ist auch möglich eine kleine gelbe Hartschaumstofflage zwischen ein paar Maiskörner einzubauen oder zusätzlich PVA- Schaumstoff auf den Haken zu stecken. PVA löst sich bei Kontakt mit Wasser nach ein paar Minuten rückstandslos auf. Die Zeit reicht aber, den Auftrieb des Köders anfänglich zu optimieren.

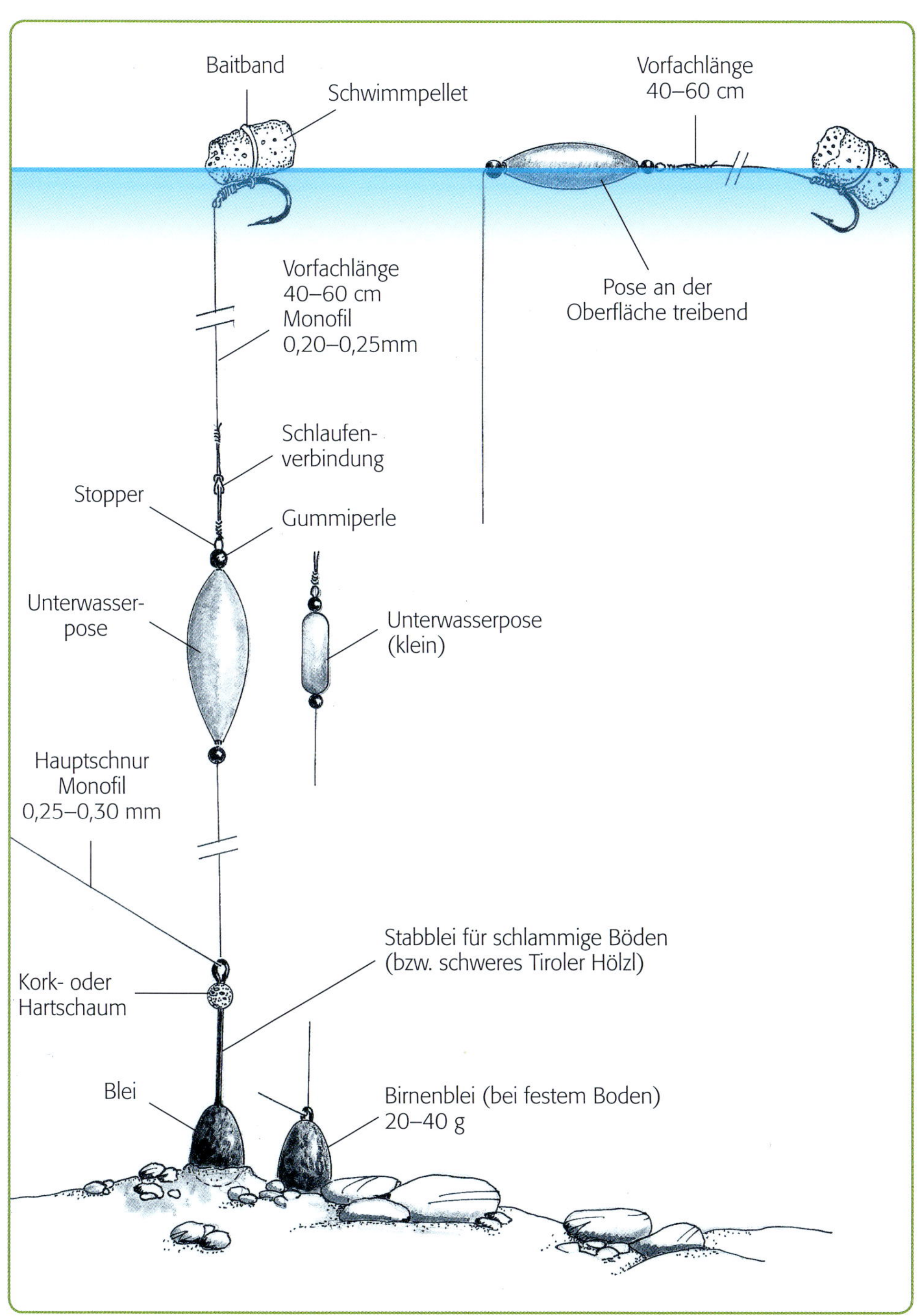
Baitband
Schwimmpellet
Vorfachlänge
40–60 cm
Vorfachlänge
40–60 cm
Monofil
0,20–0,25mm
Pose an der
Oberfläche treibend
Schlaufen-
verbindung
Stopper
Gummiperle
Unterwasser-
pose
Unterwasserpose
(klein)
Hauptschnur
Monofil
0,25–0,30 mm
Stabblei für schlammige Böden
(bzw. schweres Tiroler Hölzl)
Kork- oder
Hartschaum
Blei
Birnenblei (bei festem Boden)
20–40 g

Döbel-Pirsch-Montage

Kleine bis mittlere Fließgewässer, hindernisreiche Gewässerläufe, verbuschte Ufer

Zielfische: Döbel

Beschreibung

Ein einfache Montage zum vorsichtigen Pirschfischen mit leichtem Gepäck an kleinen bis mittleren Flüssen, dort wo das Wasser nicht zu tief ist oder die Döbel näher unter der Oberfläche schwimmen. Verwendet wird eine gedrungene Pose oder auch eine Wasserkugel, die durch ihr Gewicht etwas mehr Wurfweite gewährt. Ist eine zusätzliche Beschwerung des Vorfachs notwendig, soll sie nahe der Pose sitzen, damit der große Köder frei im Wasser schweben kann. In der Regel wird die Ködertiefe auf etwa 30 bis 50 cm gestellt, so lässt sich die gesamte Montage auch gezielter werfen und man bleibt nicht so leicht in Hindernissen hängen.

Geräte- und Ködervorschlag

Rute: Leichte Posenrute mit Spitzenaktion etwa 2,40 m bis 3,00 m; Wurfgewicht: 10 bis 20 g.
Rolle: Kleine Stationärrolle mit 50 m Monofil 0,22 bis 0,25mm
Köder: Frühstücksfleisch, Käse, Teig, Würmer u.ä.

TIPP

Suchen Sie nach geeigneten Verstecken und Einständen. Halten Sie vor und werfen Sie die Montage oberhalb der vermuteten Standplätze ein.

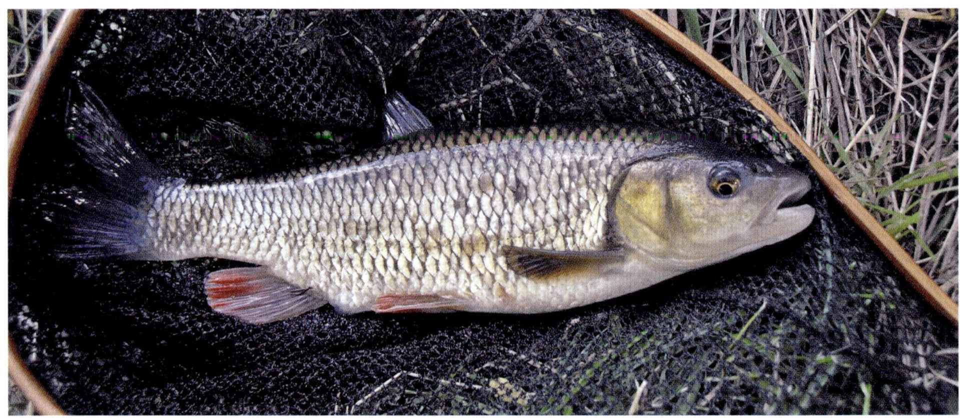

Döbel sind immer für einen deftigen Happen zu begeistern.

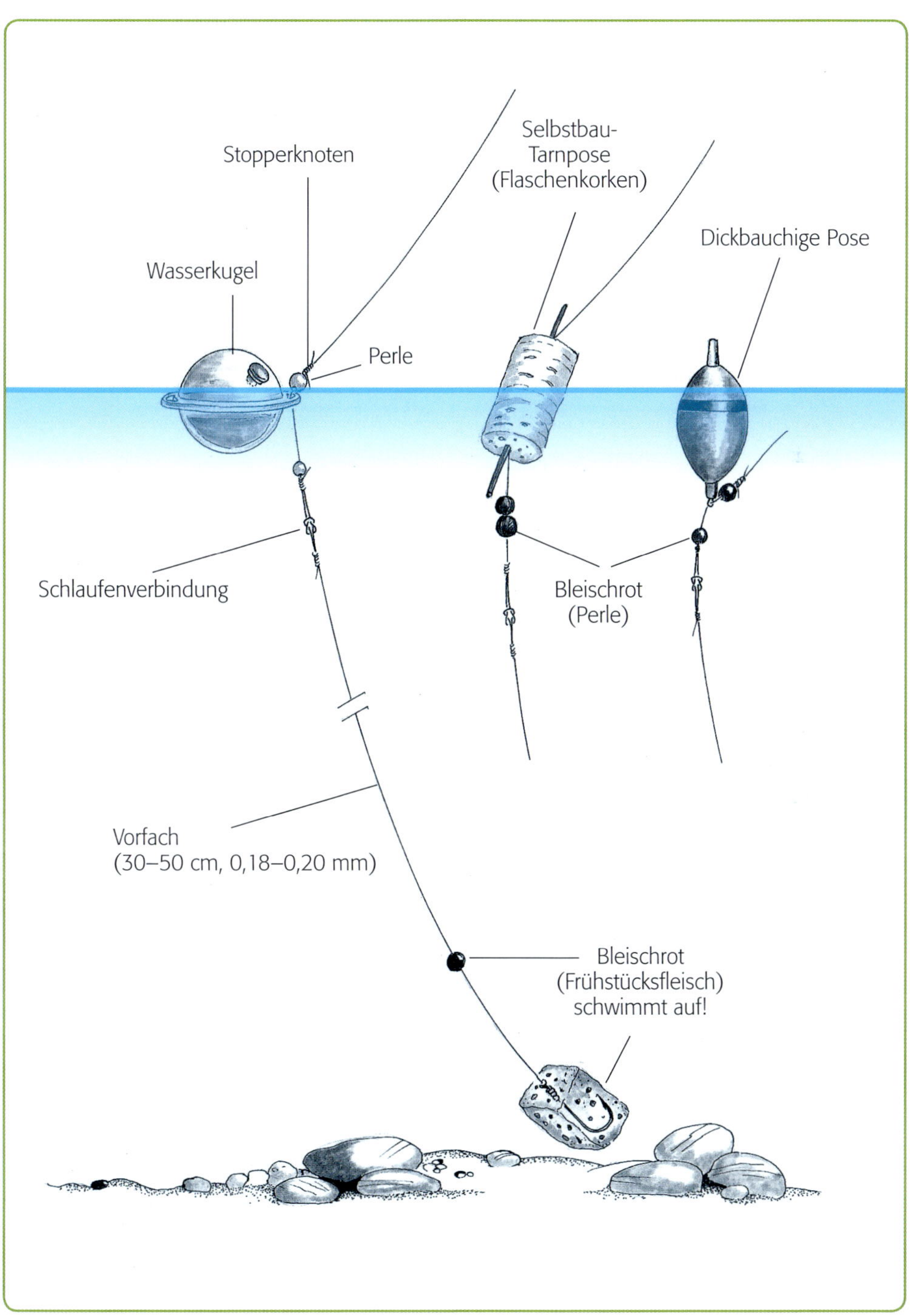
Stopperknoten
Selbstbau-
Tarnpose
(Flaschenkorken)
Dickbauchige Pose
Wasserkugel
Perle
Schlaufenverbindung
Bleischrot
(Perle)
Vorfach
(30–50 cm, 0,18–0,20 mm)
Bleischrot
(Frühstücksfleisch)
schwimmt auf!

Angeln mit der Hegene

Kühle Vorgebirgs- und Gebirgsseen

Zielfische: Renke, Saibling, Barsch

Beschreibung

Eine Hegene ist ein Paternoster-System. Es besteht aus drei bis fünf künstlichen Nymphen, meist Nachbildungen von Zuckmückenlarven. Diese Nymphen sind über kurze Seitenarme an einem rund zwei Meter langen Vorfach befestigt. Am oberen Ende befindet sich eine Schlaufe zur Befestigung an der Hauptschnur und am unteren ein Birnenblei.

Mit Pose: Benötigt wird ein spezieller Hegene-Durchlaufschwimmer mit langer Antenne. Als Schnurstärke kommt 0,20 bis 0,25 mm starkes Monofil in Frage. Die sensible, nicht zu harte Rute sollte um die 3 m lang sein und ein Wurfgewicht von ca. 40 g aufweisen. Die Hegenepose (ca. 25 g Tragkraft) steht schräg im Wasser. Beißt ein Fisch, legt sich die Pose i. d. R. flach auf die Wasseroberfläche. Der Fisch hakt sich meist selbst. Diese Methode ist besonders bei leichtem Wellengang erfolgreich, weil durch das Auf und Ab der Pose die Nymphen verführerisch im Wasser spielen.

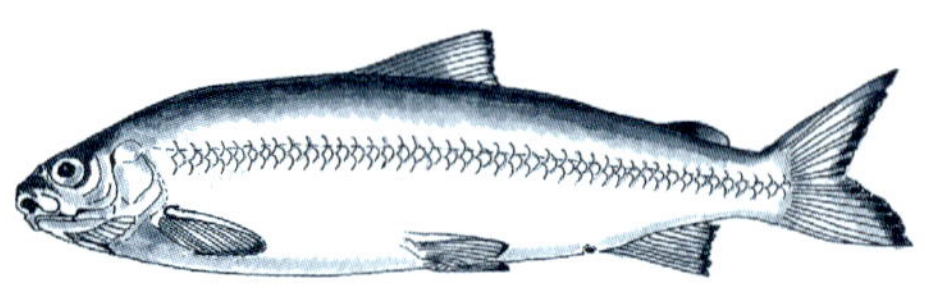

Renke

Ohne Pose: Nur vom Boot aus möglich. Ans Ende des Vorfachs kommt ein 5–15 g schweres Blei. Lassen Sie die Hegene ab, bis das Blei den Grund berührt und bewegen Sie die Nymphen dann ganz langsam einige Zentimeter auf und ab. Behalten Sie die feine Rutenspitze im Auge.

Geräte- und Ködervorschlag

Rute: Hegene-Rute oder Winkle-Picker mit feiner Spitze, Länge 1,80 bis 2,40 m

Rolle/Schnur: Kleine Stationär- oder Centrepinrolle (Achsrolle) mit Monofil 0,16 bis 0,20 mm (mehr als 15 m Wassertiefe auch Multifil 0,05 mm mit ca. 5 m monofiler Schlagschnur)

Köder: Hegene-Nymphen (Gr. 12 bis 14) sollen dünn mit etwas dickerem Kopf gebunden sein. Rote, grüne, blaue und schwarze Muster oder Kombinationen davon gehören in jeden Vorrat.

TIPP

Renken sind neugierig. Bewegt sich das Endblei frei im Wasser, kann man es farbig anmalen oder in Alufolie wickeln, das erhöht manchmal die Aufmerksamkeit der Fische.

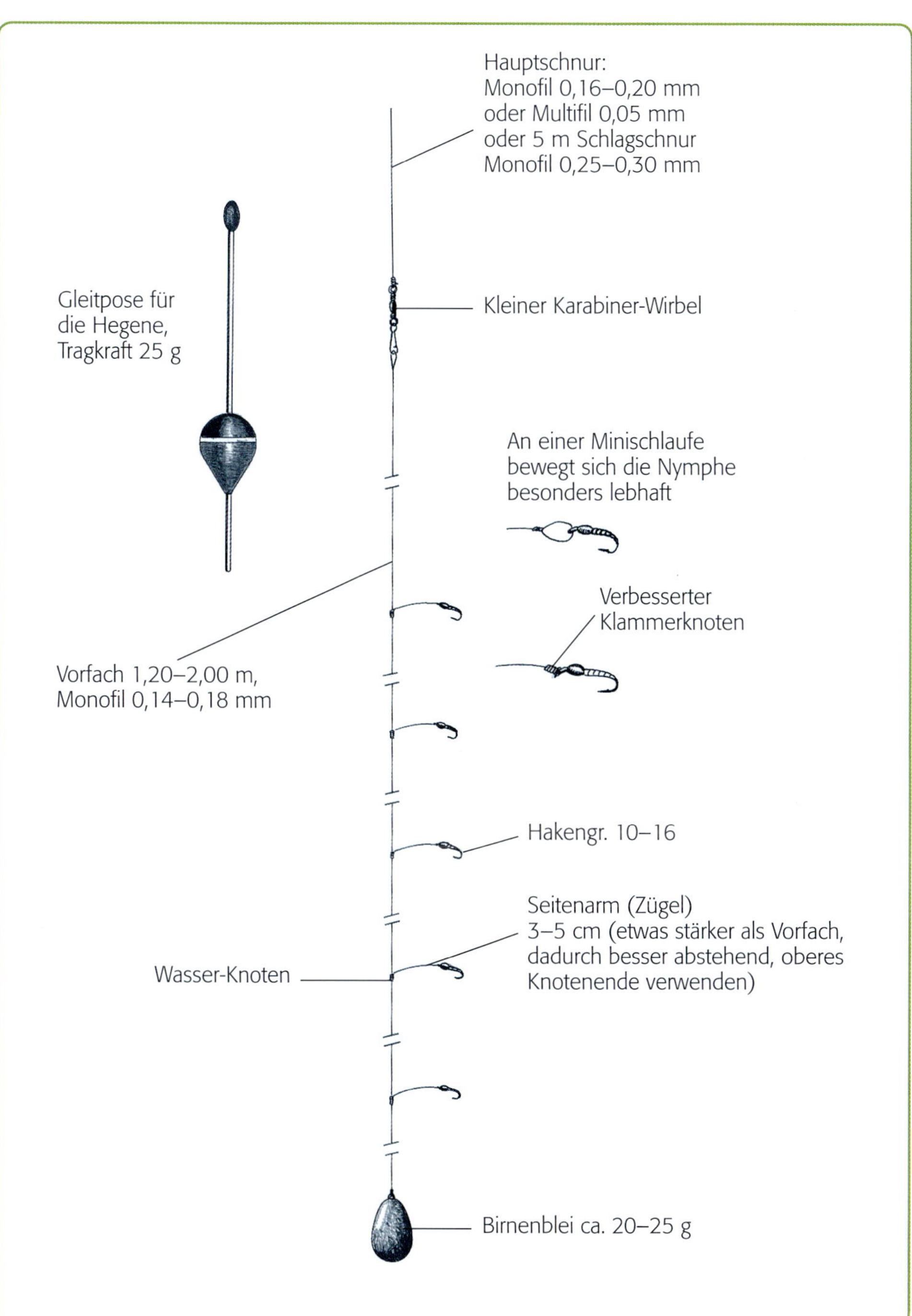
Hauptschnur:
Monofil 0,16–0,20 mm
oder Multifil 0,05 mm
oder 5 m Schlagschnur
Monofil 0,25–0,30 mm
Gleitpose für
die Hegene,
Tragkraft 25 g
Kleiner Karabiner-Wirbel
An einer Minischlaufe
bewegt sich die Nymphe
besonders lebhaft
Verbesserter
Klammerknoten
Vorfach 1,20–2,00 m,
Monofil 0,14–0,18 mm
Hakengr. 10–16
Seitenarm (Zügel)
3–5 cm (etwas stärker als Vorfach,
dadurch besser abstehend, oberes
Knotenende verwenden)
Wasser-Knoten
Birnenblei ca. 20–25 g

Stipp-Montage für ruhiges Wasser

Stillwasser, Kanäle, langsame Flüsse

Zielfische: Rotauge, Rotfeder, Brachsen, Güster, Döbel, Schleie

Beschreibung

Angeln ohne Rolle wird vor allem bei Angelwettbewerben angewendet, mit der Absicht so viele kleine Fische wie möglich in einer bestimmten Zeit zu fangen. Heute finden aber auch immer mehr »normale« Angler den Umgang mit einer langen Rute ohne Rolle und einer fein abgestimmten Montage interessant. Umso mehr, da auch durchaus respektable Fische gelandet werden können.
Die Vorteile dieser Angelart: Pose und Köder können ohne Auswerfen exakt und leise platziert werden. Es wird direkt unter der Rutenspitze geangelt, deshalb bleibt der Einfluss des Windes gering. Typisch für das Stippangeln sind ausgeklügelte Bebleiungsmuster und eine Unzahl von unterschiedlichen Spezial-Posen für die verschiedensten Gewässerbedingungen.

Geräte- und Ködervorschlag

Für Einsteiger:
Rute: Stipp- oder Kopfrute, Länge 4 bis 6 m mit Monofil 0,18 mm
Rolle: Keine
Köder: Maden, Hanfsamen, Rotwurm, Maiskorn

TIPP

Wer Gefallen am Stippangeln findet sollte sich einen Rutentyp zulegen, mit der auch größere Fische gedrillt werden können. Im Innern des Blanks verläuft ein Gummizug, der an der Rutenspitze endet und dort über einem Spezialverbinder mit der Angelschnur verbunden ist. Ein stärkerer Fisch zieht den Gummi beim Drill aus der Spitze heraus und muss dann gegen die zusätzliche Federkraft ankämpfen.

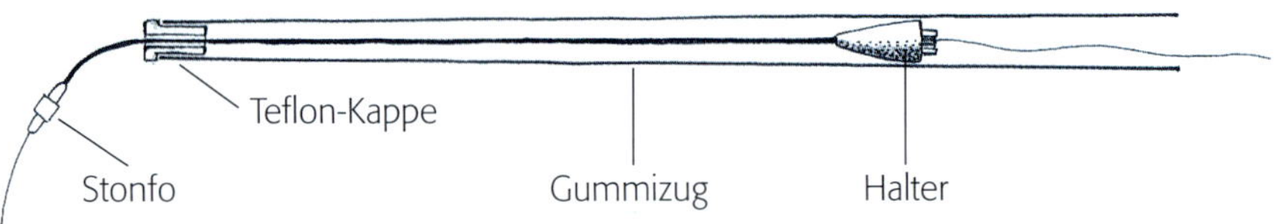

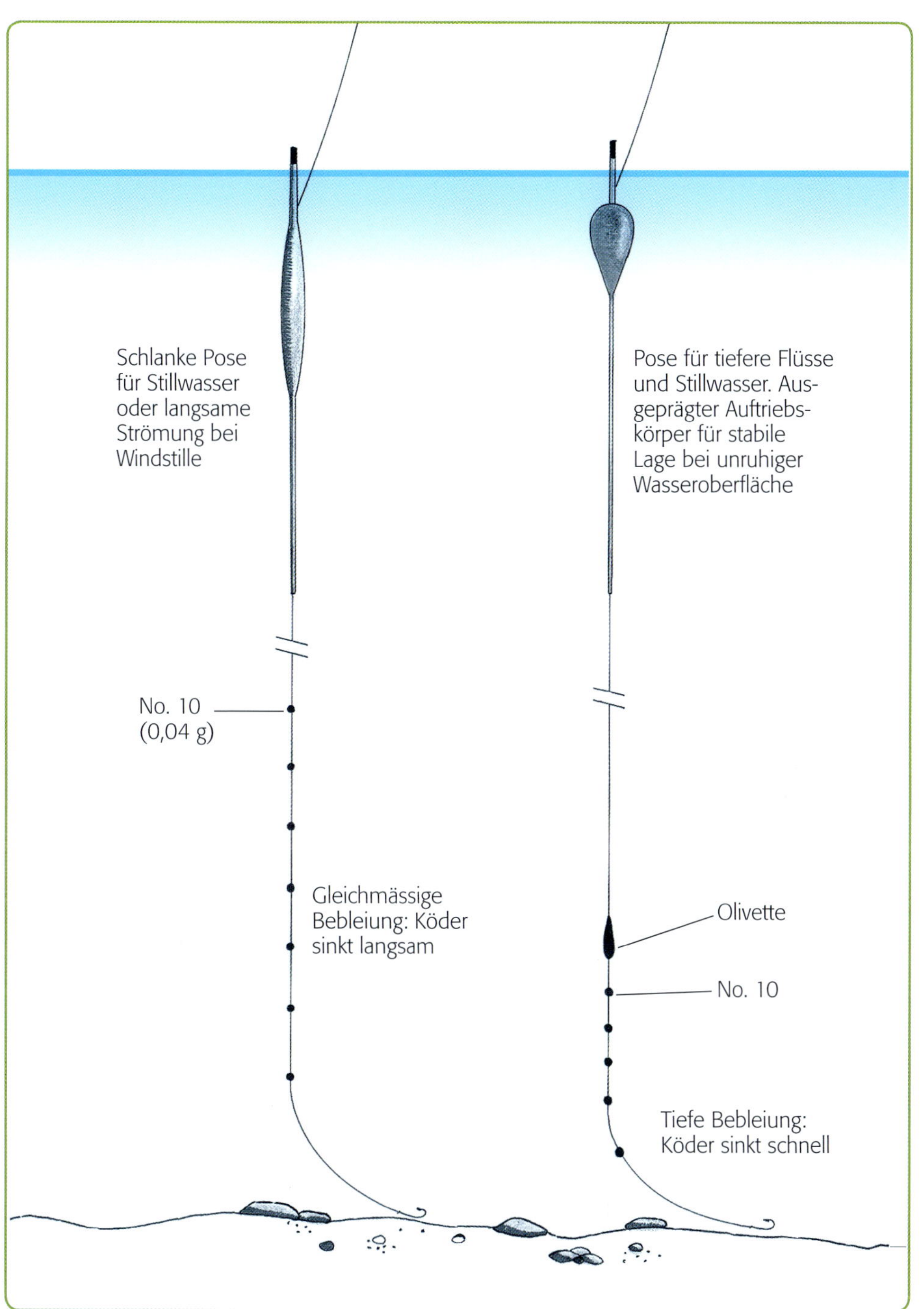
Schlanke Pose
für Stillwasser
oder langsame
Strömung bei
Windstille
Pose für tiefere Flüsse
und Stillwasser. Aus-
geprägter Auftriebs-
körper für stabile
Lage bei unruhiger
Wasseroberfläche
No. 10
(0,04 g)
Gleichmässige
Bebleiung: Köder
sinkt langsam
Olivette
No. 10
Tiefe Bebleiung:
Köder sinkt schnell

Posennymphe

Bäche, kleinere Flüsse, teilweise auch stehende Gewässer

Zielfische: Forelle, Äsche, Barben, Döbel u. a.

Beschreibung

In vielen Salmonidengewässern sind nur Kunstköder erlaubt. Wer nicht ständig nur mit Spinner und Blinker fischen möchte, aber mit der Handhabung der Fliegenrute noch nicht vertraut ist, könnte diese Zwischenvariante versuchen. Eine leichte Stachelschweinpose sitzt auf der feinen Hauptschnur an deren Ende eine kurze noch etwas schwächere Vorfachspitze geknüpft wird. Als Köder dient eine künstliche Nymphe. Die Pose ist fein austariert durch entsprechende Beschwerung des Vorfachs, bzw. auch das Eigengewicht der Nymphe. Wenn erlaubt, kann man einen Seitenarm mit einem kleineren Muster (z. B. eine unbeschwerte Nymphe oder Nassfliege) anbringen. Werfen Sie die Montage schräg stromauf, damit sie schnell absinken kann und lassen Sie sie durch vielversprechende Stellen, z. B. ausgespülte Gumpen bzw. tiefere lange Rinnen trudeln. Genaues Ausloten der Wassertiefe lohnt sich. Die Nymphe soll dicht am Grund treiben, dort stehen meistens die größeren Fische. Neben Forellen und Äschen sind auch Barben, Döbel u. a. Fischarten für dieses Angebot anfällig.

Geräte- und Ködervorschlag

Rute: Leichte Posenrute mit Spitzenaktion 3,00 bis 3,60 m; Wurfgewicht: 10 bis 20 g.
Rolle: Kleine Stationärrolle mit 100 m Monofil 0,22 bis 0,25 mm
Köder: Künstliche Nymphen und Nassfliegen. Nymphe am Ende des Vorfachs in Größe 8 bis 12 (auch beschwert), Seitennymphen und Nassfliegen (unbeschwert) in Gr. 10 bis 16.

TIPP

Mit einem vorgebundenen kurzen Wechselspringer (bereits angeknüpfte Nymphe/Nassfliege an dem einen Ende und schließbare Grinnerschlaufe am anderen), kann schnell ein neuer Seitenarm angebracht werden. Die Grinnerschlaufe über die Endnymphe fädeln, bis über den Verbindungsknoten der Vorfachspitze hochschieben und dort festziehen . Der Knoten verhindert das Abrutschen ans Vorfachende.

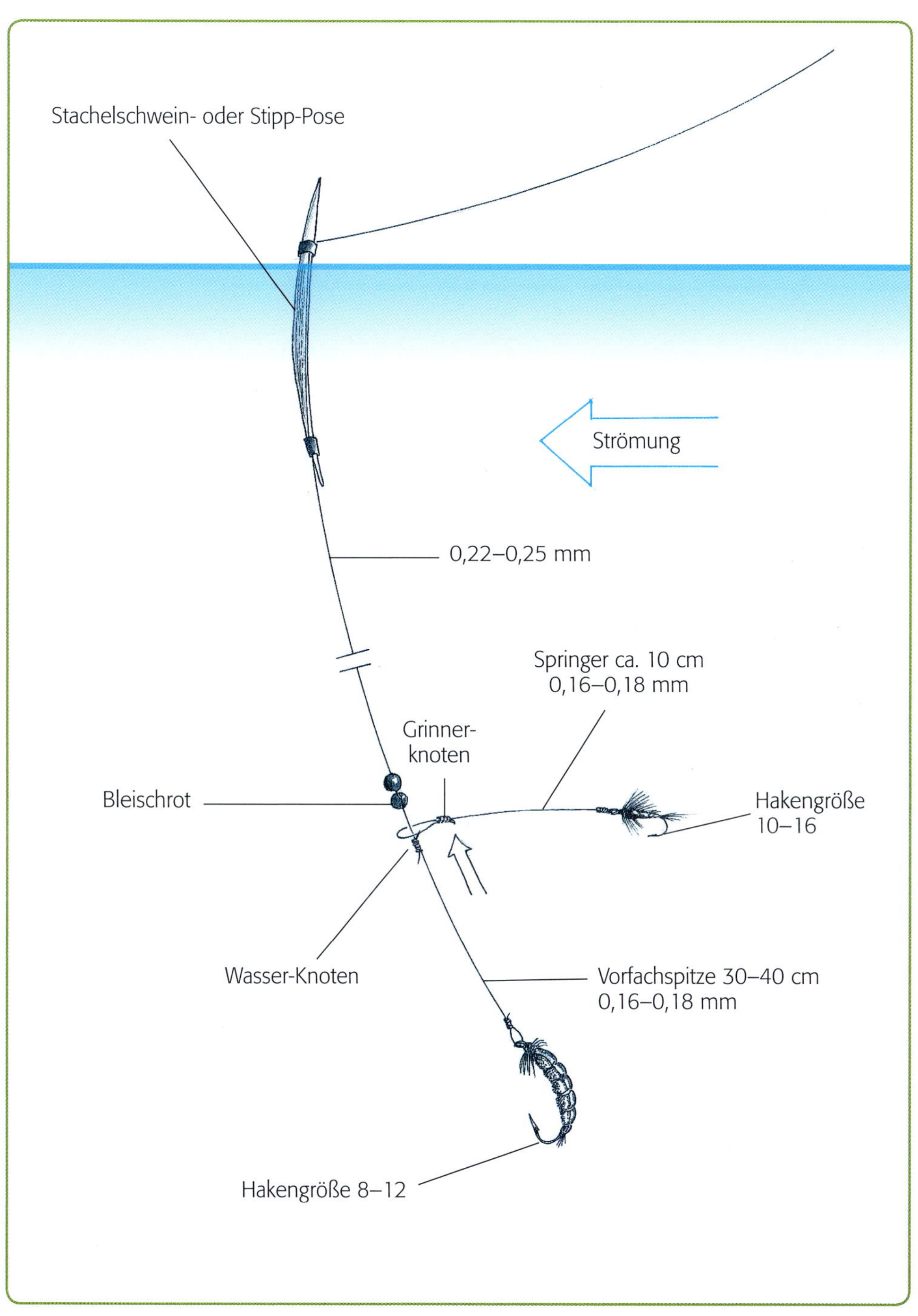
Stachelschwein- oder Stipp-Pose
Strömung
0,22–0,25 mm
Springer ca. 10 cm
0,16–0,18 mm
Grinner-
knoten
Bleischrot
Hakengröße
10–16
Wasser-Knoten
Vorfachspitze 30–40 cm
0,16–0,18 mm
Hakengröße 8–12

Köderfisch-Schnappmontage

Alle Hecht und Raubfischgewässer

Zielfische: Hecht, Wels, Zander, Barsch

Beschreibung

Eine klassische Posen-Montage zum Fang von größeren Raubfischen, vor allem von Hechten. Bei einem Anbiss wird sofort angeschlagen. Da grundsätzlich nur mit toten Köderfischen geangelt wird, muss die Anbringung der Haken entsprechend erfolgen. Im Stillwasser eignet sich dafür eine mittige Position, damit der Köderfisch möglichst waagrecht unter der Pose im Wasser schwebt. Abgesehen von Drilling-Systemen geht es auch mit zwei Einzelhaken. Zuerst wird der Endhaken knapp unter der Rückenflosse durchgestochen und dann komplett durchgezogen. Eingehängt wird er in der Nähe der Bauchflosse. Die Spitze soll frei sein und nicht im Körper vergraben werden. Danach steckt man den zweiten Haken unter die Rückenflosse. Die Verwendung von Drillingen ist problematisch, kleinere Hechte können in der Regel nicht unbeschadet von ihnen befreit werden. Sie sind auch nicht notwendig, da größere Einzelhaken in der Regel in einem Fischmaul sicherer als Drillinge halten. Wenn die Pose durch Wind und Wellen auf und nieder hüpft, überträgt sich dies auf den toten Köderfisch und lässt ihn lebendig wirken. Für Zander und Barsch wird der Köderfisch und das Montagezubehör entsprechend kleiner gewählt.

Geräte- und Ködervorschlag

Rute: Hechtrute, Länge 3,30 bis 3,90 m; Wurfgewicht: 60 bis 100 g
Rolle/Schnur: Mittlere bis große Stationärrolle mit 150 m Monofil 0,35 bis 0,40 mm
Köder: Tote Kleinfische (z. B. Rotauge, Güster, Barsch, Döbel)

TIPP

Um den Köderfisch bei weiten Würfen nicht zu verlieren, kann man die Haken mit durchsichtiger Nähseide oder sehr feinem Monofil am Fisch festbinden.

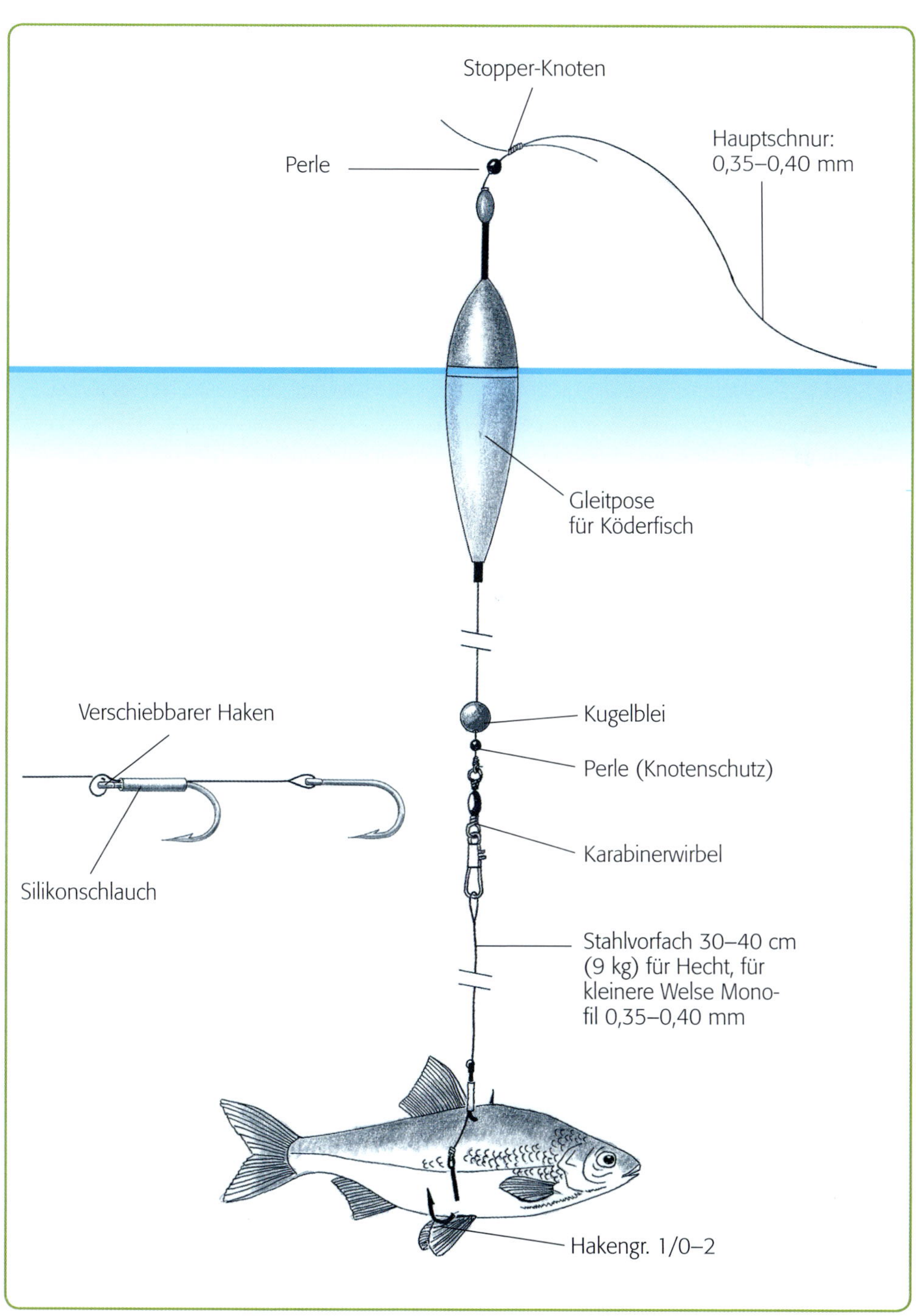
Stopper-Knoten
Perle
Hauptschnur: 0,35–0,40 mm
Gleitpose für Köderfisch
Verschiebbarer Haken
Kugelblei
Perle (Knotenschutz)
Karabinerwirbel
Silikonschlauch
Stahlvorfach 30–40 cm (9 kg) für Hecht, für kleinere Welse Monofil 0,35–0,40 mm
Hakengr. 1/0–2

Bewegt gefischte Schnappmontage

Alle Raubfischgewässer

Zielfische: Hecht, Zander, Wels

Beschreibung

Eine Schnappmontage mit Pose kann sehr vielseitig gefischt werden. So lässt sie sich zum Beispiel hinter einem langsam geruderten Boot herschleppen, man kann sie aber auch an einem Stillwasser auswerfen und dann langsam einholen. In der trägen Strömung eines Flusses lässt man sie unter einen überhängenden Baum treiben und hält sie dort mit Hilfe einer langen Rute. Der Köderfisch pendelt dann verführerisch in der Strömung. Dazu wird der tote Köderfisch aber nicht an der Rückenflosse angebracht, sondern am Kopf (durch die Augen gestochen hält der Haken sehr gut) und im Bereich einer Bauchflosse. Dem Schongedanken folgend, sollten auch hier möglichst Einfachhaken montiert werden.
Der auf das Stahlvorfach doppelt durchgefädelte obere Haken wird am besten mit einem dünnen Silikonschläuchchen überschoben und damit auf dem Vorfach fixiert. So kann die Montage der Köderfischgröße angepasst werden (siehe Seite 57 »Verschiebbarer Haken«).

Neun-Kilo-Hecht auf Schnappmontage

Geräte- und Ködervorschlag

Rute: Hechtrute, Länge 3,30 bis 3,90 m; Wurfgewicht: 60 bis 100 g
Rolle/Schnur: Mittlere bis große Stationärrolle mit 150 m Monofil 0,35 bis 0,40 mm
Köder: Tote Kleinfische (z.B. Rotauge, Güster, Barsch, Döbel)

TIPP

Zur Anbringung des Köderfisches eignet sich auch ein Spinn-System mit einem Dorn, der im Schlund des Fischchens steckt und den Körper vor zu starker Krümmung bewahrt. Diese könnte zu unnatürlicher Rotation des Köderfisches führen.

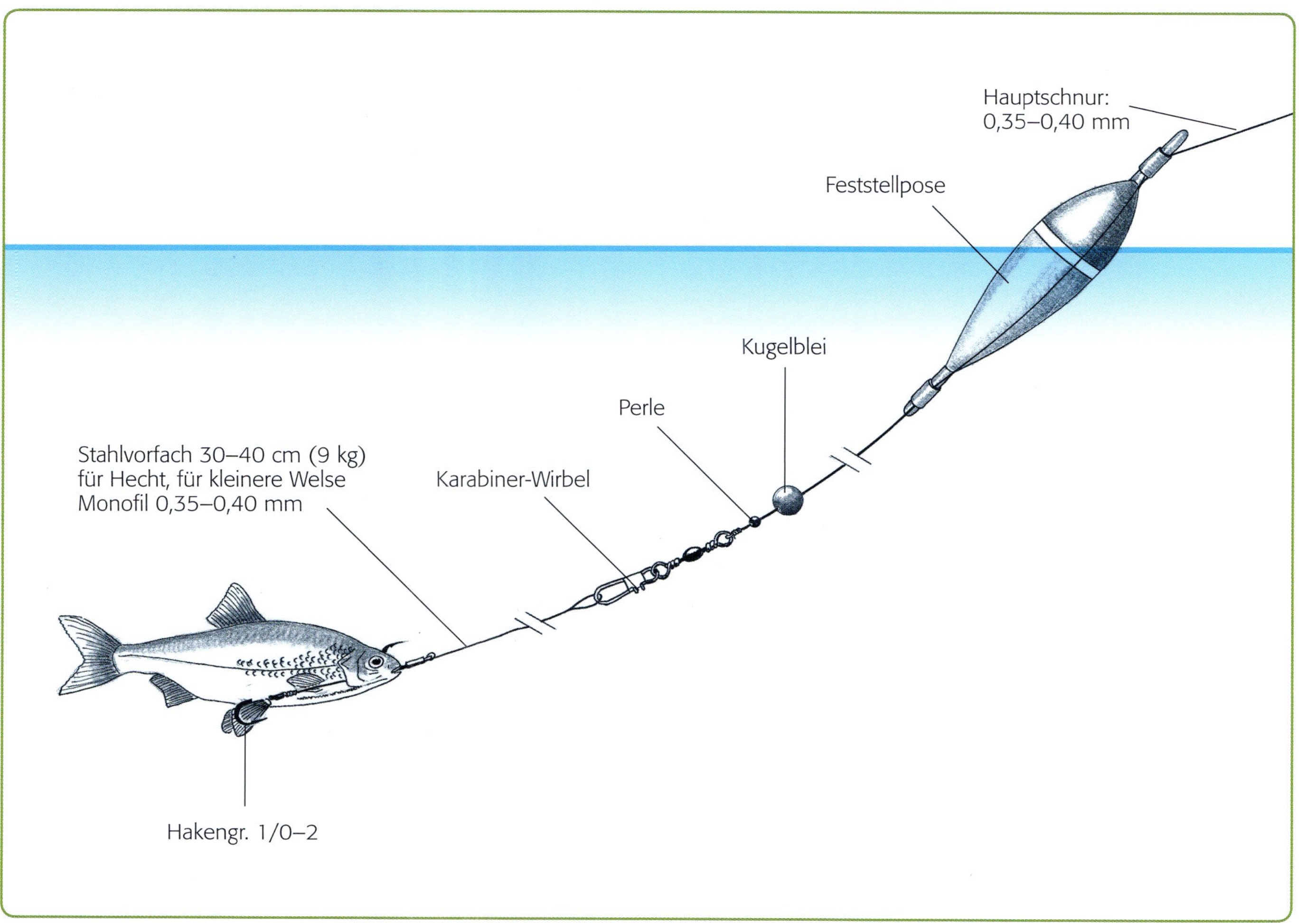
Hauptschnur:
0,35–0,40 mm
Feststellpose
Kugelblei
Perle
Stahlvorfach 30–40 cm (9 kg)
für Hecht, für kleinere Welse
Monofil 0,35–0,40 mm
Karabiner-Wirbel
Hakengr. 1/0–2

Der »Hecht-Paternoster«

Raubfischeinstände: Überhängende Bäume, Krautbetten etc.

Zielfische: Hecht, (Wels, Zander)

Beschreibung

Diese Kombi-Montage aus Pose und Grundblei erlaubt es dem Angler seinen Köderfisch an einer bestimmten Angelstelle auszulegen und ihn dort zu halten. Dies hat Vorteile, wenn der Platz eines großen Hechtes bekannt ist, aber die Strömung oder der Wind die Montage in Hindernisse, wie Wasserpflanzen oder Äste treiben würde. Der Köderfisch (Hakenmontage siehe bei »Bewegt gefischte Schnappmontage S. 58/59«) wird durch die Pose sicher an einem Seitenarm im Mittelwasser gehalten. Leider ist die Montage ein bisschen anfällig gegen Verwicklungen beim Auswerfen. Geeignet ist deshalb eine längere Hecht- oder Karpfenrute von 3,60 bis 3,90 m mit einer Testkurve (s. S. 156) von etwa 2,5 lbs. Wenn man nicht weit werfen muss, wird der Köder am besten mit einem Unterhandschwung ausgebracht. Achten Sie darauf, dass Sie unter beengten Verhältnissen nicht mit der Rutenspitze in den Zweigen der Uferbäume hängen bleiben. Beim Abtauchen der Pose sofort anschlagen. Der Raubfisch soll den Köder nicht schlucken, die Haken sollen möglichst vorne im Kiefer sitzen. Ansonsten ist das schonende Abhaken und Zurücksetzen von untermaßigen Fischen nicht möglich. Die Basismontage eignet sich auch für Wels oder Zander.

Geräte- und Ködervorschlag

Rute: Hechtrute, Länge 3,30 bis 3,90 m; Wurfgewicht: 60 bis 100 g
Rolle/Schnur: Mittlere bis große Stationärrolle mit 150 m Monofil 0,35 bis 0,40 mm
Köder: Toter Köderfisch (Rotauge, Laube, u.ä.)

TIPP

Wenn im Stillwasser nur wenig Windströmung vorhanden ist, sinkt der tote Köderfisch neben der Hauptschnur ab und kann sich in ihr verhängen. Dagegen helfen ein paar in den Schlund gedrückte Styroporkügelchen, sie bringen den Fisch zum Schweben. Auch die leichteste Strömung hält ihn nun von der Hauptschnur weg.

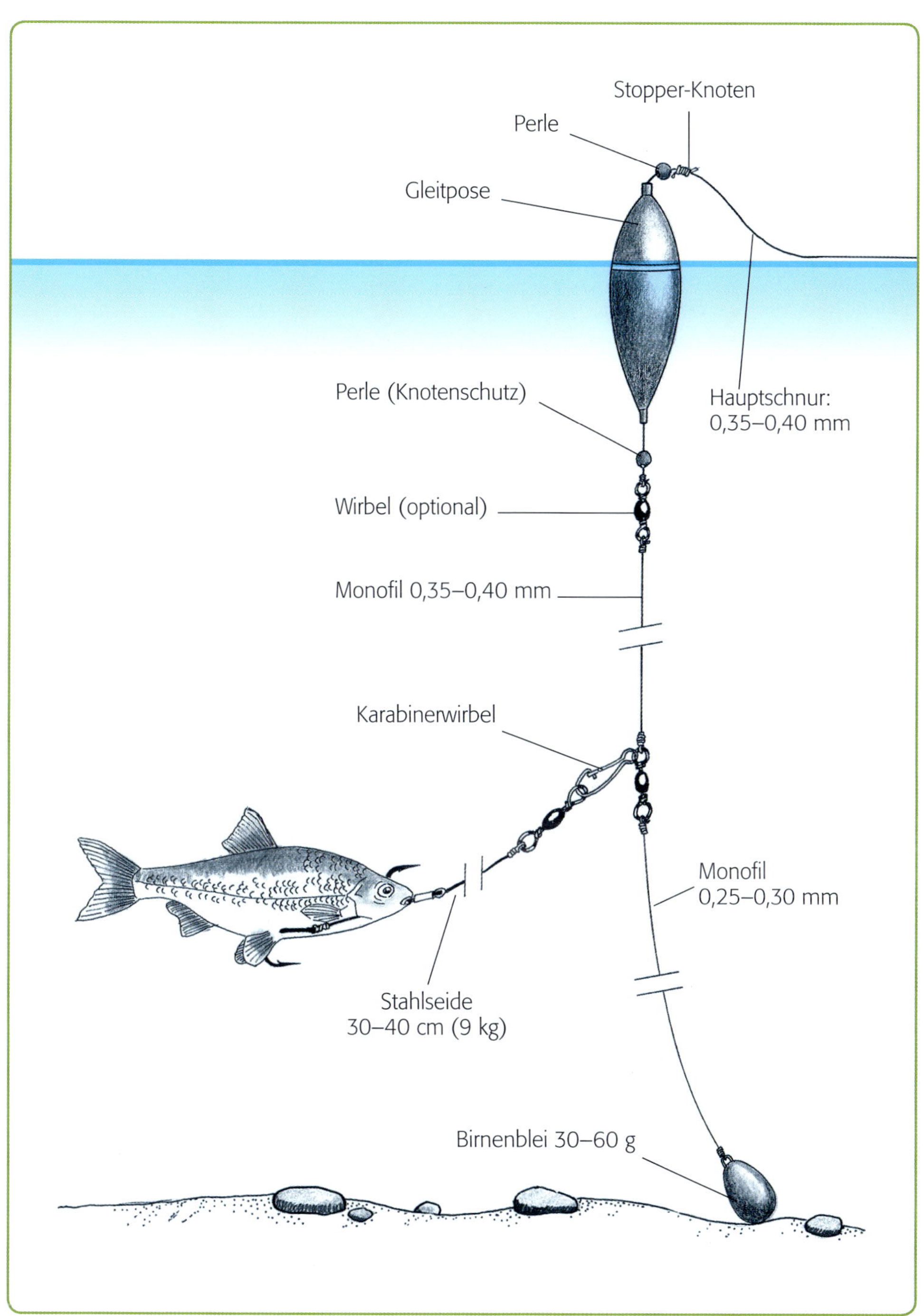
Stopper-Knoten
Perle
Gleitpose
Perle (Knotenschutz)
Hauptschnur:
0,35–0,40 mm
Wirbel (optional)
Monofil 0,35–0,40 mm
Karabinerwirbel
Monofil
0,25–0,30 mm
Stahlseide
30–40 cm (9 kg)
Birnenblei 30–60 g

Toter Köderfisch auf Grund gelegt (Hecht)

Alle Hechtgewässer mit festem Grund

Zielfische: Hecht, (Wels)

Beschreibung

Auf den britischen Inseln ist diese Methode sehr beliebt. Dort legen Raubfischexperten sogar tote Meeresfische (Makrele, Hering) direkt auf dem Grund aus. Sie sind besonders aromatisch und werden von den Hechten schnell gefunden. Einen toten Fisch vom Grund aufzunehmen ist für die Räuber eine bequeme Gelegenheit zur Nahrungsaufnahme, schließlich verbrauchen sie auf diese Weise weniger Energie für die Jagd. Die Köder sollten möglichst frisch sein, tiefgefrorene sind aber auch in Ordnung. Makrelen besitzen allerdings recht weiches Fleisch und halten beim Wurf schlecht am Haken. Sie werden deswegen am besten gleich auf den Haken aufgezogen, mit Vorfach eingefroren und später noch eishart ausgelegt. Natürlich sind auch alle üblichen heimischen Köderfische verwendbar.

Die gleitend angebrachte Pose dient nur als schneller Bissanzeiger sobald ein Hecht zugegriffen hat und mit dem Köder im Maul wegschwimmt. So kann der Angler rasch reagieren und anschlagen bevor der Fisch den Köder schluckt (s. Seite 92 Aal, Zander).

Geräte- und Ködervorschlag

Rute: Kräftige Hechtrute 3,30 bis 3,60 m; Wurfgewicht: 80 bis 150 g

Rolle/Schnur: Stationärrolle mit 150 m Monofil 0,35 mm

Köder: Tote ganze Fische (10 bis 30 cm) werden auf einen Tandem-Haken aufgezogen. Größere Fische (Makrelen) können auch halbiert werden. Kleine Fischchen sind auch für Aal oder Zander attraktiv.

TIPP

Für den Winter einen Vorrat Köderfische mit einem Lockstoff (Fischöl) bestreichen und einzeln in kleinen Plastiktüten eingefrieren. Bestreut man die Fischchen zuerst mit Maismehl, lassen sie sich auch zu mehreren tiefkühlen. Durch das Mehl kleben sie nicht aneinander und können einzeln aus der Tüte entnommen werden.

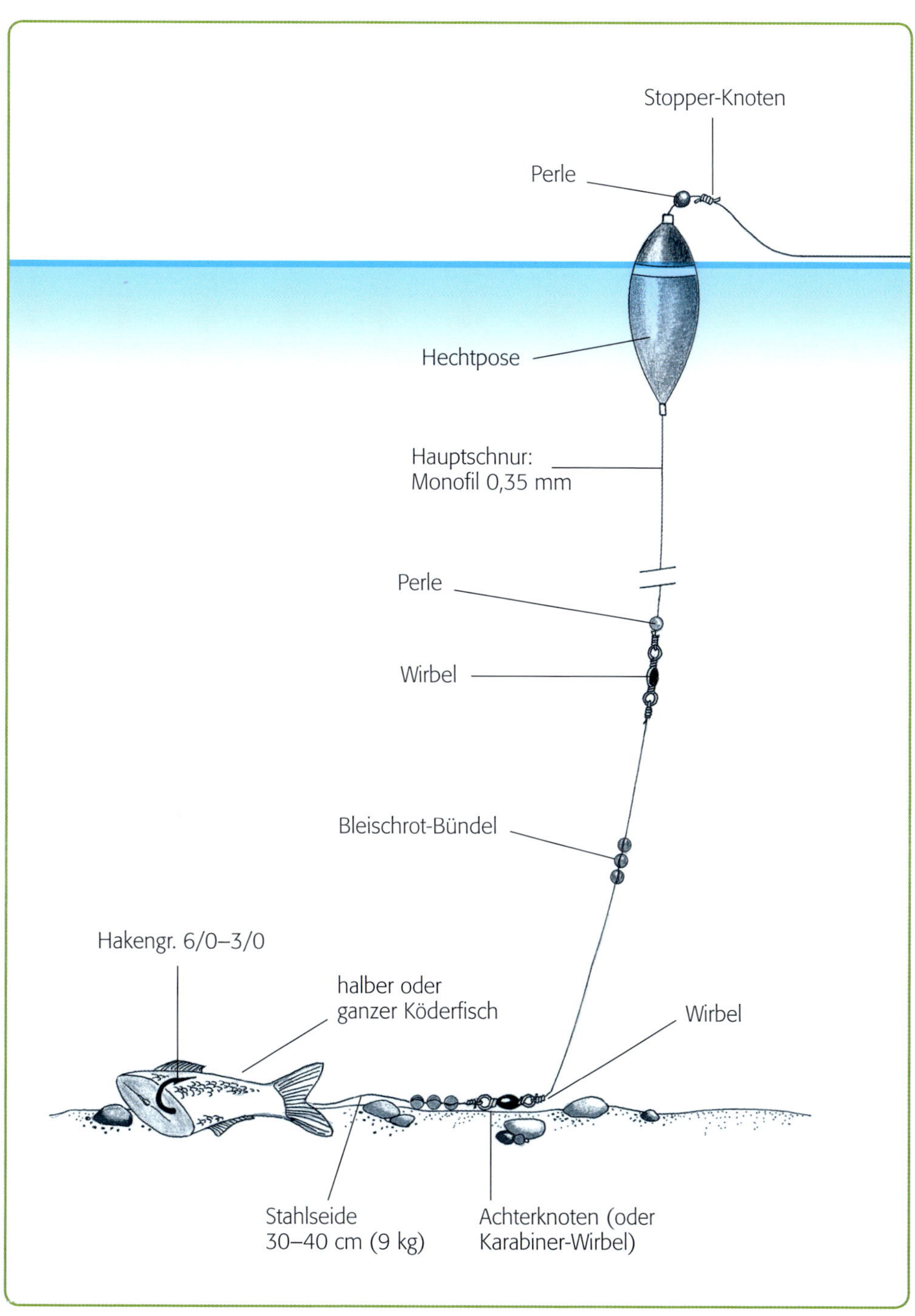
Stopper-Knoten
Perle
Hechtpose
Hauptschnur:
Monofil 0,35 mm
Perle
Wirbel
Bleischrot-Bündel
Hakengr. 6/0–3/0
halber oder
ganzer Köderfisch
Wirbel
Stahlseide
30–40 cm (9 kg)
Achterknoten (oder
Karabiner-Wirbel)

Segelposen-Montage

Größere stehende Gewässer

Zielfische: Hecht (Wels)

Beschreibung

Bei ablandigem Wind kann man mithilfe einer Segelpose einen Köderfisch weiter auf offenes Wasser hinaus treiben lassen, als es mit einem normalen Wurf möglich wäre. So kann auch eine weiter draußen liegende Scharkante oder ein entferntes Krautfeld erreicht werden. Zudem kommt der Köder auf dem Weg dorthin schon an diversen Raubfischeinständen vorbei. Bei Wellengang wirkt auch ein toter Köderfisch durch die Auf- und Abbewegungen recht lebendig. Segelposen sind meist vorgebleit und stehen deshalb auch bei Wind und Wellen einigermaßen senkrecht im Wasser. Damit das Segel den Anhieb nicht behindert, wird bei einigen Modellen die Schnur, wie bei einem Waggler, nur am Fuß der Pose befestigt. Ein angehängtes Röhrchen mit Schwimmkörper führt die Leine zur Oberfläche zurück. Sie muss gefettet sein, damit sie auf ganzer Länge auf dem Wasser schwimmt.

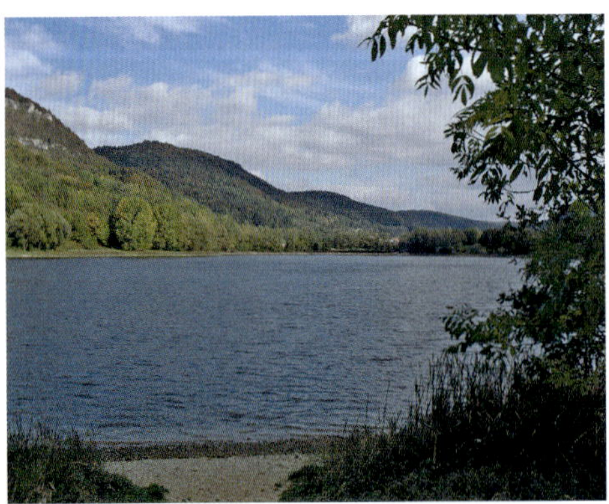

Ein See für die Segelpose.

Geräte- und Ködervorschlag

Rute: Starke Grund- oder Raubfischrute 3,00 bis 3,60 m mit gutem Rückgrat, Testkurve 2,5 bis 3 lbs oder 50 bis 80 g Wurfgewicht (s. S. 157).

Rolle: Stationärrolle mit 200 m Monofil 0,35 bis 0,40 mm oder 0,20 mm (16 kg) Multifil

Köder: Toter Köderfisch

TIPP

Befestigen Sie den toten Köderfisch möglichst waagrecht am Hakenpaar, so macht er einen natürlicheren Eindruck. Überlegen Sie schon vor dem Auslegen der Montage welche Route der Köder im Wasser ungefähr zurücklegen soll. Suchen Sie Ihren Standort am Ufer so aus, dass Sie den Wind möglichst genau im Rücken haben. Somit läuft die Schnur in gerader Linie nach draußen.

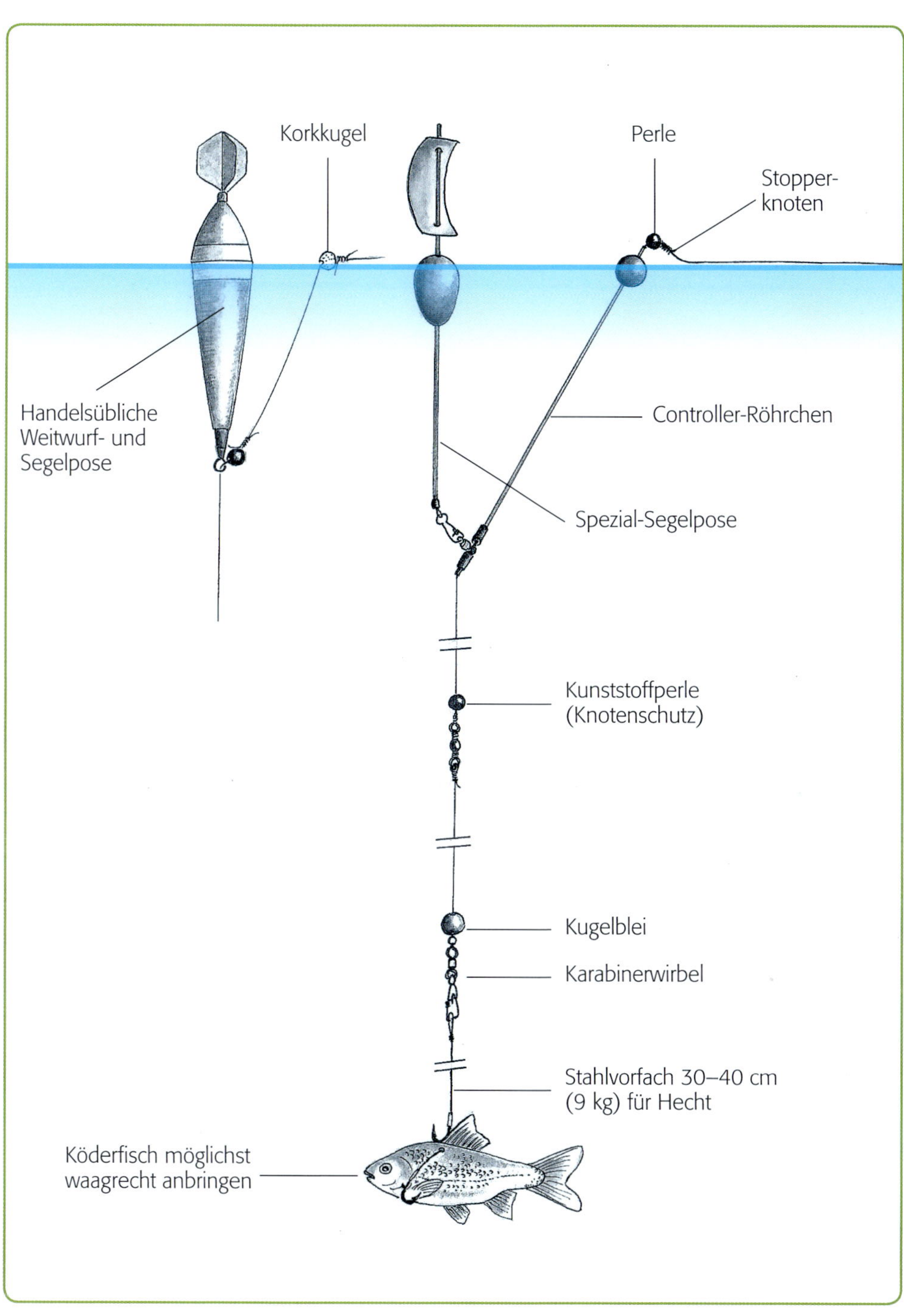
Korkkugel
Perle
Stopper-
knoten
Handelsübliche
Weitwurf- und
Segelpose
Controller-Röhrchen
Spezial-Segelpose
Kunststoffperle
(Knotenschutz)
Kugelblei
Karabinerwirbel
Stahlvorfach 30–40 cm
(9 kg) für Hecht
Köderfisch möglichst
waagrecht anbringen

Bojen-Montage für Wels

Stillgewässer und träge fließende Flüsse

Zielfische: Wels

Beschreibung

Bei ihren nächtlichen Raubzügen verlassen auch die kapitaleren Welse den Gewässergrund und kommen bis dicht an die Oberfläche. Warum das so ist, darüber kann man nur spekulieren. Vielleicht weil sie von unten kommend, ihre Beutefische gegen den hellen Nachthimmel gut erkennen können, obwohl Welse wegen ihrer kleinen Augen keine besonders ausgeprägten Sichträuber sind. Eine beliebte Methode, einen größeren Köderfisch an einer »heißen« Stelle, knapp unter der Wasseroberfläche, zu fixieren, ist mit Hilfe einer mit einem Boot ausgebrachten Boje, die mit einem schweren Gewicht am Grund verankert wird. An ihr wird die Pose mit Hilfe einer dünnen Leine befestigt. Somit ist der Köderfisch zwischen der Boje, z.B. eine 1,5 l Plastikflasche, und der im Rutenhalter aufgestellten Rute eingespannt und kann von keiner Strömung abgetrieben werden. Die Verbindungsleine (Monofil 0,20 bis 0,25 mm) reißt beim Biss eines Welses. Der Abstand zwischen Welspose und Köderfisch muss kürzer sein als der Abstand zwischen Pose und Boje, sonst könnte der Köderfisch durch eine vorhandene Unterströmung in die Bojenleine getrieben werden und sich dort verhängen.

Geräte- und Ködervorschlag

Rute: Waller-Grundrute, Länge 2,70 bis 3,20 m; Wurfgewicht: 100 bis 300 g
Rolle/Schnur: Schwere Multirolle oder Stationärrolle mit 200 bis 300 m Monofil 0,50 bis 0,60 mm oder Multifil mit rund 50 kg Tragkraft
Köder: Köderfisch (25 bis 35 cm), Schwanzstück vom Aal

TIPP

Wenn man an kleineren Gewässern einen Welseinstand in der Nähe des anderen Ufers befischen möchte, kann man auf eine Boje verzichten und die »Reißleine« gleich am Ast eines Uferbaumes befestigen.

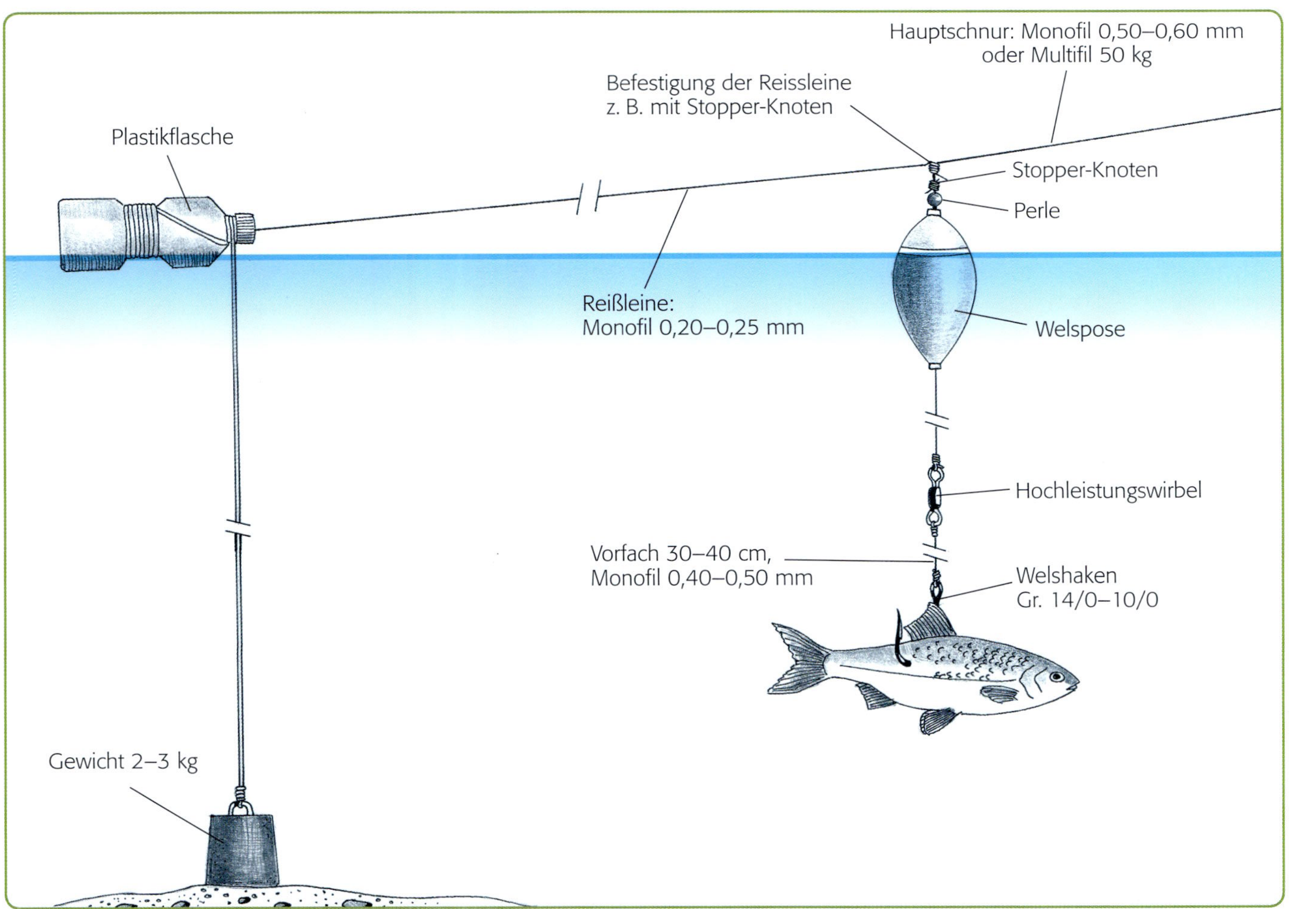
Hauptschnur: Monofil 0,50–0,60 mm
oder Multifil 50 kg
Befestigung der Reissleine
z. B. mit Stopper-Knoten
Plastikflasche
Stopper-Knoten
Perle
Reißleine:
Monofil 0,20–0,25 mm
Welspose
Hochleistungswirbel
Vorfach 30–40 cm,
Monofil 0,40–0,50 mm
Welshaken
Gr. 14/0–10/0
Gewicht 2–3 kg

Die universelle Laufblei-Montage

Friedfischgewässer mit hartem Grund

Zielfische: Karpfen, Barbe, Weißfische, Aal etc.

Beschreibung

Eine unkomplizierte und vielseitige Laufblei-Montage für kleinere bis mittlere Fließ- und Stillgewässer, an denen man nicht allzu weit werfen muss (bei Weitwürfen drohen mit dieser Montage Schnurverwicklungen). Die Beschwerung besteht je nach Erfordernissen aus einem einzelnen Bleigewicht (z. B. Birnen-, Kugelblei, Futterkorb o. ä.). Die Perle oberhalb des Vorfach-Wirbels wirkt als Puffer zwischen dem Knoten und dem auf der Hauptschnur gleitenden Seitenarm-Wirbel. Schaltet man ein Stückchen schwächeres Nylon (schwächer als Hauptschnur und Vorfach) zwischen Laufwirbel und Blei, erhält man eine Sollbruchstelle. Sie soll reißen, falls sich das Blei während des Drills unlösbar in einem Hindernis verhängt.

Geräte- und Ködervorschlag

Rute: Grundrute, Länge 2,60 bis 4,20 m (je nach vorhandenen Fischarten); Wurfgewicht: 20 bis 60 g

Rolle/Schnur: Kleine bis mittlere Stationärrolle mit Monofil 0,16 mm (Weißfische) bis 0,30 mm (Karpfen, Barbe u. ä.)

Köder: Rot- und Tauwurm, Maden, Teig, diverse Partikel Köder, Käse u. ä.

TIPP

Für eine einfache und schnelle Beschwerung legt man ein Stückchen Monofil um die Hauptschnur herum und klemmt die nebeneinander liegenden Schnurenden mit zwei oder mehreren größeren Spaltbleien zusammen. Bei einem Hänger werden die Bleie abgestreift und die Montage ist wieder frei.

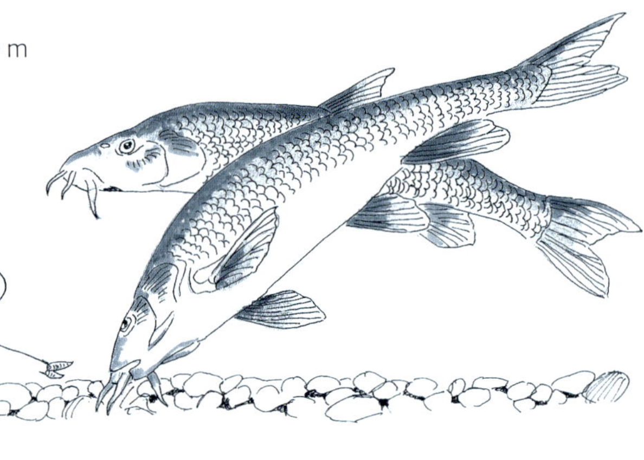

Nach Futter suchende Barben

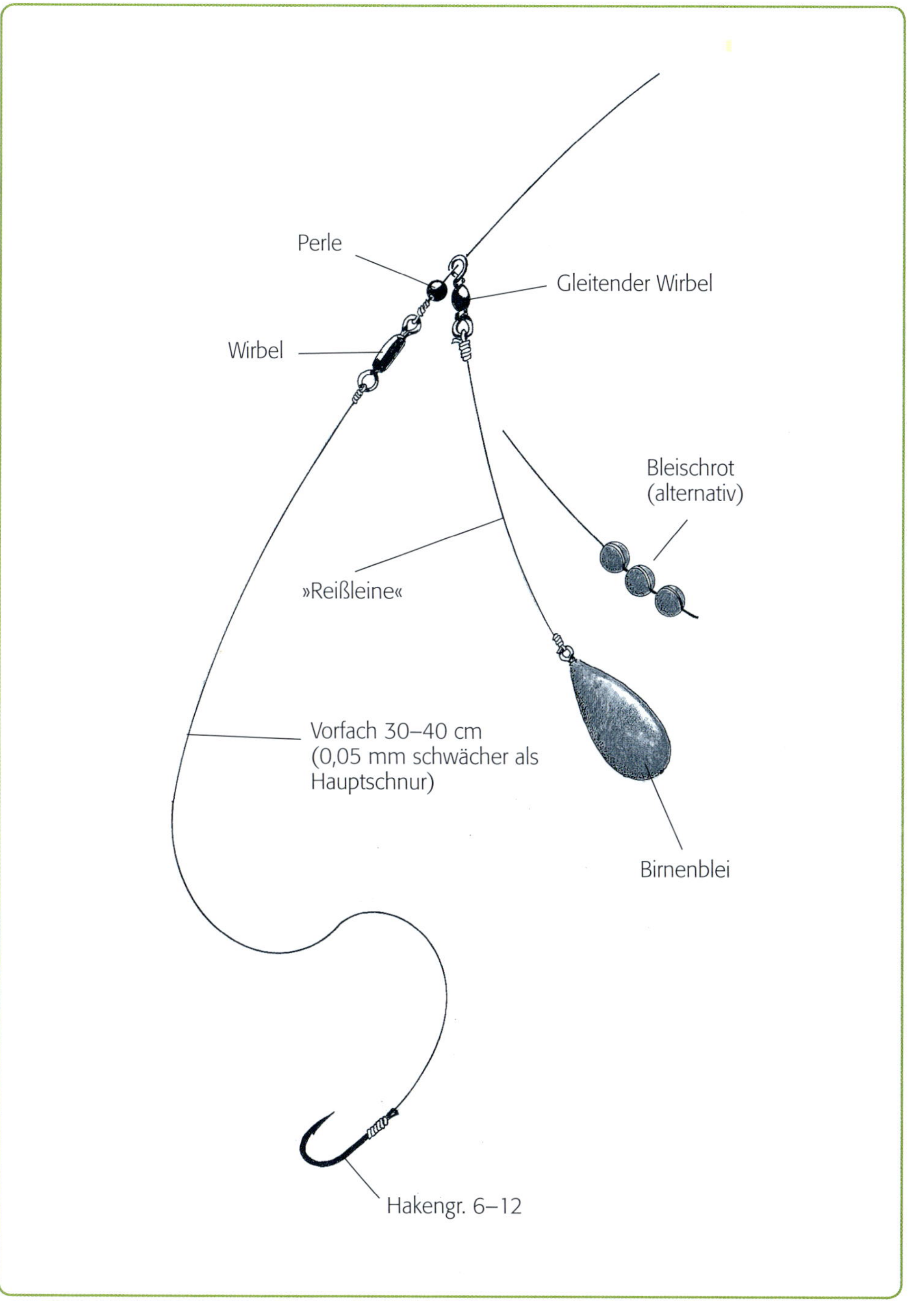
Perle
Gleitender Wirbel
Wirbel
Bleischrot
(alternativ)
»Reißleine«
Vorfach 30–40 cm
(0,05 mm schwächer als
Hauptschnur)
Birnenblei
Hakengr. 6–12

Mit dem Rollblei

Kiesbänke der Barbenregion

Zielfische: Barbe, Döbel

Beschreibung

Über den Kiesbänken der Barbenregion können die Fische verteilt stehen und man muss sie regelrecht suchen. Das geht sehr gut mit einer Rollblei-Montage, die von der Strömung über den Boden getrieben und gerollt wird. Zwei verschiedene Köderpräsentationen sind möglich:

1 Auslage der Schnur schräg stromab. Das Blei ist so austariert, dass es zwar den Köder zum Grund bringt, aber von der Strömung langsam mitgenommen wird. Die Montage schwingt zum eigenen Ufer herüber, der Köder wandert quer durch das Flussbett. Dabei hält man die Schnur in der Hand und wartet bis ein Fisch »anklopft«. Nachteil: Ein quer zur Strömung wandernder Käsehappen oder Tauwurm wirkt nicht sehr naturgetreu auf die Fische. Trotzdem fischen neun von zehn Anglern der Bequemlichkeit wegen auf diese Weise.

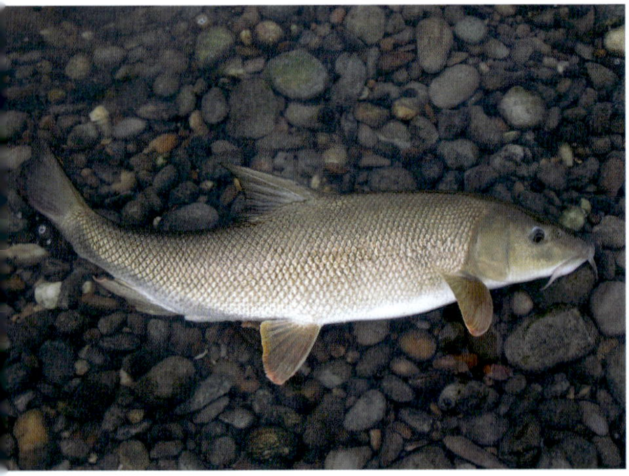

2 So wird der natürliche Weg eines Nahrungsbrockens in der Strömung besser nachvollzogen: Es wird nicht stromab, sondern stromauf ausgeworfen. Jetzt rollt das Blei geradlinig stromab und der Köder kommt genau auf die Fische zu. Man kann das Bleigewicht auch etwas erhöhen, dann bleibt es zwar in der Strömung liegen, aber bei kleinen Zupfern mit der Rutenspitze löst es sich vom Grund und wandert stückweise stromab. Bisse werden über die Schnur erfühlt.

Barben besitzen die ideale Körperform für ein Leben am Gewässergrund.

Geräte- und Ködervorschlag

Rute: Grundrute mit sensibler Spitzenaktion, Länge 3,60 bis 4,20 m; Wurfgewicht: 20 bis 40 g

Rolle/Schnur: Kleinere bis mittelgroße Stationärrolle mit 150 m Monofil 0,25 bis 0,30 mm

Köder: Tauwurm, Rotwurm, Maden, Brotteig, Käse, Käseteig, Wurst, Frühstücksfleisch, Corned Beef

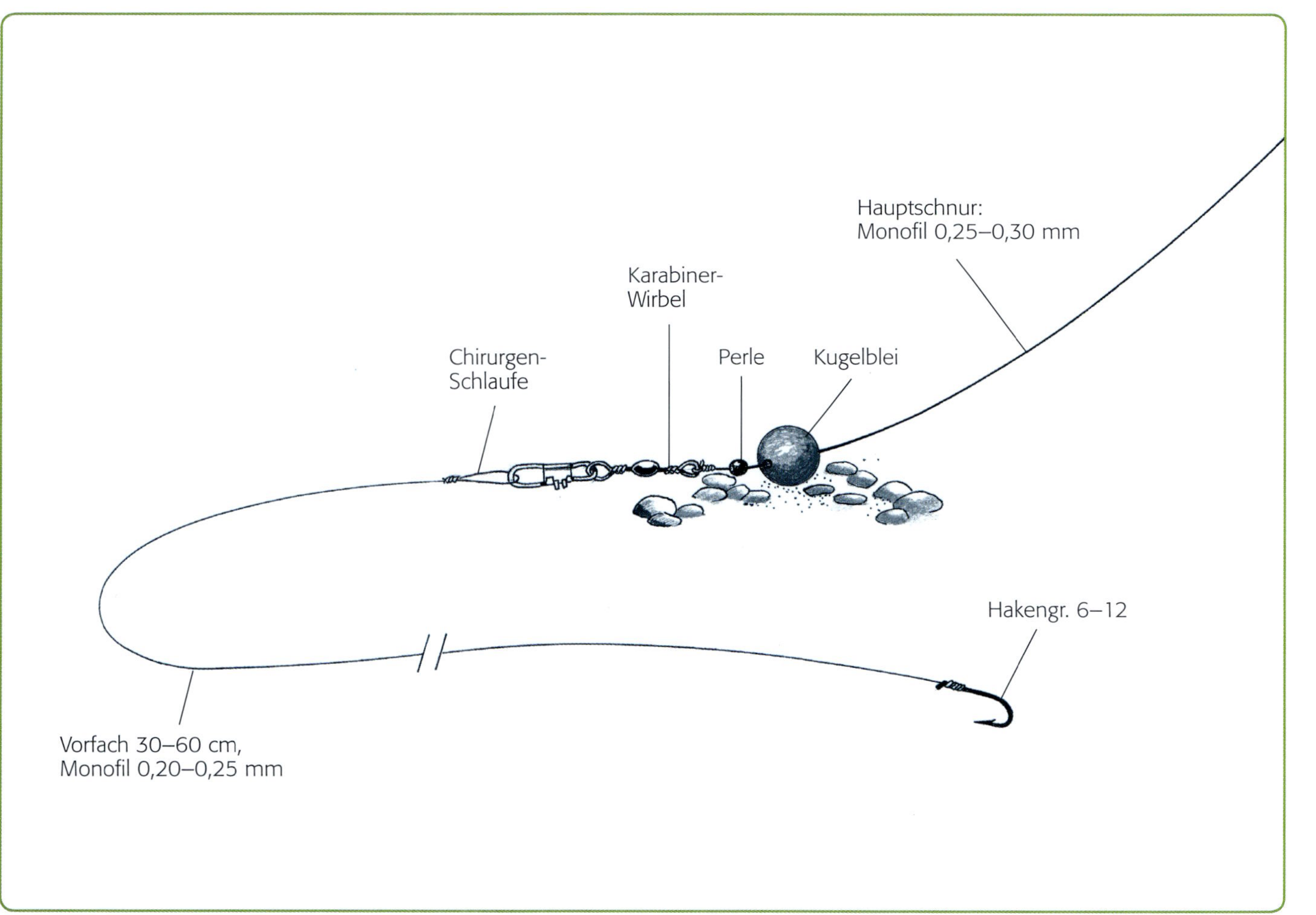
Hauptschnur:
Monofil 0,25–0,30 mm
Karabiner-
Wirbel
Chirurgen-
Schlaufe
Perle
Kugelblei
Hakengr. 6–12
Vorfach 30–60 cm,
Monofil 0,20–0,25 mm

Tiroler Hölzl

Mittlere bis größere Flüsse

Zielfische: Äsche, Barben, Döbel, Forellen u.a.

Beschreibung

An größeren Gebirgsflüssen wird diese Montage mit guten Wurfeigenschaften vor allem zum Äschenfischen in der Strömung verwendet. Schräg stromauf geworfen sinkt die Montage sehr schnell und treibt grundnah an den Fischen vorbei. Die längliche Form des Tiroler Hölzls (das heute meist aus einem hohlen Kunststoffkörper mit Bleieinlage besteht) beugt Hängern vor. Die Köder, z.B. Nymphen, können zu mehreren an Seitenarmen oberhalb des Tiroler Hölzl angebracht werden. Diese Methode wurde bereits an einigen Gewässern verboten, weil sie sich als zu fängig erwies. Vor allem in Äschenflüssen kann damit durch Überfischung großer Schaden angerichtet werden. Naturköder werden auch an einem Stück Vorfach hinter dem Tiroler Hölzl angeboten. Um die Montage so einfach wie möglich zu halten, wird zuerst das Tiroler Hölzl danach eine Kunststoffperle als Stopper auf die Hauptschnur aufgefädelt, das Vorfach wird mit einem Chirurgen- oder Grinner-Knoten angeknüpft oder eingeschlauft. Die Montage hat Ähnlichkeiten mit dem Rollblei, ist aber leichter und bleibt weniger hängen. Es gibt auch Spezialisten unter den Raubfischanglern, die mit dieser Methode tiefstehenden Zandern, Welsen und sogar Huchen nachstellen. An einer ausgeklügelten Hakenmontage bieten sie einen entsprechenden Köderfisch an. Mithilfe des Tiroler Hölzls lassen sie ihn durch tiefe Rinnen und ausgespülte Kolke treiben. Natürlich wird dazu kräftigeres Gerät verwendet.

Geräte- und Ködervorschlag

Rute: Leichte Posenrute mit Spitzenaktion 3,00 bis 3,60 m, Wurfgewicht 10 bis 20 g.
Rolle: Kleine Stationärrolle mit 100 m Monofil 0,22 bis 0,25 mm
Köder: Künstliche Nymphen und Nassfliegen für Forellen und Äschen. Natürliche Köder (Wurm, Käse u.ä.) für Barben, Döbel etc.

TIPP

Die Schnur beim Abtreiben nicht locker durchhängen lassen, sondern durch ständiges Aufnehmen Fühlung zum Köder behalten.

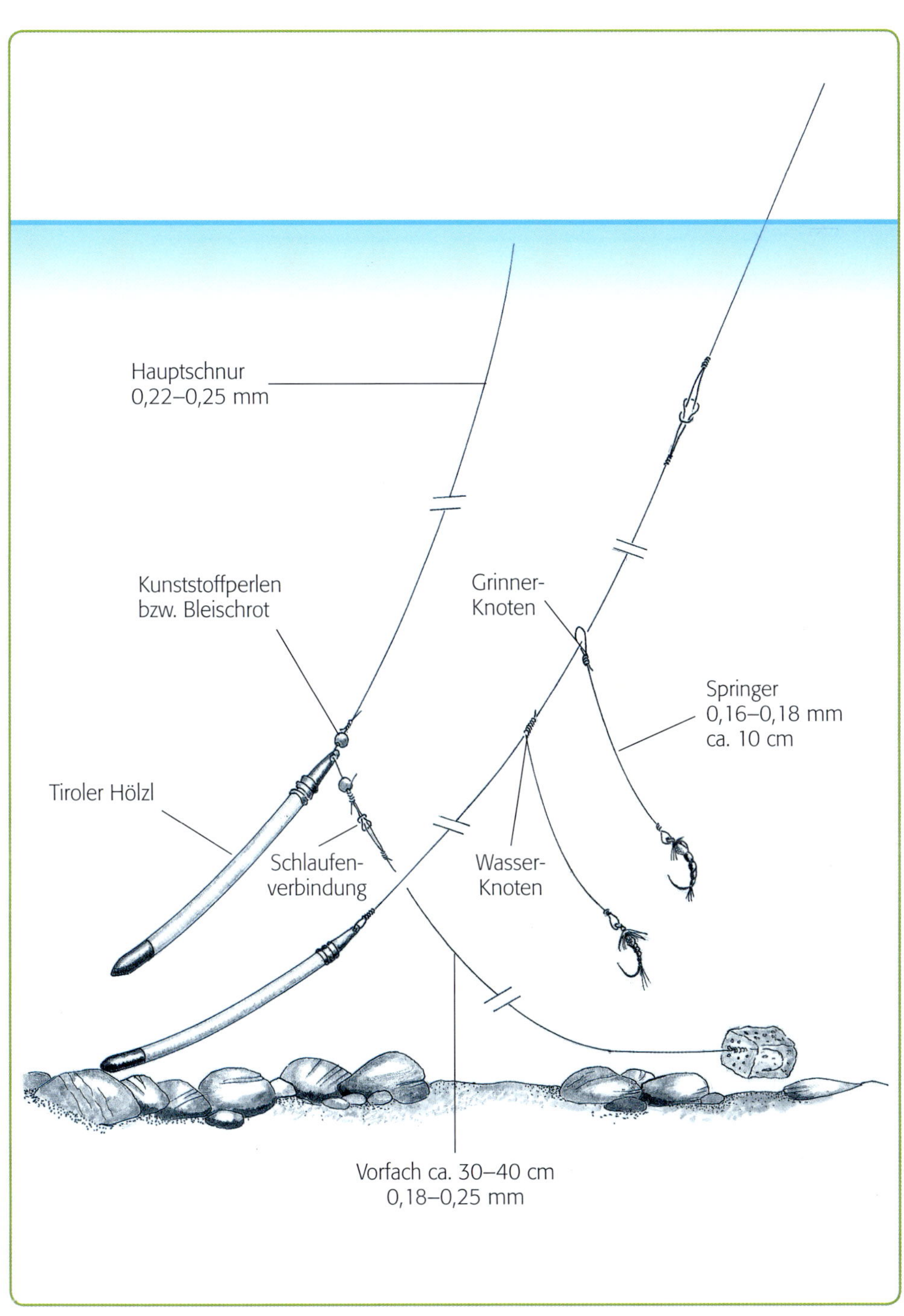

Hauptschnur
0,22–0,25 mm
Kunststoffperlen
bzw. Bleischrot
Grinner-
Knoten
Springer
0,16–0,18 mm
ca. 10 cm
Tiroler Hölzl
Schlaufen-
verbindung
Wasser-
Knoten
Vorfach ca. 30–40 cm
0,18–0,25 mm

Mit dem »Winklepicker« auf Weißfische

Alle Weißfischgewässer

Zielfische: Rotauge, Rotfeder, Brachsen u. a.

Beschreibung

Bei einem »Winklepicker« handelt es sich um eine leichte Rute mit Zitterspitze, die auch feine Bisse anzeigt. Die hier gezeigte einfache Montage ist gut geeignet für das leichte Grundangeln im Stillwasser, sowie in langsamer bis mäßig schneller Strömung. Man benötigt dazu keine Durchlaufmontage, das Blei ist an einem »festen« Seitenarm angebracht, der durch ein überstehendes langes Ende der Endschlaufe (Chirurgen-Schlaufe) in der Hauptschnur gebildet wird. Das Vorfach wird in diesen »Loop« eingebunden oder mit ihr verschlauft. Was die Vorfachlänge betrifft, muss man experimentieren. Faustregel: Im Sommer bis 1 m, im Winter 50 cm . Die Rute liegt waagrecht und schräg zum Wasser in einem Rutenhalter. Der Biss wird über den Ausschlag der Rutenspitze wahrgenommen und sofort mit einem Anhieb quittiert.

Geräte- und Ködervorschlag

Rute: Winklepicker-Rute, Länge 3,00 bis 4,20 m; Wurfgewicht: 15 bis 30 g
Rolle/Schnur: Kleine Stationärrolle mit 150 m Monofil 0,16 bis 0,20 mm
Köder: Maden, Rotwurm, Mais etc.

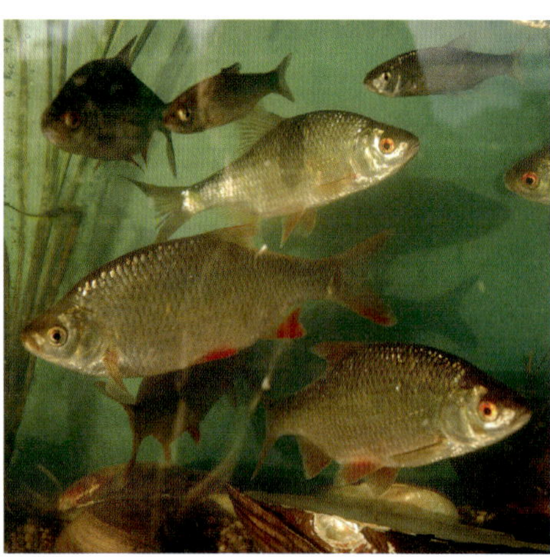

Rotaugenschwarm

TIPP

Statt des Hakenvorfachs kann das Blei auch an einem Seitenarm befestigt werden, der aus dem langen Ende eines Stopper-Knotens gefertigt wurde. Durch Verschieben des Knotens wird der Abstand zum Köder auf einfache Weise verlängert oder verkürzt, je nachdem wie es das Beißverhalten der Fische gerade erfordert.

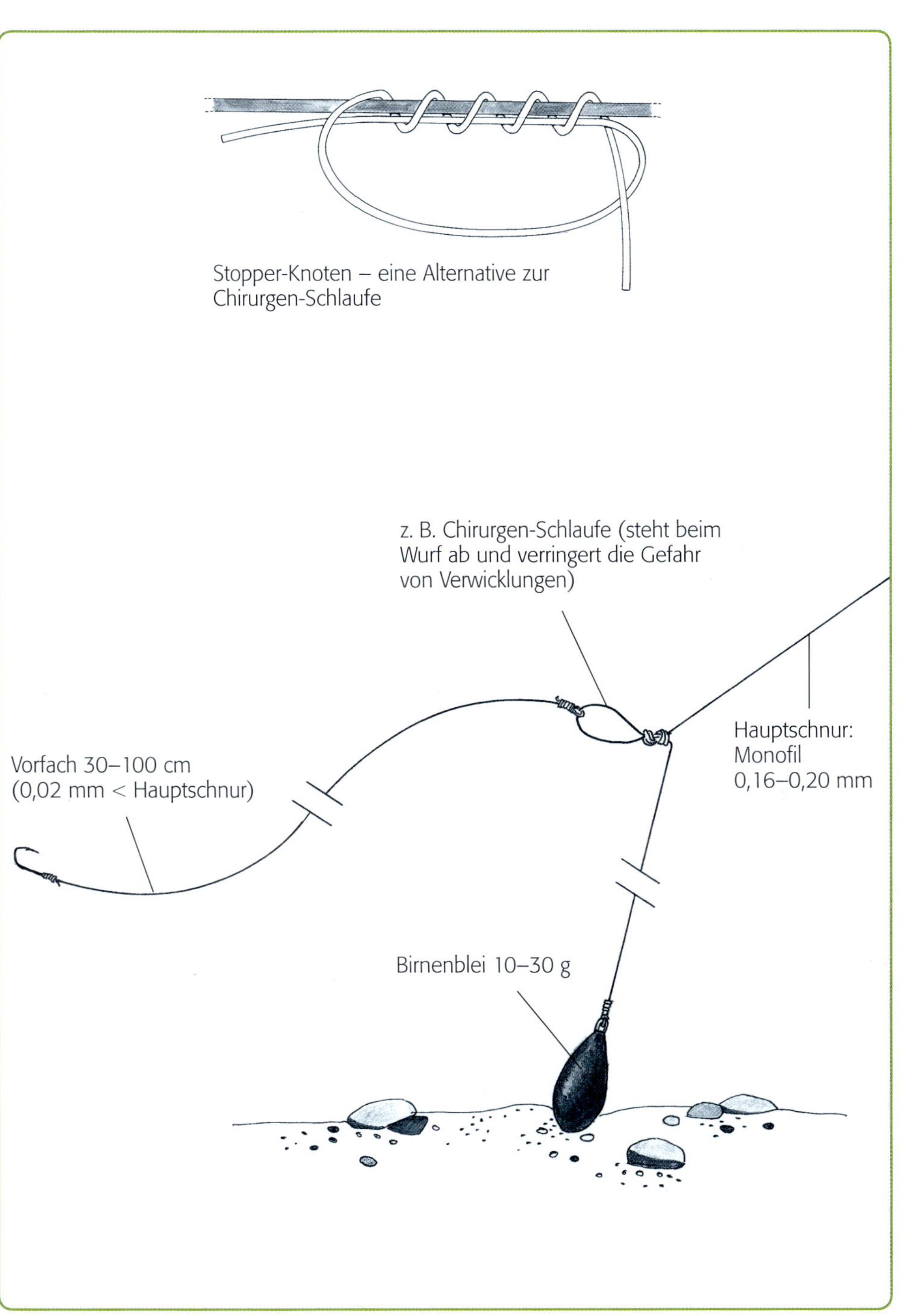
Stopper-Knoten – eine Alternative zur
Chirurgen-Schlaufe
z. B. Chirurgen-Schlaufe (steht beim
Wurf ab und verringert die Gefahr
von Verwicklungen)
Hauptschnur:
Monofil
0,16–0,20 mm
Vorfach 30–100 cm
(0,02 mm < Hauptschnur)
Birnenblei 10–30 g

Brotkruste am Grundblei

Langsame Strömung, Altarme, stehende Gewässer

Zielfische: Karpfen, Brachse, Schleie, verschiedene Weißfische

Beschreibung

Ein Stück Brotkruste oder eine Brotflocke ist vor allem im Sommer ein hervorragender Köder. Richtig befestigt halten beide Köder gut am Haken und können sanft ausgeworfen sogar an einer Grundbleimontage ausgebracht werden. Gut geeignet für leicht schlammige Böden, da die lockere Brotstruktur über Eigenauftrieb verfügt und lange im Wasser schwebt. Während das Blei einsinkt, bleibt die Flocke oben auf dem Schlamm liegen. Die hier gezeigte Montage ist einfach aufgebaut, die kurze Abstandschnur zum Blei dient als Sollbruchstelle bei Hängern und ist wie das Vorfach etwas schwächer als die Hauptleine. Das Vorfach sollte nicht länger sein als 20 bis 25 cm. Wählen Sie den Haken nicht zu klein. Größe 6 bis 10 bettet sich unverdächtig in einer aufgequollenen Brotkruste ein.

Geräte- und Ködervorschlag

Rute: Leichte Grundrute 3,00 bis 3,60 m, Wurfgewicht: 20 bis 30 g.
Rolle: Kleine Stationärrolle mit 100 m Monofil 0,20 bis 0,30 mm
Köder: Brotkruste, Brotflocke (wird an einer Seite am Haken festgedrückt, die andere Seite quillt auf)

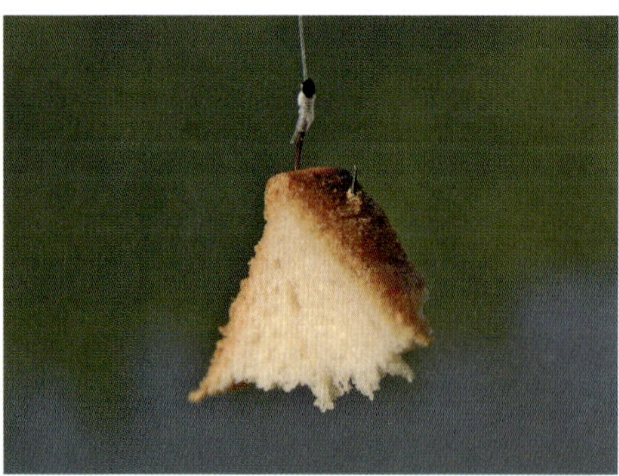

Sauber angeköderte Brotkruste.

TIPP

Bringen Sie oberhalb der Schlaufenverbindung eine kleine Korkkugel bzw. ein Stück Schaumstoff als Auftriebshilfe an. Erweist sich der Wirbel als zu schwer, kann das Blei z. B. mit einem Grinner-Knoten auf der Hauptschnur befestigt werden.

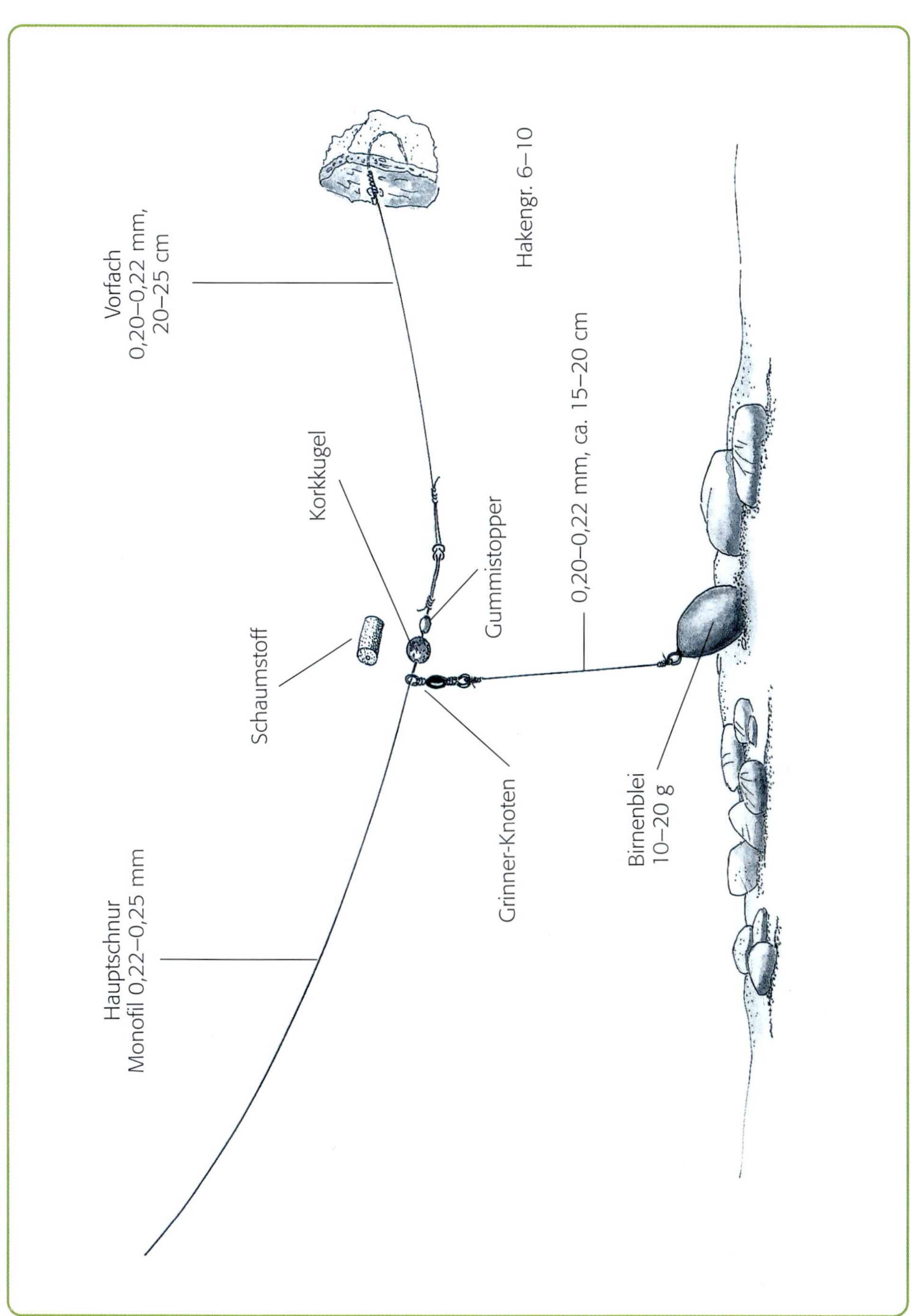
Vorfach
0,20–0,22 mm,
20–25 cm
Hakengr. 6–10
Korkkugel
Gummistopper
0,20–0,22 mm, ca. 15–20 cm
Schaumstoff
Grinner-Knoten
Birnenblei
10–20 g
Hauptschnur
Monofil 0,22–0,25 mm

Die Futterkorb-Montage

Stillgewässer, Kanäle, langsame Flüsse

Zielfische: Brachsen, Barbe, Döbel, Karpfen

Beschreibung

Als Beschwerung wird in diesem Fall ein Futterkorb (engl. »Feeder«) verwendet. Dies ist eine sehr vielseitig einsetzbare Montage, die sich für eine ganze Reihe von Fischarten eignet.
Fädeln Sie zuerst eine Perle und dann einen Wirbel auf das Ende der Hauptschnur. Binden Sie nun einen großen Chirurgen-Schlaufe (20 bis 40 cm Länge) und dann zusätzlich eine kleine Schlaufe in das Ende der großen Schlaufe. Wirbel und Perle müssen sich nun in der großen Schlaufe befinden. In den Wirbel wird der Futterkorb bzw. das Blei eingehängt. Die Doppelschlaufe erfüllt mehrere Zwecke:

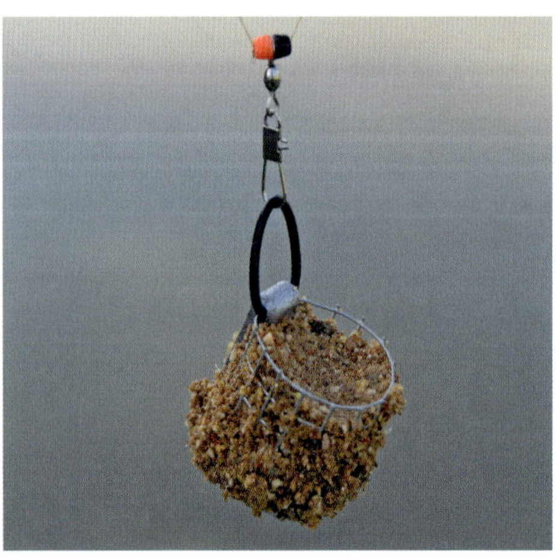

Gefüllter Futterkorb fertig zum Auswerfen.

- Sie verhindert, dass beim Nachfüllen der Futterkorb nicht außer Reichweite bis zur Rutenspitze zurückgleitet.
- Die Montage hat die Wirkung eines Bolt-Rigs. Will ein Fisch schnell mit dem Köder wegschwimmen, dringt die feine Hakenspitze in sein Maul ein sobald der obere Schlaufenknoten auf den Widerstand des Korbes trifft.
- Der Korb drückt in der Wurfphase die kleine Schlaufe im 90° Winkel nach außen weg und beugt dadurch Verwicklungen vor.

Geräte- und Ködervorschlag

Rute: Feeder-Rute 3,60 bis 3,90 mm; Wurfgewicht: 60 bis 80 g
Rolle/Schnur: Stationärrolle mit Monofil 0,20 mm oder Multifil 0,05 mm (mit ca. 10 m monofiler Schlagschnur)
Köder: Maden, Rotwürmer, Mais

TIPP

Bevor man zu angeln beginnt, sollten vier bis fünf volle Futterkorb-Ladungen an die gleiche Stelle ausgebracht werden, um die Fische anzulocken. Erst dann wird der Haken »scharf« gemacht.

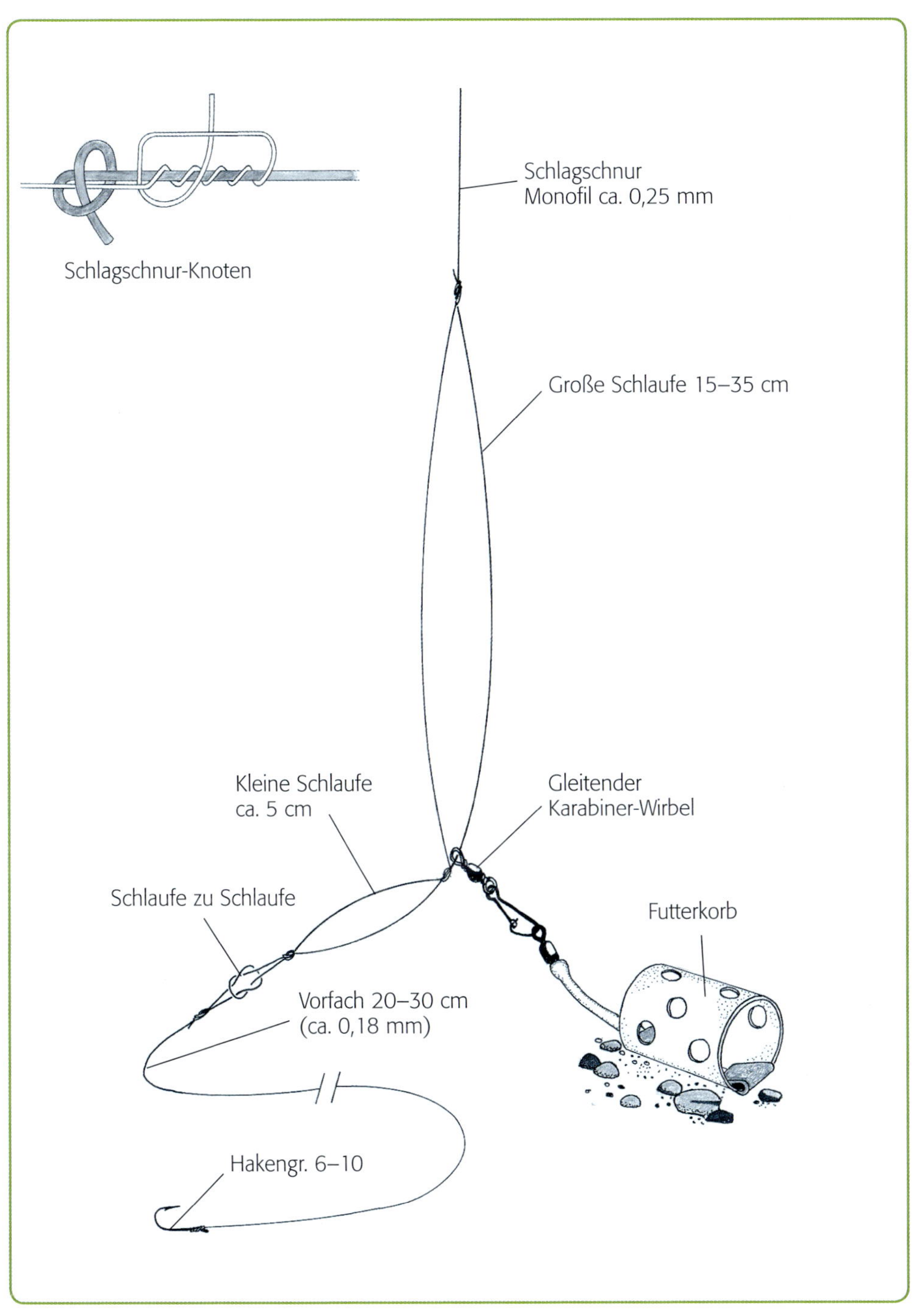
Schlagschnur-Knoten
Schlagschnur
Monofil ca. 0,25 mm
Große Schlaufe 15–35 cm
Kleine Schlaufe
ca. 5 cm
Gleitender
Karabiner-Wirbel
Schlaufe zu Schlaufe
Futterkorb
Vorfach 20–30 cm
(ca. 0,18 mm)
Hakengr. 6–10

Die Flucht-Montage

Flucht- oder Selbsthak-Montagen (engl. Bolt-Rigs) sind heute beim Karpfenangeln nicht mehr wegzudenken. Hier soll das Prinzip zum besseren Verständnis kurz vorgestellt werden. Bolt-Rigs wurden Anfang der 80er Jahre in England für das Angeln mit Boilies auf Karpfen entwickelt, die mit dem Köder herumspielten ohne damit abzuziehen.

Funktions-Prinzip (siehe Abb. rechts)

Ein schweres Bleigewicht (60 bis 100 g) ist nicht gleitend, sondern »halbfest« mit dem Vorfach verbunden. Saugt der Karpfen den Köder ein, um ihn zu seinen Schlundzähnen zu führen, fühlt er plötzlich die Spitze des Hakens im Maul. Er erschrickt und wendet sich abrupt ab. Dabei spannt sich das Vorfach gegen den Widerstand des Bleis, und der Haken dringt tiefer ins Maul ein. Der Fisch hat sich nun selbst gehakt und rast in Panik davon. Die Rolle sollte eine Freilauffunktion (Baitrunner) besitzen. Sie ermöglicht es dem Fisch, im ersten »Run«, ungehindert abzuziehen, aber der Angler kann mit einer Fingerbewegung bzw. Kurbelumdrehung die Rollenbremse jederzeit unmittelbar zuschalten. Entscheidend für den Fangerfolg mit einem Bolt-Rig ist auch das auf den ersten Blick ungewohnt kurze Vorfach. Die Faustregel empfiehlt etwa 10 bis 25 cm Abstand zwischen Blei und Köder, der meist am »Haar« angeboten wird.

Einfaches Bolt-Rig

Ein ganz einfaches Bolt-Rig erhält man, wenn man bei einer Laufblei-Montage oberhalb des gleitend angebrachten Bleis eine Perle und einen Schnurstopper aufzieht. Für das einfache Angeln in Ufernähe ist diese unkomplizierte Montagen vollkommen ausreichend. Für weitere Würfe empfehlen sich die nachfolgend vorgestellten Rigs.

Was bedeutet »halbfest«?

Bei einer »halbfesten« Verbindung, ist das Blei so montiert, dass sich der Fisch im Notfall davon lösen kann. Dafür gibt es verschiedene Möglichkeiten. Der Wirbel des Vorfachs kann z. B. mit Hilfe eines kurzen Stückchens Silkonschlauches auf dem Blei stecken oder mittels eines Safety-Clips (siehe Abb.) damit verbunden sein. Sollte die Schnur im Drill oberhalb der Endmontage reißen und sich das Blei in einem Hindernis festsetzen, löst sich diese Verbindung. Das Blei fällt ab und der Fisch ist wieder frei.

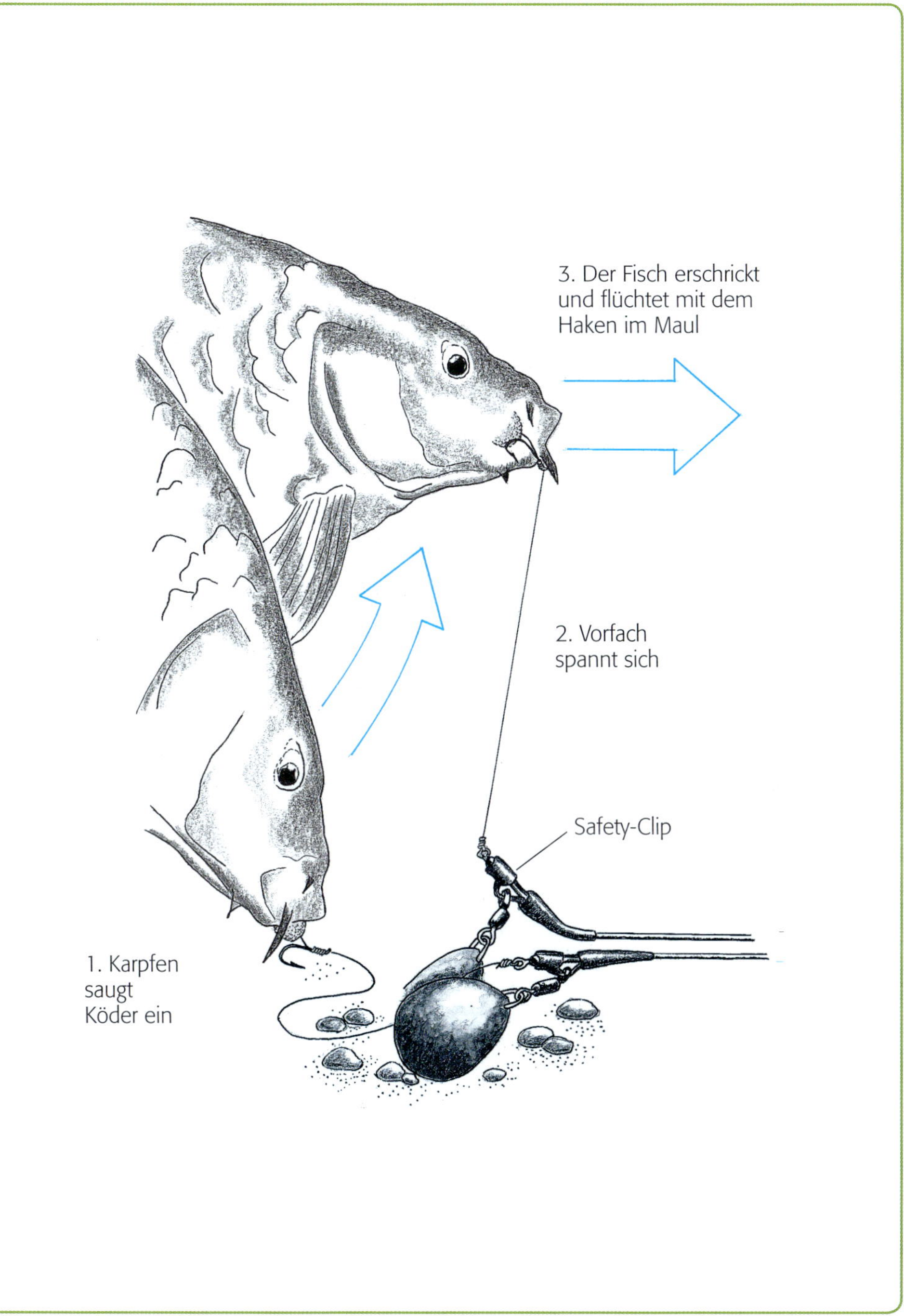
3. Der Fisch erschrickt
und flüchtet mit dem
Haken im Maul
2. Vorfach
spannt sich
Safety-Clip
1. Karpfen
saugt
Köder ein

Das »Inline-Rig«

Größere Karpfengewässer mit Pflanzenbewuchs am Grund

Zielfische: Karpfen

Beschreibung

Ein klassisches Bolt-Rig. Weil die Schnur in gerader Linie durch das Blei führt, wird diese Kombination für pflanzenreiche Gewässer empfohlen. Beim Abziehen eines Fisches wird nicht so viel Pflanzenmaterial aufgesammelt als mit der etwas »sperrigeren« Helikopter-Montage, bei der das Vorfach senkrecht zur Hauptleine wegsteht. Ein oberhalb des Bleis auf die Schnur geschobenes Antitangle-Röhrchen, das immer etwas länger sein muss als das Vorfach, verhindert das Verhängen des Vorfachs während des Wurfes.

Zusammenbau der Inline-Montage: Fügen Sie Antitangle-Röhrchen und Blei zusammen und fädeln Sie beide auf die Schnur. Bringen Sie den Wirbel an der Hauptschnur an und hängen Sie das Vorfach ein. Nun wird der Wirbel in die Öffnung des Inline-Bleis »halbfest« eingezogen. Diese Verbindung bildet den Widerstand beim Biss.

Geräte- und Ködervorschlag

Rute: Karpfenrute, Länge 3,60 bis 3,90 (4,20) m, Testkurve 2,5 bis 3,5 lbs

Rolle/Schnur: Stationärrolle mit Freilauffunktion mit 200 m Monofil 0,30 bis 0,35 mm oder Multifil 0,15 mm

Köder: Boilies, Erd- und Tigernüsse, Bohnen, Kichererbsen u.ä.

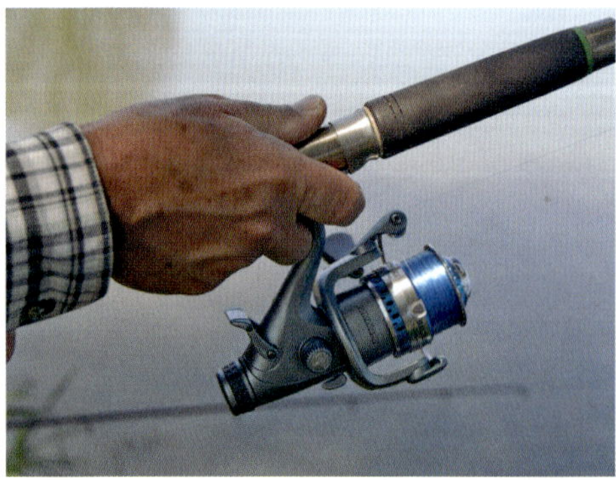

Stationärrolle mit Freilauffunktion zum Karpfenangeln. Nach dem Anbiss kann der Fisch erst einmal ungehindert abziehen.

TIPP

Ein geflochtenes Vorfach ist weicher als ein Nylonvorfach und für den Karpfen unverdächtiger. Es legt sich auch besser auf dem Boden ab als Nylon. Grün und graumelierte Tarnbleie werden dort verwendet, wo starker Befischungsdruck herrscht und die Karpfen beim Anblick eines grauen Bleies misstrauisch werden könnten.

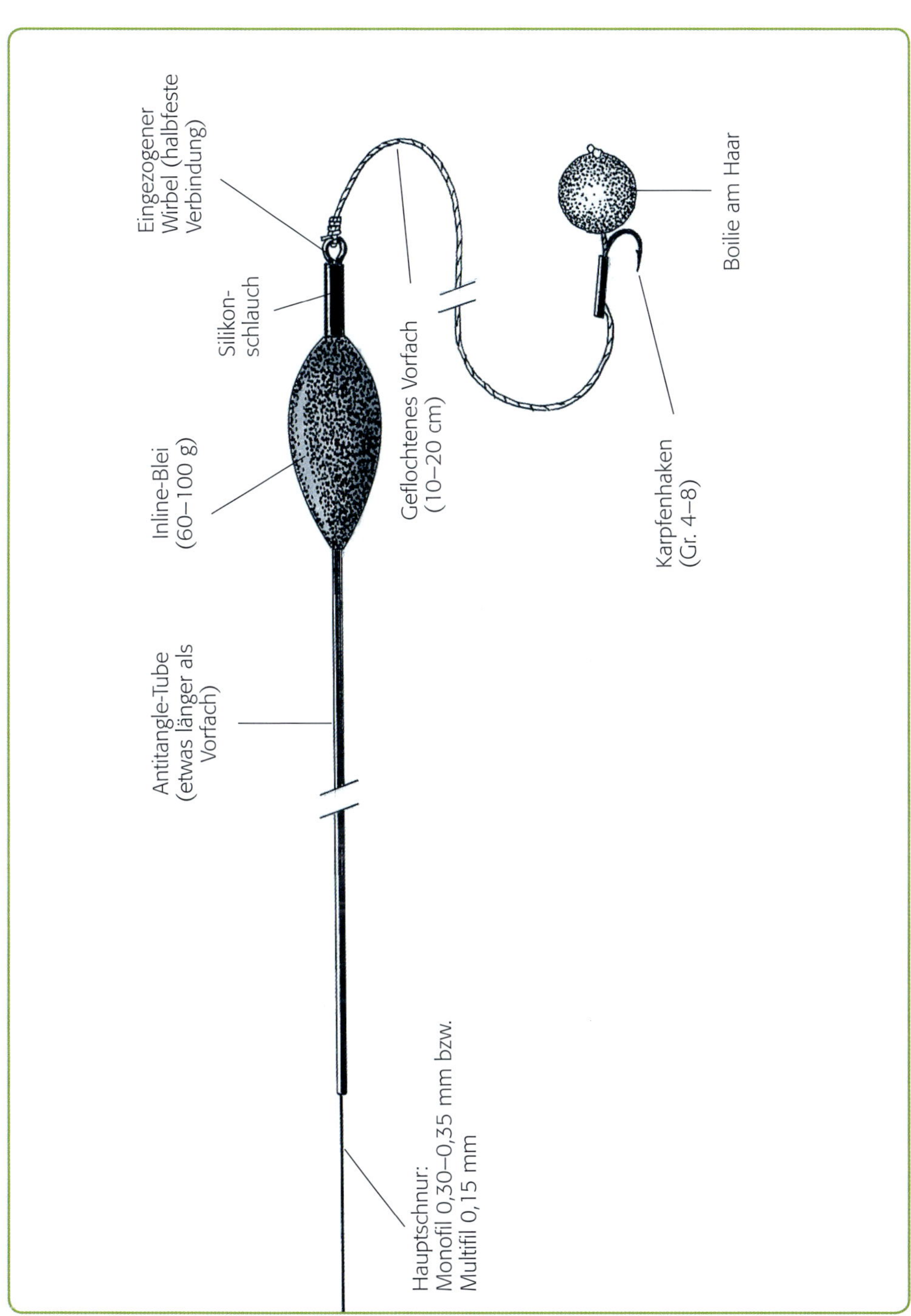
Eingezogener
Wirbel (halbfeste
Verbindung)
Silikon-
schlauch
Inline-Blei
(60–100 g)
Antitangle-Tube
(etwas länger als
Vorfach)
Geflochtenes Vorfach
(10–20 cm)
Hauptschnur:
Monofil 0,30–0,35 mm bzw.
Multifil 0,15 mm
Boilie am Haar
Karpfenhaken
(Gr. 4–8)

Für weite Würfe: Die »Helikopter-Montage«

Größere Karpfengewässer ohne starken Pflanzenbewuchs

Zielfische: Karpfen

Beschreibung

Diese Montage ist ebenfalls ein Bolt-Rig, also eine Flucht-Montage bei der sich der Fisch nach der Aufnahme des Köders selbst hakt. Allerdings sitzt das Blei am Ende der Hauptschnur und das kurze Vorfach ist mittels einer drehbaren Verbindung, seitlich an der Hauptschnur angebracht. Im Flug rotiert (Helikopter!) das Vorfach mit dem Köder um die Hauptschnur und beugt dadurch Verhängungen vor. Dieses Rig eignet sich deshalb besonders für weite Würfe.

Diese Art der Montage ist vor allem für relativ hindernisfreie Gewässer geeignet. Dort wo viel Pflanzenbewuchs vorhanden ist empfiehlt sich eher eine geradlinige Inline-Montage.

Karpfenruten auf Rod Pod mit elektronischen Bissanzeigern. Wenn es hier summt, schwimmt ein Fisch mit dem Köder und dem Haken im Maul davon.

Geräte- und Ködervorschlag

Rute: Karpfenrute, Länge 3,60 bis 3,90 m, Testkurve 2,5 bis 3,5 lbs

Rolle/Schnur: Freilauf-Stationärrolle mit 200 m Multifil 0,15 mm oder Monofil 0,30 bis 0,35 mm

Köder: Boilie, Partikel, Teig an Haar-Montage

TIPP

Verwenden Sie für ein Bolt-Rig immer das schwerste noch sicher zu werfende Blei. Das können »nur« 70 g aber auch »satte« 120 g sein. Beim Biss muss das Blei genügend Widerstand bieten, um den Haken im Fischmaul festzusetzen.

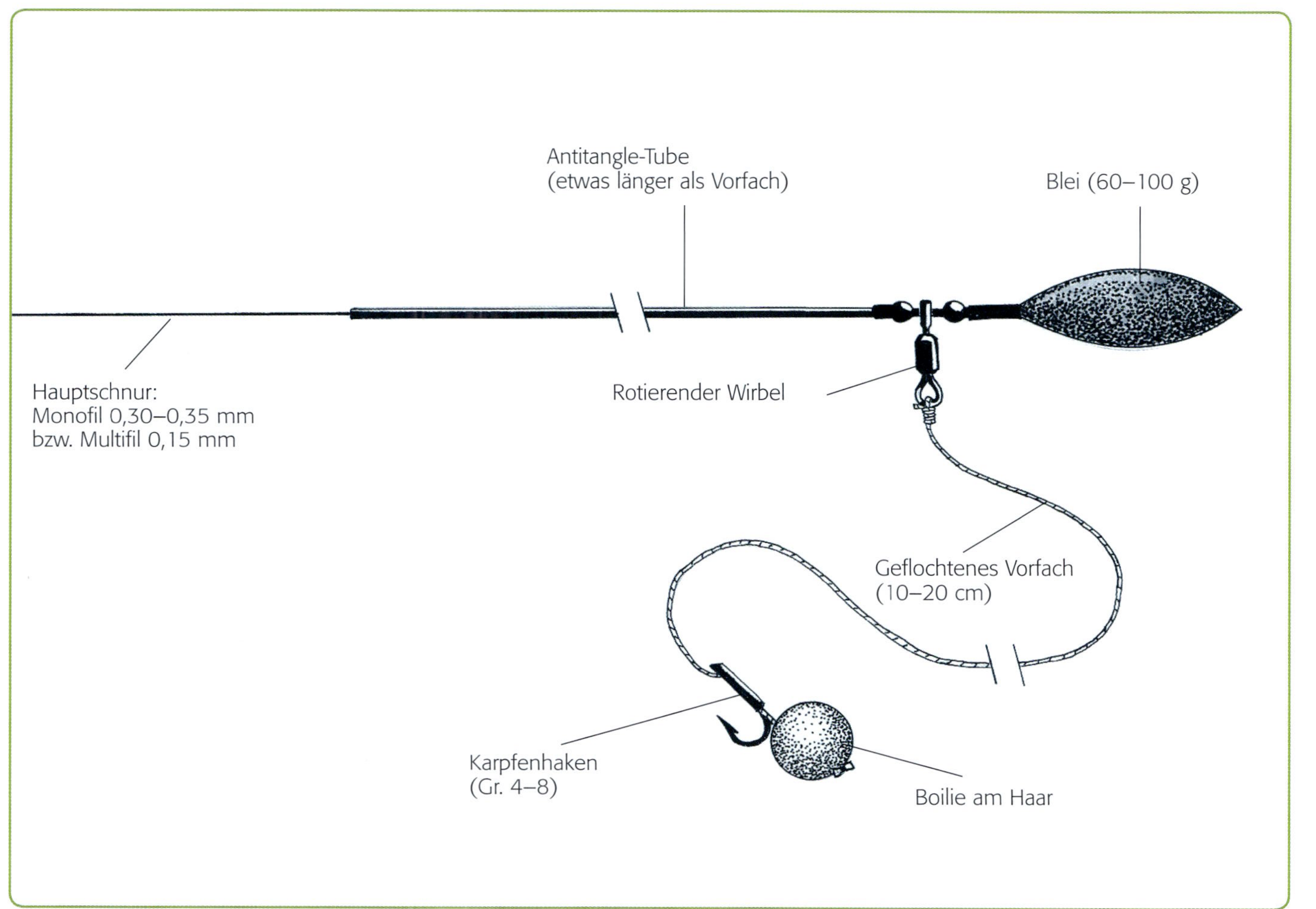
Antitangle-Tube
(etwas länger als Vorfach)
Blei (60–100 g)
Hauptschnur:
Monofil 0,30–0,35 mm
bzw. Multifil 0,15 mm
Rotierender Wirbel
Geflochtenes Vorfach
(10–20 cm)
Karpfenhaken
(Gr. 4–8)
Boilie am Haar

Chod-Rig (Schlamm-Montage)

Stehende Gewässer mit Schlammgrund

Zielfische: Karpfen

Beschreibung

Über sehr schlammigen Boden, weichen Blättern u.ä. benötigt man eine Montage, welche den Köder nicht in den Schlamm zieht. Das »Chod-Rig« ist nichts weiter als eine modifizierte Helikopter-Montage, bei der der Seitenarm, je nach der geschätzten (oder ausgeloteten) Tiefe des Schlamms weiter oberhalb am Lead-Core Vorfach angebracht ist. Der Haken wird mit einem sehr auftriebsfähigen Haar-Köder bestückt.
Prinzipiell kann der Seitenarm überall auf dem Lead-Core Endstück befestigt werden. Je tiefer der Schlamm, desto weiter entfernt vom Blei wird er angebracht. Die Länge des seitlich angebrachten Vorfachs beträgt etwa 20 bis 25 cm. Dadurch liegt der Köder immer oben auf dem Schlamm. Gehalten wird der beringte Seitenarm durch zwei ziemlich fest sitzende, aber verschiebbare Flexistopper. Sollte das Blei im Drill an einem Hindernis hängenbleiben und das Vorfach reißen, kann der Fisch den Seitenarm vom Vorfach abziehen und ist frei. Der etwas eigenartige Ausdruck »chod« ist ein englischer Slang-Ausdruck der Algen, verrottende Blätter, morsches Holz und andere sich zersetzende Pflanzenteile in einem Gewässer beschreibt. Das Chod-Rig wurde von dem englischen Angelexperten Frank Warwick erfunden. Inzwischen gibt es verschiedene Varianten davon.

Geräte- und Ködervorschlag

Rute: Karpfenrute, Länge 3,60 bis 3,90 m, Testkurve 2,5 bis 3,5 lbs.
Rolle: Stationärrolle mit Freilauffunktion mit 200 m Monofil 0,30 bis 0,35 mm oder Multifil 0,15 mm
Köder: Boilies, Maiskörner mit Schaumstoffzwischenlage (Auftriebskörper)

TIPP

Steifes Material (Rigidity-Line) für das Vorfach direkt vor dem Haken erschwert dem Karpfen das Wiederausspucken des Köders und erhöht damit die Hakfähigkeit der Montage. Auch in diesem Fall hakt sich der Fisch selbst.

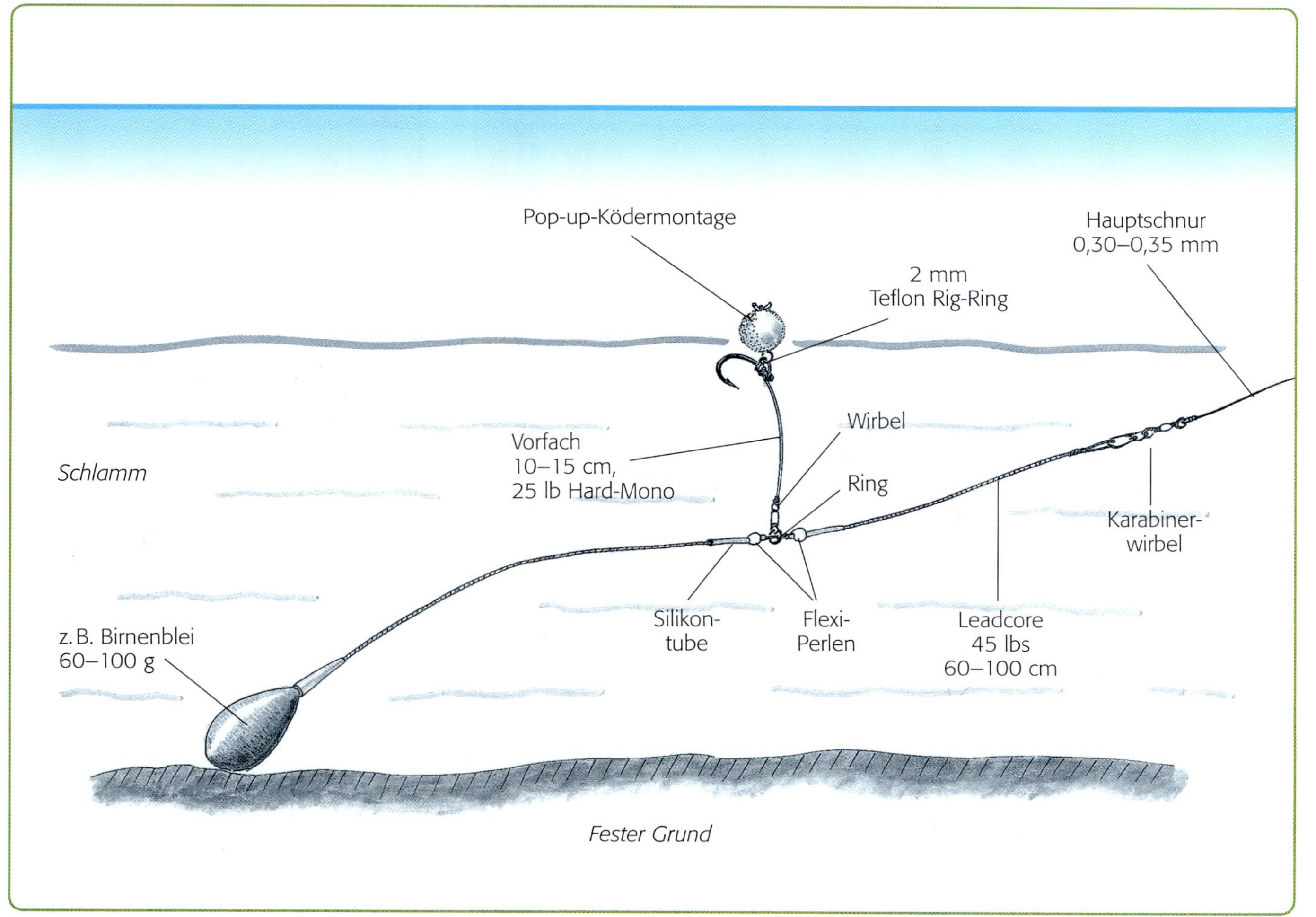
Pop-up-Ködermontage
Hauptschnur
0,30–0,35 mm
2 mm
Teflon Rig-Ring
Wirbel
Vorfach
10–15 cm,
25 lb Hard-Mono
Schlamm
Ring
Karabiner-
wirbel
z. B. Birnenblei
60–100 g
Silikon-
tube
Flexi-
Perlen
Leadcore
45 lbs
60–100 cm
Fester Grund

Die »Methode«

Alle Karpfengewässer

Zielfische: Karpfen, Schleien

Beschreibung

»The Method« ist eine ungewöhnliche Bezeichnung für eine interessante Montage, die ursprünglich in England an kommerziell betriebenen Karpfen-Angelteichen entwickelt wurde. Um eine Futterbombe oder -spirale wird ein mit Maden gemischter Teig geknetet und der mit einem Madenbündel bestückte Haken in diesem Futterkloß versteckt. Sobald sich der Teig auflöst, fällt das Madenbündel heraus und liegt direkt neben dem Futterangebot. Teilweise arbeiten die Fische auch aktiv am Futterkloß, lösen einzelne Futterbrocken heraus und stoßen dabei auf den Köder. An einigen Angelteichen in England war dieses Rig so erfolgreich, dass seine Verwendung bald verboten wurde. Die »Methode« funktioniert aber auch an gewöhnlichen Karpfen-Gewässern und man muss nicht unbedingt Maden als Köder verwenden.

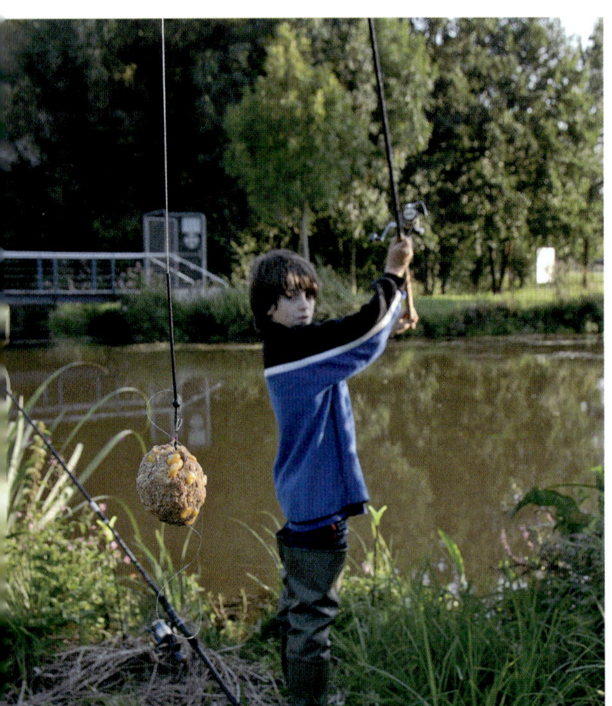

Futterbombe kurz vor dem Auswerfen.

Geräte- und Ködervorschlag

Rute: Karpfenrute, Länge 3,60 bis 3,90 m, Testkurve 2,5 bis 3,5 lbs

Rolle/Schnur: Freilauf-Stationärrolle mit Multifil 0,15 mm oder Monofil 0,30 bis 0,35 mm

Köder: Maden, Wurm, Mais und andere Partikelköder

TIPP

Der Köder muss nicht unbedingt im Futterball versteckt werden. Es reicht auch, wenn das Vorfach sehr kurz ist und direkt neben dem Ball zu liegen kommt.

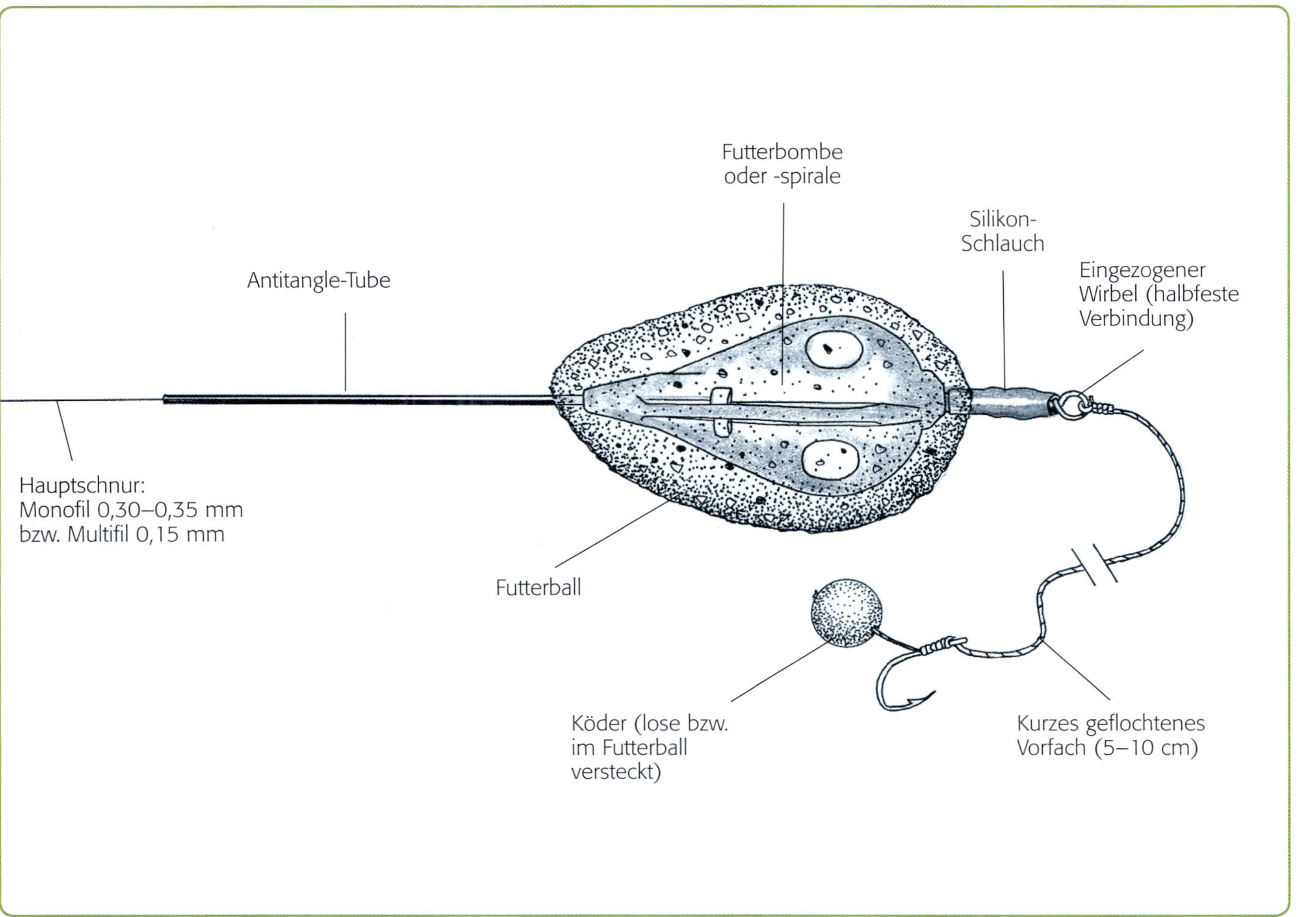
Futterbombe oder -spirale
Silikon-Schlauch
Antitangle-Tube
Eingezogener Wirbel (halbfeste Verbindung)
Hauptschnur: Monofil 0,30–0,35 mm bzw. Multifil 0,15 mm
Futterball
Köder (lose bzw. im Futterball versteckt)
Kurzes geflochtenes Vorfach (5–10 cm)

»Confidence-Rig« für Karpfen

Alle Karpfengewässer

Zielfische: Karpfen, Schleie

Beschreibung

Eine »Vertrauens-Montage« wird gerne in Gewässern verwendet, in denen Karpfen nicht allzu stark befischt werden und daher auch nicht zu misstrauisch sind. Der Köder steckt oft auch direkt auf dem Haken und nicht am »Haar«. Im Prinzip handelt es sich um eine Laufbleimontage, bei der der Fisch mit dem Köder abziehen kann, ohne dass er Widerstand verspürt. Beim Auslaufen der Leine setzt der Angler den Haken. Auf einen Punkt muss man achten. Man könnte versucht sein, ein leichteres Blei zu verwenden als bei einer Selbsthak-Montage. Es darf aber nicht so leicht sein, dass es bei einem Anbiss über den Boden gleitet, das würde der Fisch merken. Es muss auch jetzt bewegungslos am Grund liegenbleiben, deshalb sollte das Gewicht mindestens 60 g betragen.

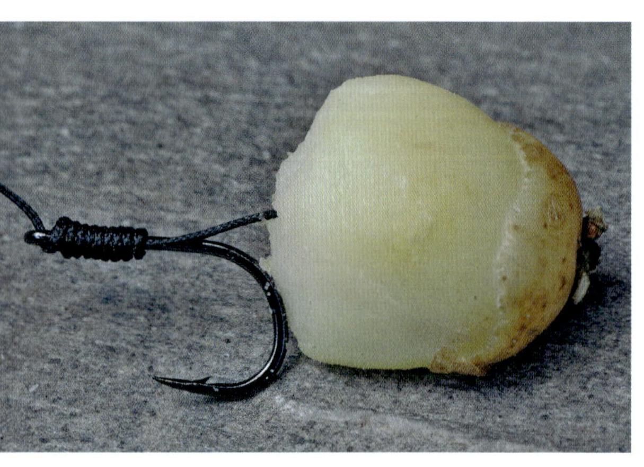

Kartoffel an einer »Haar-Montage«.

Geräte- und Ködervorschlag

Rute: Karpfenrute, Länge 3,60 bis 3,90 m, Testkurve 1,5 bis 2 lbs

Rolle/Schnur: Freilauf-Stationärrolle mit 200 m Multifil 0,15 mm oder Monofil 0,30 bis 0,35 mm

Köder: Tauwurm, Teig, Boilie, Mais

TIPP

Bei weichem Boden das Blei nicht direkt an der Hauptschnur einhängen sondern ein Stückchen schwächere Schnur als Abstandhalter zwischenschalten. So kann zwar das Blei im Schlamm einsinken, aber die Hauptschnur liegt frei oben auf. Wenn Sie die Angelstelle ausloten, knüpfen sie ca. 30 cm weiße Wolle an die Schnur und an die Wolle das Lotblei. Nach dem Ausloten entspricht die eingeschmutzte Länge der Wolle der Schlammtiefe.

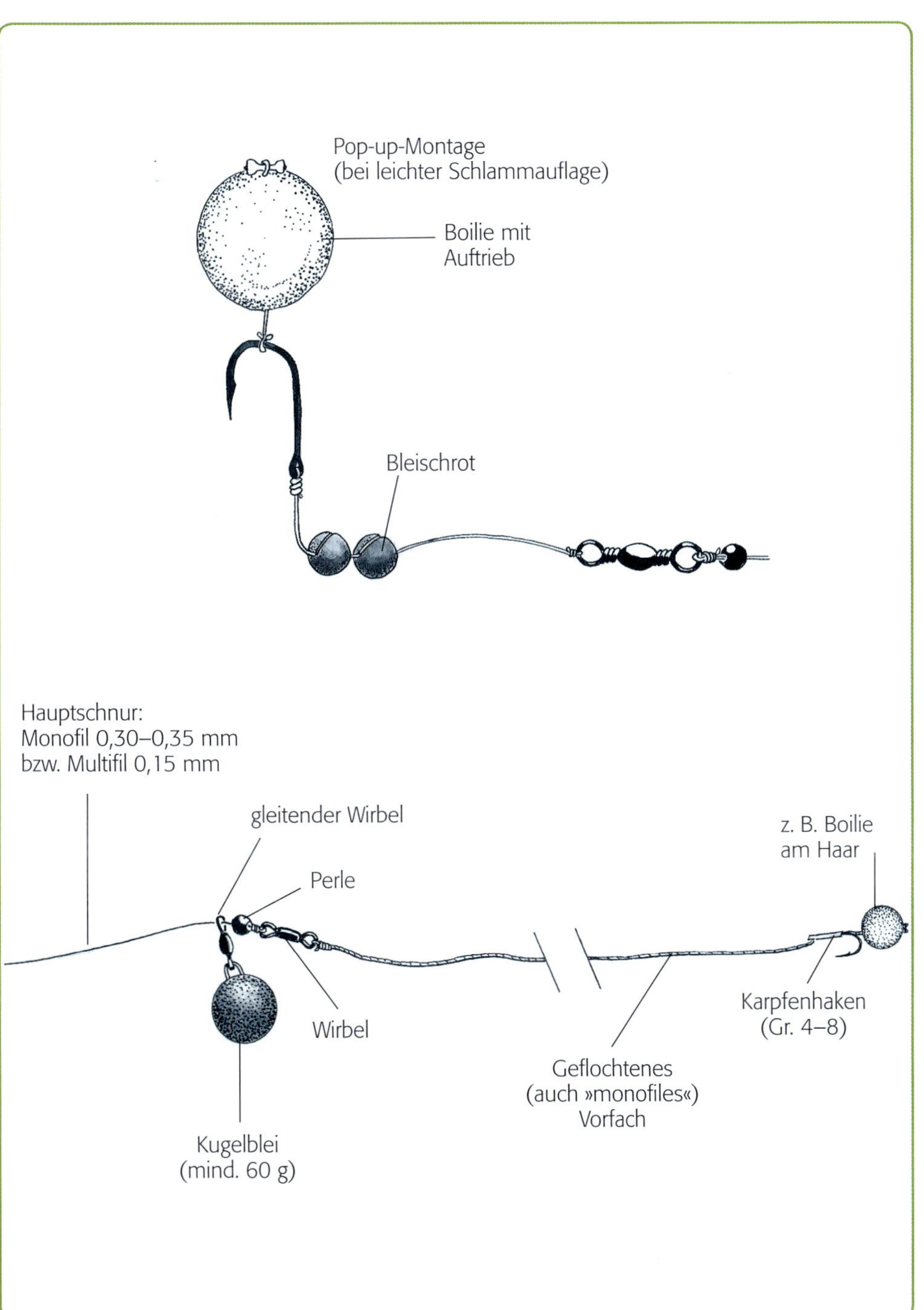
Pop-up-Montage
(bei leichter Schlammauflage)
Boilie mit
Auftrieb
Bleischrot
Hauptschnur:
Monofil 0,30–0,35 mm
bzw. Multifil 0,15 mm
gleitender Wirbel
Perle
Wirbel
Kugelblei
(mind. 60 g)
Geflochtenes
(auch »monofiles«)
Vorfach
z. B. Boilie
am Haar
Karpfenhaken
(Gr. 4–8)

Toter Köderfisch auf Grund gelegt (Aal und Zander)

Gewässer mit härterem, nicht zu stark bewachsenem Boden

Zielfische: Aal, Zander

Beschreibung

Aale und Zander nehmen gerne erheblich kleinere Köderfische als der Hecht. Besonders unverdächtig erscheint der Köderfisch, wenn er mit Hilfe einer Ködernadel ganz auf das Vorfach aufgezogen wird. Der Haken sitzt danach im Maulwinkel, die Hakenspitze ist frei und ragt etwas aus dem Maulwinkel heraus. Besonders für große Aale (Breitkopfaale) eine sehr gute Methode. Für Zander verwendet man feineres Gerät als für Aal. Für ganz vorsichtige Zander könnte der Köderfisch sogar an einer Haar-Montage angeboten werden.

Wenn Hechte vorkommen, sollte aus Vorsicht ein Vorfach aus feiner Stahlseide (Tragkraft 8 bis 9 kg) benutzt werden. Stahlseide lässt sich knoten (z. B. Achterknoten).

Geräte- und Ködervorschlag

Rute: Leichte bis mittlere Grundrute, Länge 3,00 bis 3,60 m; Wurfgewicht: 40 bis 60 g

Rolle/Schnur: Stationärrolle mit 150 m Monofil 0,20 bis 0,25 mm für Zander, bis 0,40 mm für Aal

Köder: Kleine Lauben, Moderlieschen, Elritzen usw.

TIPP

Damit der Köderfisch frei über dem Grund schwebt, werden ihm einige Styropor-Kügelchen oder -Stückchen durchs Maul ins Bauchinnere geschoben. Verwendet man Fischöl als Lockstoff, injiziert man es mit einer Spritze ins Körpergewebe oder man schiebt dem Fisch einen damit getränkten Wattebausch ins Maul.

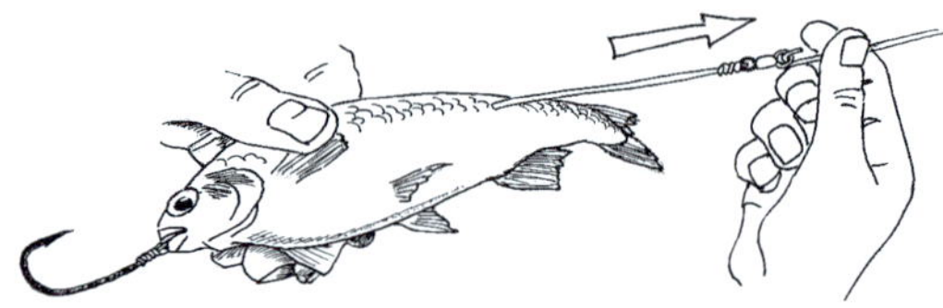

Köderfisch mit Ködernadel aufziehen

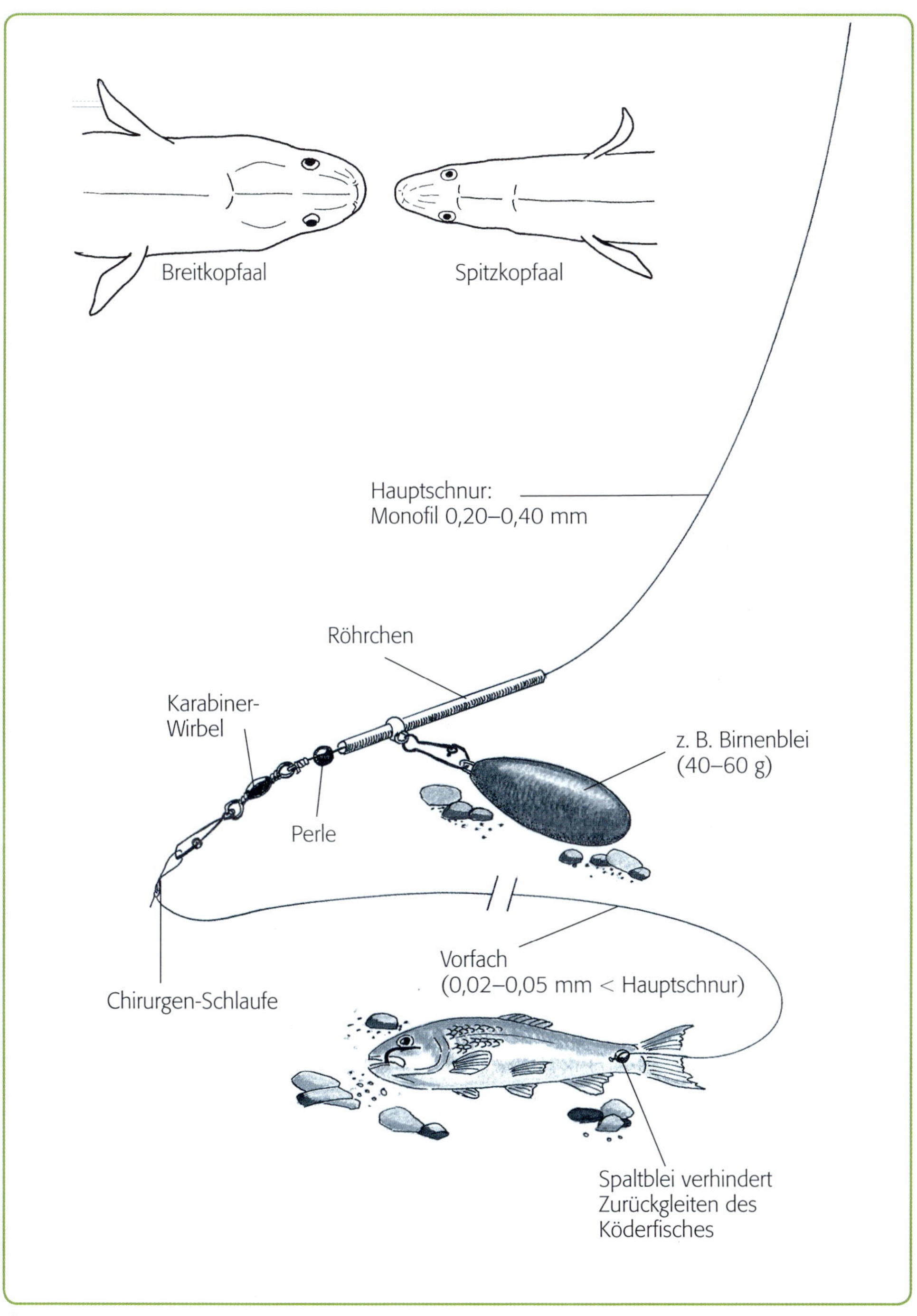
Breitkopfaal
Spitzkopfaal
Hauptschnur:
Monofil 0,20–0,40 mm
Röhrchen
Karabiner-
Wirbel
z. B. Birnenblei
(40–60 g)
Perle
Chirurgen-Schlaufe
Vorfach
(0,02–0,05 mm < Hauptschnur)
Spaltblei verhindert
Zurückgleiten des
Köderfisches

Die Flatter-Montage

Flüsse mit Welsvorkommen

Zielfische: Wels

Beschreibung

Diese Kombi-Montage aus Grundblei und Unterwasserpose kommt nicht nur für typische tiefe Welsgumpen in Frage, sondern auch, wenn die Welse in der wärmeren Jahreszeit nachts in den Flachwasserbereichen der großen Flüsse jagen. Geangelt wird vom Ufer aus. Der Sinn der Montage ist, den Köder in der Strömung so festzulegen, dass er in einer bestimmten Höhe über dem Grund verführerisch in der Strömung hin und herschwingt. In welcher Höhe sich der Köder letztlich über dem Grund befindet, hängt von der Länge des Vorfachs (1,50 bis 2,20 m Multifil mit ca. 60 bis 80 kg Tragkraft) und der jeweiligen Strömungsgeschwindigkeit ab. Der Abstand der Unterwasserpose zum Köder sollte nicht mehr als etwa 10 bis 20 cm betragen.

Ein positiver Nebeneffekt des über dem Grund schwebenden Köders: Bei der Verwendung eines Tauwurmbündels wird dieses von den bodenorientierten Aalen weniger gefunden und attackiert. Bei stärkerer Strömung kommt ein Krallenblei, wie man es beim Meeresangeln verwendet, zum Einsatz.

Geräte- und Ködervorschlag

Rute: Waller-Grundrute, Länge 2,70 bis 3,20 m; Wurfgewicht: 100 bis 300 g
Rolle/Schnur: Schwere Multirolle oder Stationärrolle mit 200 bis 300 m Monofil 0,50 bis 0,60 mm oder Multifil mit rund 50 kg Tragkraft
Köder: Tauwurm- oder Pferdegelbündel, Köderfisch, Schwanzstück vom Aal, Fischfetzen

TIPP

Um die urigen Raubfische auch über größere Entfernung anzulocken, verwenden manche Wels-Spezialisten eine Unterwasserpose mit so genanntem »Vibrokörper«. Eine Rassel im Innern der Pose wird durch deren Auf- und Abschwingen in der Strömung aktiviert und sendet verführerische Schwingungen aus, die von den Seitenlinien des Fisches aufgenommen werden. Achten Sie bei der Zusammenstellung der Montage ganz besonders auf sorgfältig gebundene Knoten und bestes Material der Einzelteile.

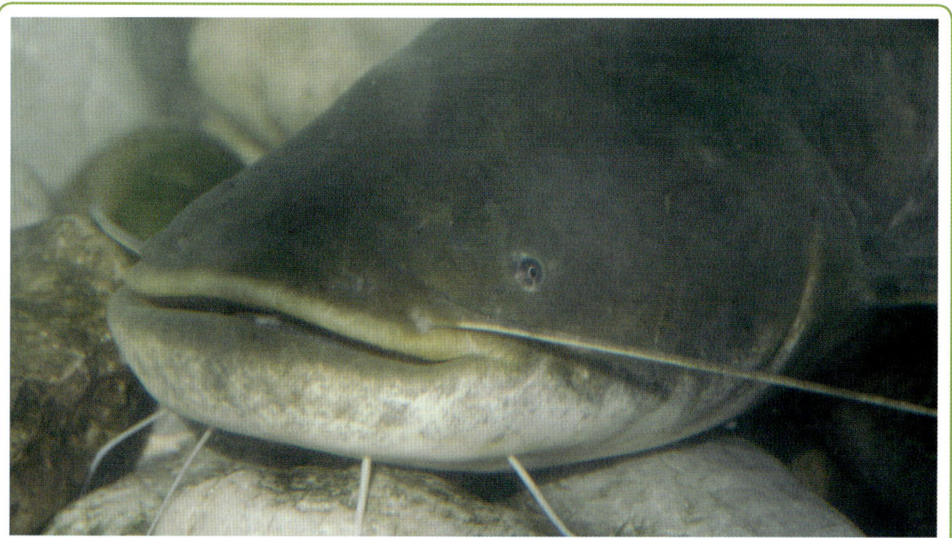

Europäischer Wels

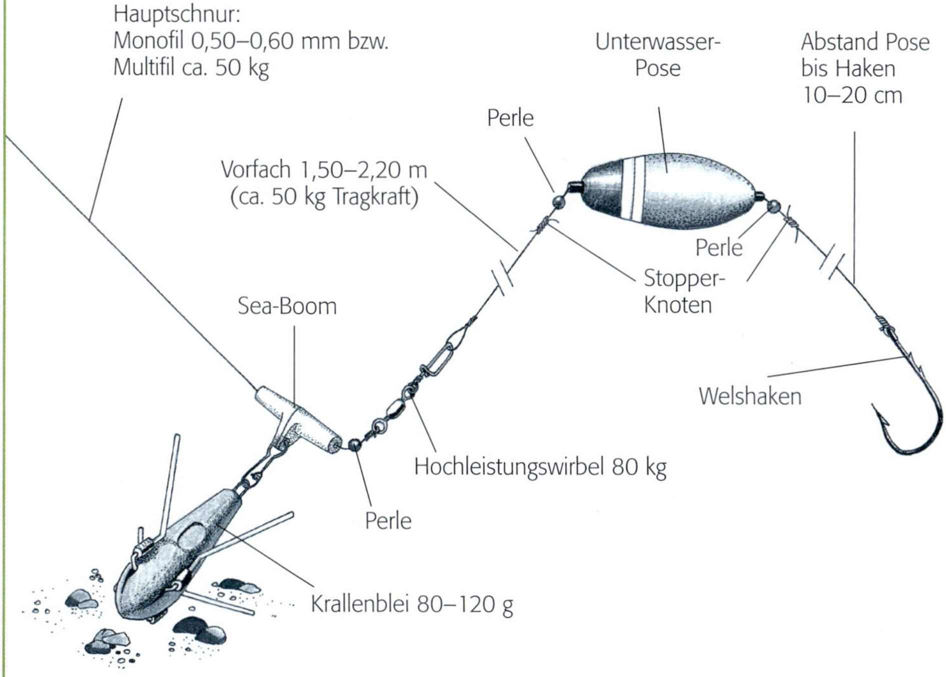

Hauptschnur:
Monofil 0,50–0,60 mm bzw.
Multifil ca. 50 kg

Unterwasser-
Pose

Abstand Pose
bis Haken
10–20 cm

Perle

Vorfach 1,50–2,20 m
(ca. 50 kg Tragkraft)

Perle

Stopper-
Knoten

Sea-Boom

Welshaken

Hochleistungswirbel 80 kg

Perle

Krallenblei 80–120 g

Spinnvorfach für Hecht

Alle Raubfischgewässer

Zielfische: Hecht

Beschreibung

Auch eine einfache Wobbler- oder Blinker-Montage muss richtig aufeinander abgestimmt sein, damit der Köder sich so natürlich und lebhaft bewegen kann wie möglich. Oft ist es günstig einen Wobbler oder Blinker mit einem offenen Schlaufenknoten an der Kopföse anzuknüpfen. Ein Karabinerwirbel direkt am Köder würde zwar das schnelle Auswechseln des Köders erleichtern, aber ziemlich unnatürlich wirken. Für die Hechtpirsch ist ein zusätzliches Stahlvorfach Pflicht. Heute gibt es dafür sehr weiche knotbare Produkte. Das Vorfach sollte mindestens 30 cm lang sein, da es sich beim Drill mitunter um den Kiefer des Hechtes wickelt und dann möglicherweise weit oberhalb des Köders mit den Zähnen des Fisches in Berührung kommt. Wäre an dieser Stelle Schnur, statt Stahlseide, bestünde Gefahr. Das Vorfach wird mit Hilfe eines guten Karabinerwirbels in der Hauptschnur eingehängt oder an einen einfachen Wirbel angeknotet.

Kunstköder sollte man grundsätzlich nicht einfach mit gleichmäßiger Geschwindigkeit einholen, sondern ungleichmäßig mit Pausen, kurzen Rucken und längeren Zügen. Es kommt immer darauf an den hungrigen Raubfischen ein verletztes oder krankes Fischchen und damit eine leichte Beute vorzutäuschen.

Geräte- und Ködervorschlag

Rute: Kräftige Spinnrute, Länge 2,40 bis 2,70 m; Wurfgewicht: 40 bis 60 g

Schnur: Mittlere Stationärrolle mit 150 m Monofil 0,30 bis 0,35 mm

Köder: Wobbler, Blinker. Wobbler mit drei Drillingshaken werfen sich schlecht.

TIPP

Biegt man die Einhängeöse eines Wobblers leicht zur Seite läuft der Köder beim Einholen unregelmäßig nach einer Seite. Durch ruckweises Einholen lässt sich so besonders gut ein krankes, unkontrolliert schwimmendes Fischchen imitieren.

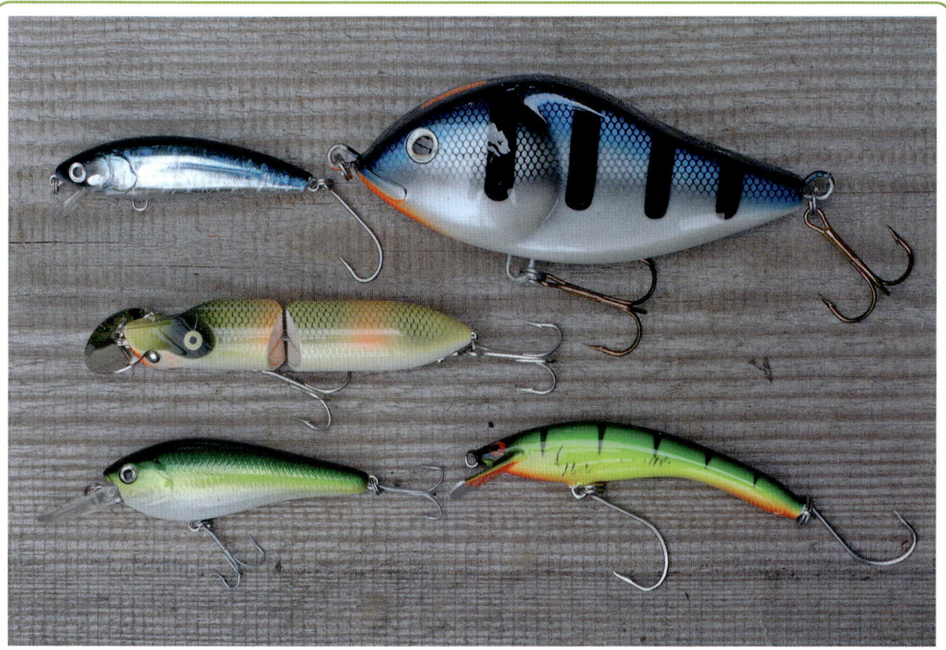

Wobbler in verschiedenen Ausführungen.

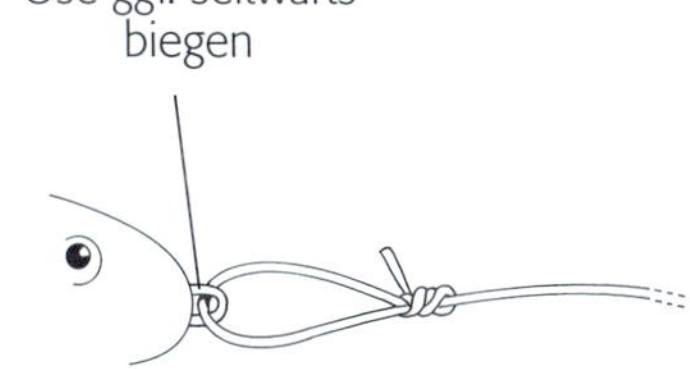

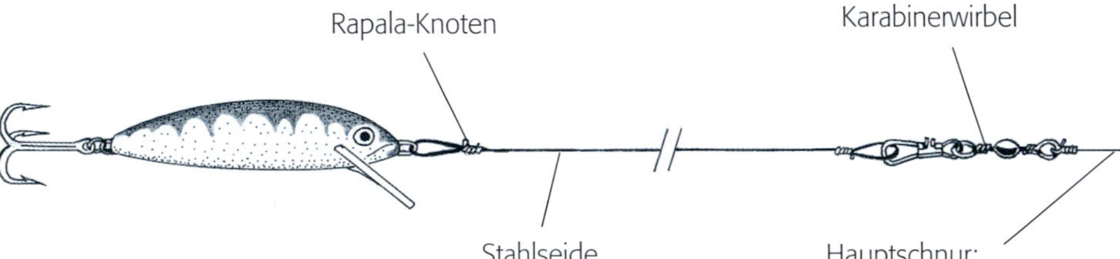

Tiefenkontrolle mit Schlepp-Pose

Größere Stillgewässer und Seen

Zielfische: Hecht, Forelle, Saibling, (Zander, Wels)

Beschreibung

Um die Lauftiefe des Raubfisch-Köders hinter dem Boot besser kontrollieren zu können, verwenden manche erfahrene Schleppangler eine Schlepp-Pose (50 bis 100 g Tragkraft). Sie hat die Aufgabe den Köder nicht zu tief absinken zu lassen und dadurch Hänger zu vermeiden. Solche Posen sind meistens Eigenbau, manchmal findet man auch spezielle Ausführungen im Fachhandel. Im Prinzip eignet sich jede tragkräftige olivenförmige Pose mit Schnurführung am unteren Ende.

Um die Einsatztiefe des Köders schnell verändern zu können, kann die dafür erforderliche Posenmontage so aussehen: Zuerst eine große Gummiperle auf die Hauptschnur schieben, dann ein Swivel-Bead (Perle mit Wirbel) in dem die Pose eingehängt wird, danach noch eine etwas kleinere Perle. Dieses Dreier-Team wird eingerahmt von zwei Stopper-Knoten. An das Ende der Hauptschnur kommt ein T-Wirbel. Hier werden Blei und Ködervorfach befestigt. Will man einen tieflaufenden Wobbler mit langer Kopfschaufel verwenden, lässt man die Seitenarm-Konstruktion weg und knüpft den Köder anstelle des Bleis an das untere Ende der Schnur.

Geräte- und Ködervorschlag

Rute: Steife Spinnrute 2,70 bis 3,60 m; Wurfgewicht: 40 bis 80 g

Rolle: Multirolle oder mittlere bis große Stationärrolle mit Monofil 0,35 bis 0,40 mm oder Multifil 0,15 bis 0,20 mm

Köder: Wobbler, Fischchen am System

TIPP

Statt einen T-Wirbel kann man auch zwei normale Karabinerwirbel verwenden, die man einfach hintereinander schaltet. Die Verbindungsschnur zum Blei wird dann in die untere Öse des ersten Wirbels (er hängt an der Hauptschnur) geknüpft. Der zweite Wirbel (vor dem Köder) bleibt dadurch frei drehbar. Die Schnur zum Blei soll grundsätzlich schwächer sein als das Vorfach, damit sie bei einem Hänger abreißen kann.

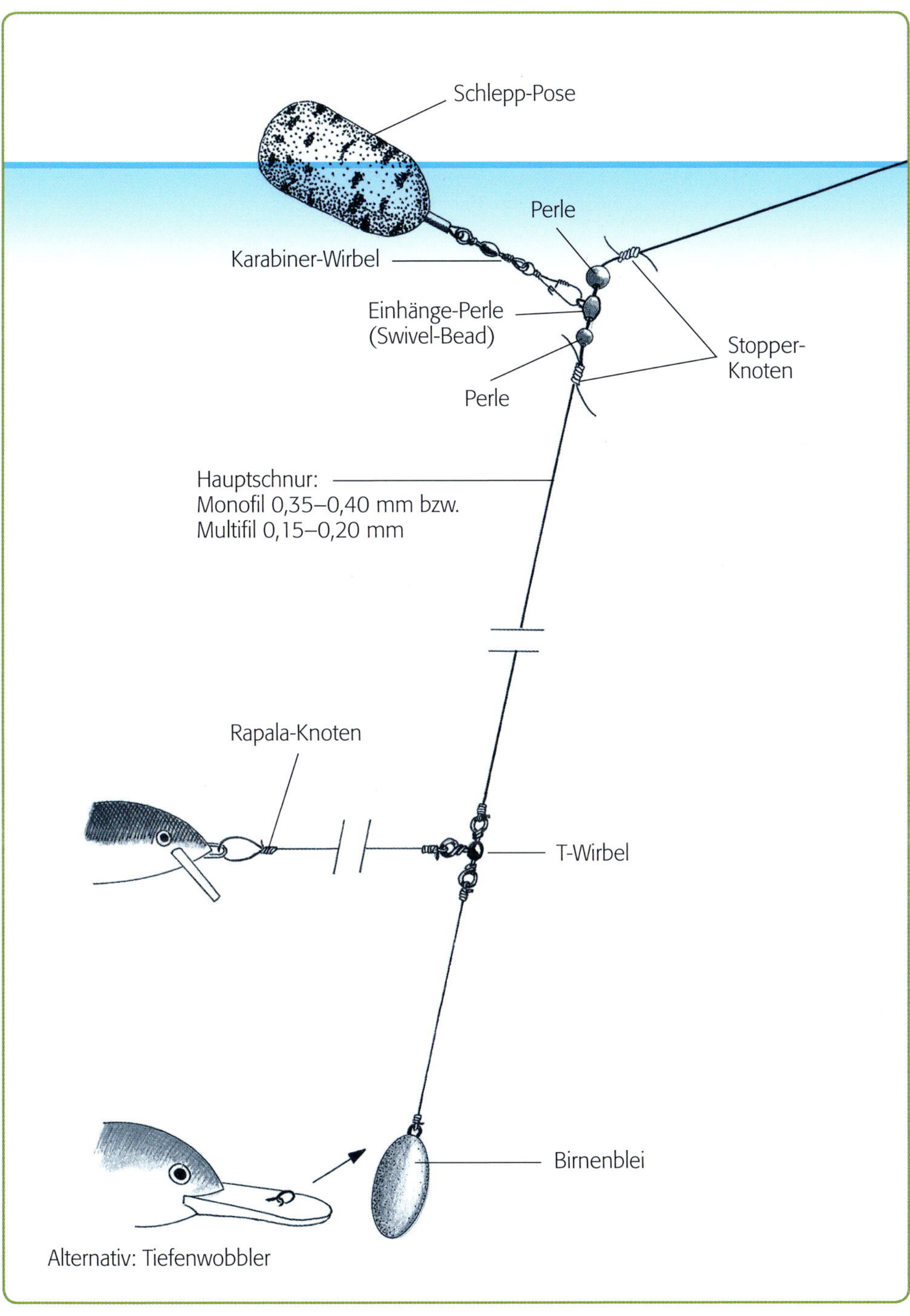
Schlepp-Pose
Perle
Karabiner-Wirbel
Einhänge-Perle
(Swivel-Bead)
Stopper-
Knoten
Perle
Hauptschnur:
Monofil 0,35–0,40 mm bzw.
Multifil 0,15–0,20 mm
Rapala-Knoten
T-Wirbel
Birnenblei
Alternativ: Tiefenwobbler

Einfache Universal-Schleppmontage

Größere Stillgewässer und Seen

Zielfische: Hecht, Forelle, Saibling, (Zander, Wels)

Beschreibung

Für das Schleppangeln gibt es verschiedene aufwändige Systeme, z. B. Tauchscheiben oder sogenannte »Downrigger«. Diese sind hier nicht gemeint. Hier geht es um eine schnell herzustellende Montage für einen Kunst- oder Naturköder (Fisch am System), der hinter einem Ruder- oder einem langsam fahrenden Motorboot hergezogen wird.
Die Schleppentfernung beträgt meist zwischen 20 und 50 m. Festlegen der Schleppdistanz über das Auslaufen der Leine (Mitzählen der Wanderungen der Schnurführung bei einer Multirolle oder Kennzeichnung der Leine mit wasserfestem Filzstift; bei 10 m: 1 Strich, bei 20 m: 2 Striche usw.).
Gegen das Verdrehen der Leine beugt man mit guten Wirbeln vor, einem Antikinkplättchen und/oder einem exzentrisch eingehängten Schleppblei. Das Laufverhalten des Köders wird bei bestimmten Geschwindigkeiten direkt neben dem Boot geprüft. Mit dieser Montage lassen sich abhängig von Bleigewicht und -form, Köderart und Fahrgeschwindigkeit Tiefen bis höchstens 4 m erreichen. Je nachdem welche Fischart man im Sinn hat, wird die Route festgelegt. Hechte stehen oft nahe am Ufer, Seeforellen schwimmen weiter draußen. Im Sommer folgen aber auch große Hechte den Schwärmen ihrer Beutefische ins Freiwasser. Man findet sie dann meist knapp unter der ein paar Meter starken »Sprungschicht«.

Geräte- und Ködervorschlag

Rute: Steife Spinnrute 2,70 bis 3,60 m; Wurfgewicht: 40 bis 80 g
Rolle: Multirolle oder mittlere bis große Stationärrolle mit Monofil 0,35 bis 0,40 mm oder Multifil 0,15 bis 0,20 mm
Köder: Blinker, Spinner (Achtung: besondere Verdrallungsgefahr!), Wobbler, Fischchen am System

TIPP

Ein exzentrisch eingehängtes Bleistiftblei verhängt sich beim Schleppen dicht über hindernisreichem Grund nicht so leicht wie kompaktere Bleiformen. Eventuell befestigt man ein Blei an einer dünneren »Reißleine«.

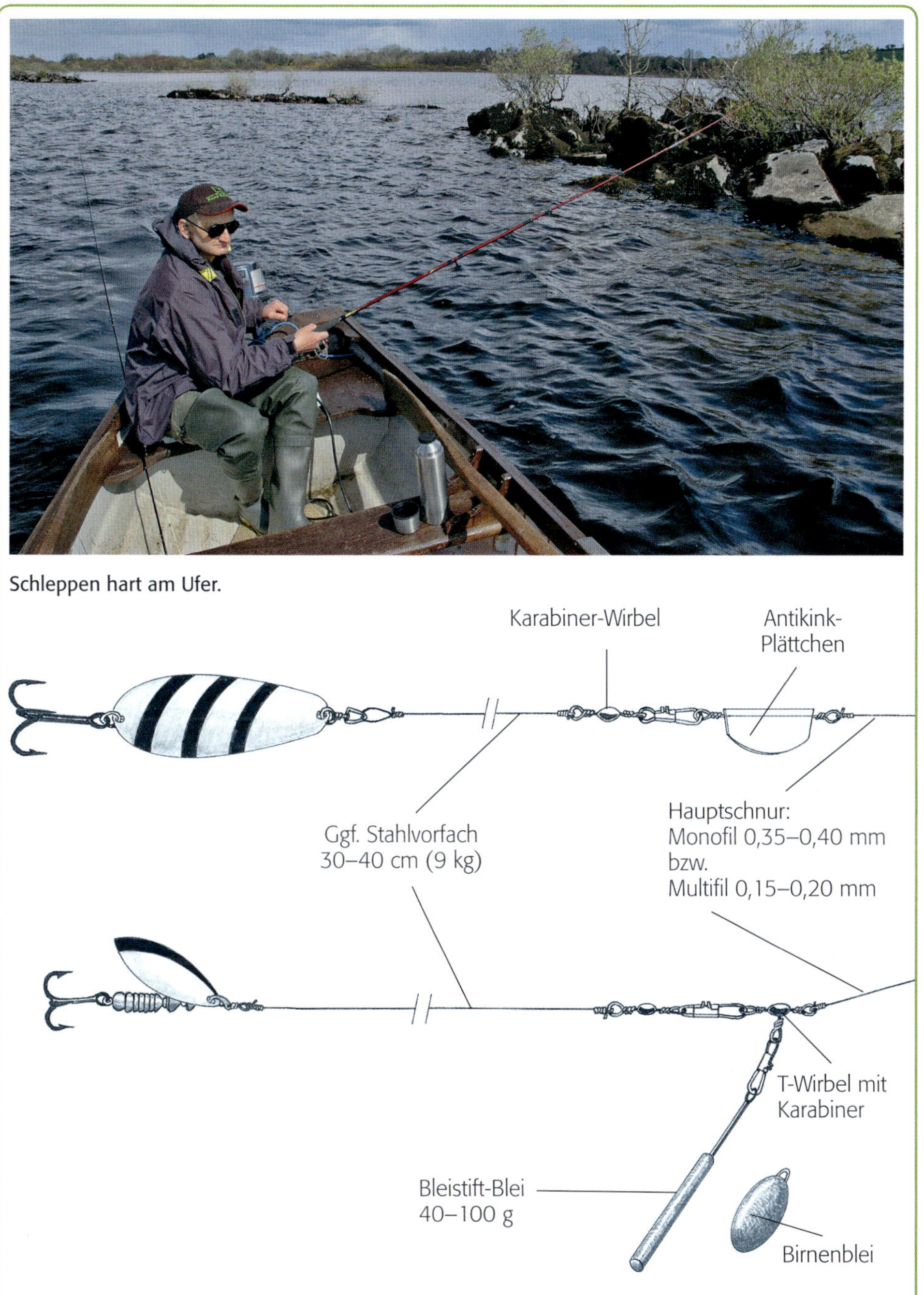

Schleppen hart am Ufer.

Wobbler/Schwimmjig am Bodentaster-Blei

Baggerseen, Buhnenbereich großer Flüsse

Zielfische: Zander, Barsch

Beschreibung

Oft ist es notwendig einen Kunstköder relativ dicht am Grund entlang zu bewegen. Dies funktioniert sehr gut mit einem Bodentaster-Blei, das beim Einholen leicht über den Boden schleift und einen Köder mit Auftrieb (Schwimmwobbler, Gummischwanz, Streamer) in einem gleichmäßigen Abstand nachführt. Auf diese Weise vermindern sich lästige Grundhänger ganz erheblich, vorausgesetzt es sind keine größeren Hindernisse im Wasser.

Dies ist eine sehr erfolgreiche Methode für Zander und Barsch. Aber selbst Hechte und kleinere Welse können damit gefangen werden, eine kräftigere Ausrüstung vorausgesetzt. Der Abstand zwischen Bodentaster-Blei und Köder kann, je nachdem wie tief man fischen möchte, zwischen 50 cm und 1,50 m betragen. Wer auf Hecht angelt, sollte das Stahlvorfach nicht vergessen. Führen Sie den Köder mit kurzen, unregelmäßig zupfenden Bewegungen der Rutenspitze.

Geräte- und Ködervorschlag

Gerätevorschlag (Zander)

Rute: Spinnrute 3,00 bis 3,60 m; Wurfgewicht: 40 bis 60 g

Rolle: Kleine bis mittlere Stationärrolle mit 150 m Monofil 0,22 bis 0,25 mm oder Multifil 0,15 mm (Tragkraft ca. 8 kg)

Köder: Schwimmwobbler (5 bis 7 cm), Streamer Gr. 4 bis 6, Twister am Schwimmjig, kleine tote Köderfische am System oder Tandemhaken

TIPP

Das Lackieren des Bodentaster-Bleis mit grellen Farben (gelb), kann den Reiz für Zander erhöhen.

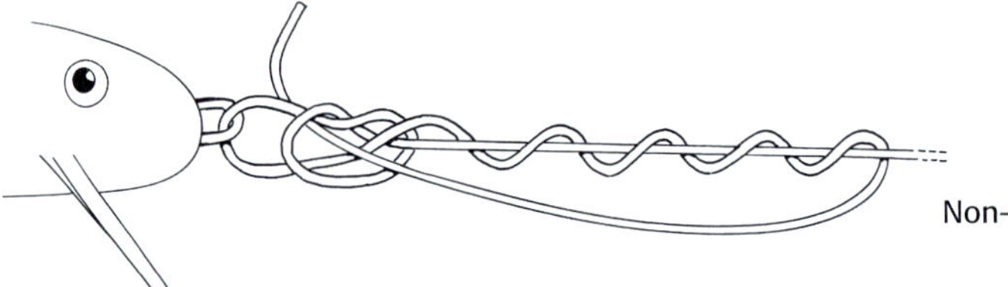

Non-Slip-Mono-Knoten

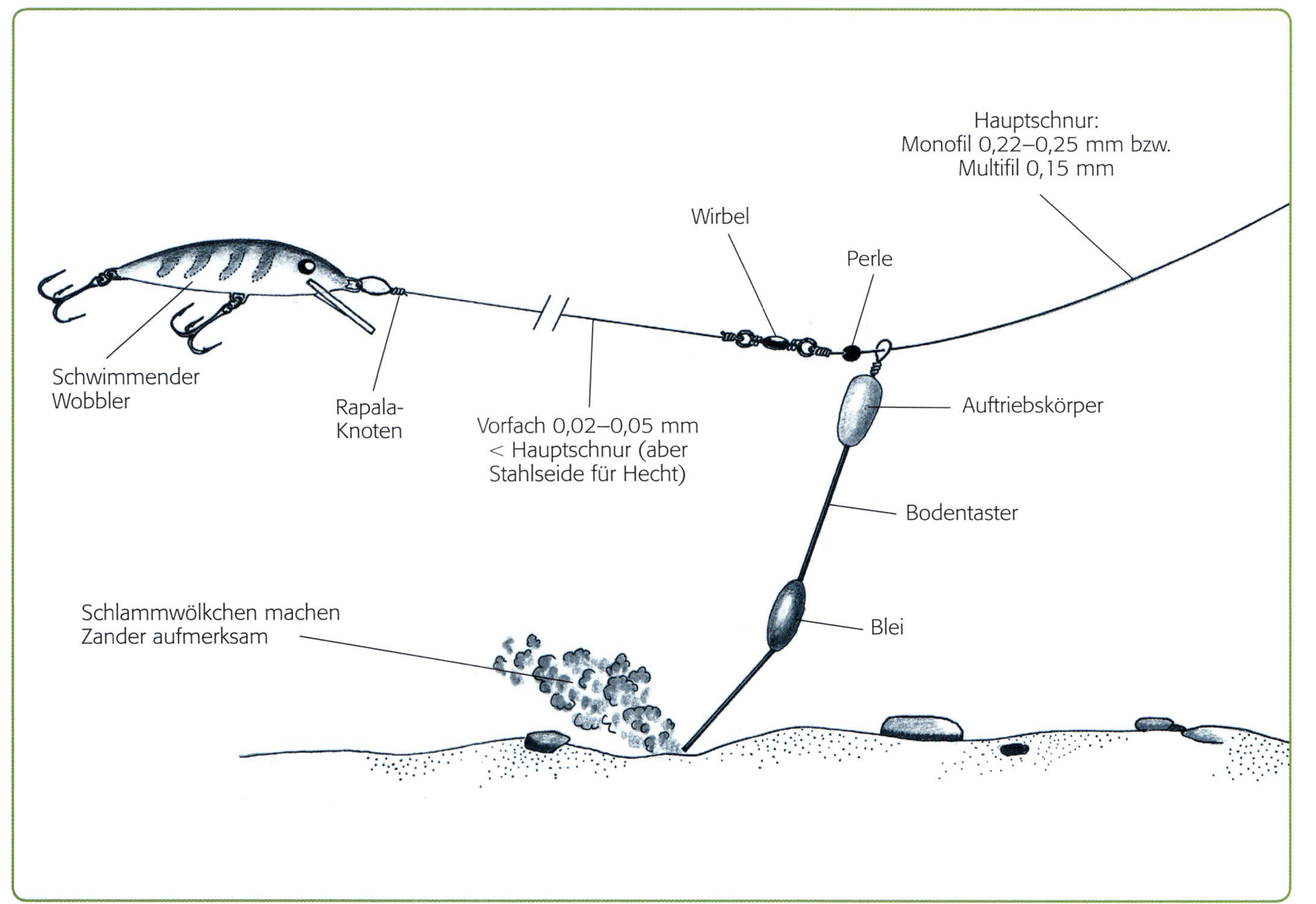
Hauptschnur:
Monofil 0,22–0,25 mm bzw.
Multifil 0,15 mm
Wirbel
Perle
Schwimmender
Wobbler
Rapala-
Knoten
Vorfach 0,02–0,05 mm
< Hauptschnur (aber
Stahlseide für Hecht)
Auftriebskörper
Bodentaster
Schlammwölkchen machen
Zander aufmerksam
Blei

Das »Drachkovitch-System«

Größere Flüsse, Seen

Zielfische: Zander, (Hecht, Barsch)

Beschreibung

Ein Köderfisch-System des Franzosen Albert Drachkovitch. Besonders gut funktioniert die Methode beim Fischen vom Boot, Brücken oder hohen Ufern aus, wenn die Schnur fast senkrecht ins Wasser zeigt. Durch das vorne am System gelenkig angebrachte Spaltblei überschlägt sich das Fischchen bei jedem Auftreffen auf dem Grund und täuscht somit eine kranke oder verletzte Beute vor. Mit entsprechender Rutenbewegung lässt man das Fischchen nach links oder rechts ausbrechen. Dieser verführerischen Bewegung kann ein hungriger Zander oft nicht widerstehen. Experimentieren ist notwendig, um die richtige Geschwindigkeit und Weite der Sprünge zu finden.

Montage des toten Köderfisches: Zuerst wird die Drahtklammer in den Körper eingeführt, dann die beiden Drillinge seitlich am Fisch angebracht. Dabei soll einer ziemlich an der Schwanzwurzel sitzen, denn vorsichtige Zander packen oft ganz hinten zu. Am Schluss den Kupferdraht durch den Nacken stechen und mehrere Male um den Kopf wickeln.

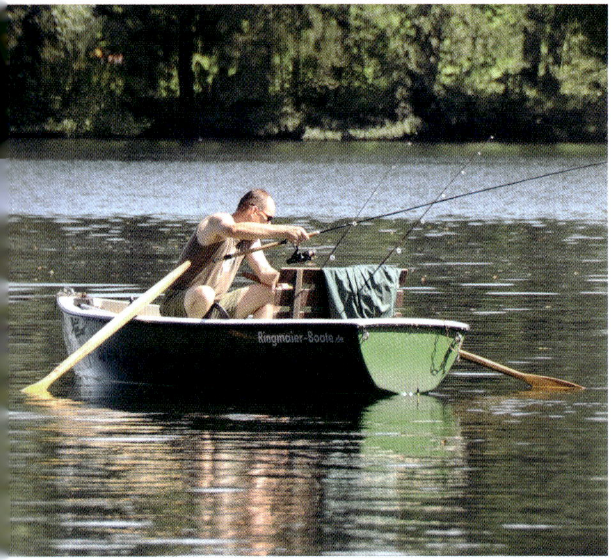

Ideal für das Angeln vom Boot aus.

Geräte- und Ködervorschlag

Rute: Spinnrute mit Spitzenaktion 3,00 bis 3,60 m; Wurfgewicht: 25 bis 50 g

Rolle: Stationärrolle mit 150 m Monofil 0,22 bis 0,25 mm

Köder: Kleine Laube, Döbel, Rotauge, Barsch

TIPP

Üben Sie die richtige Führung des Systems irgendwo in klarem, flachen Wasser, damit Sie ein Gefühl für die notwendigen Rutenbewegungen bekommen.

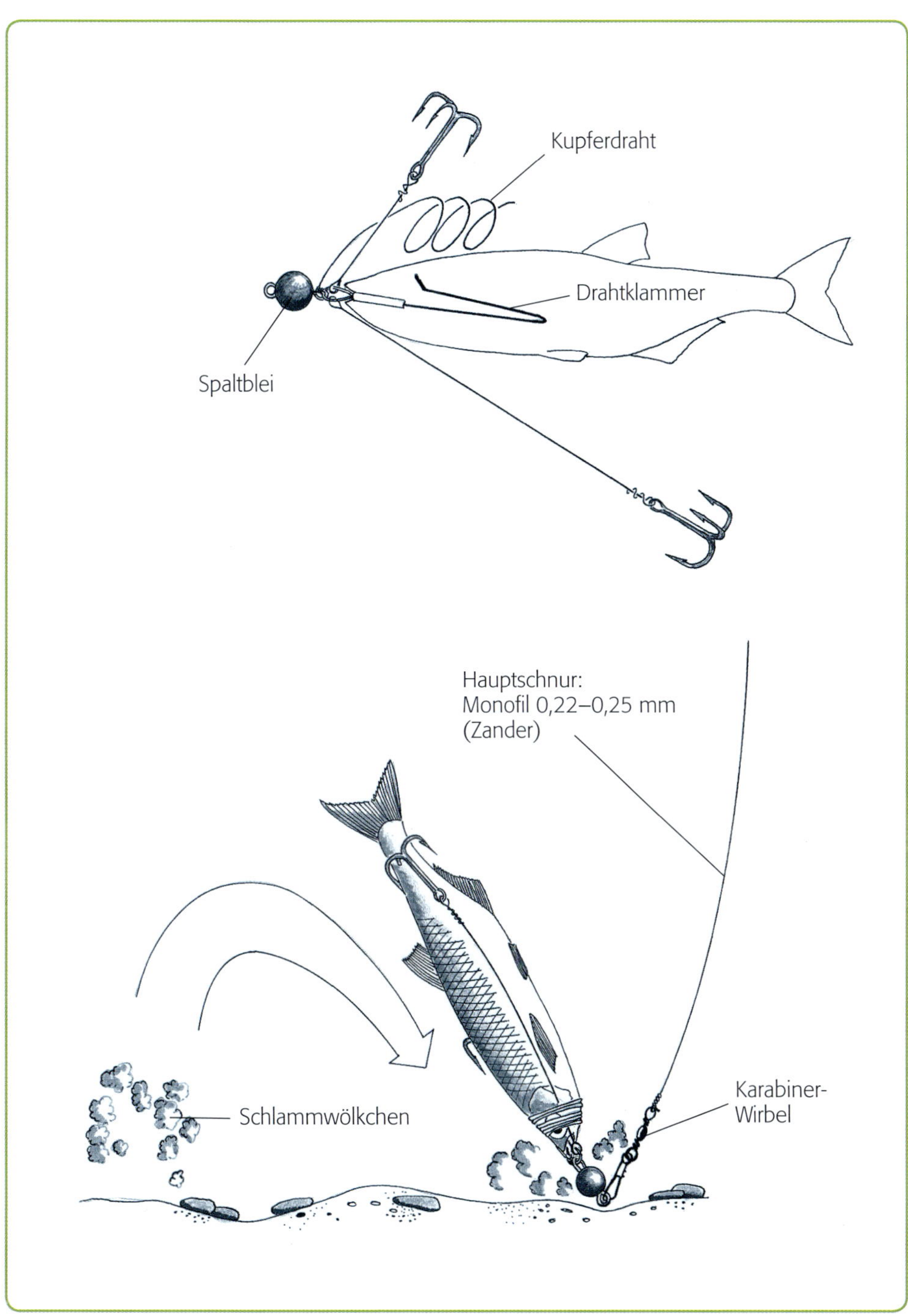
Kupferdraht
Drahtklammer
Spaltblei
Hauptschnur:
Monofil 0,22–0,25 mm
(Zander)
Schlammwölkchen
Karabiner-
Wirbel

Drop-Shot Montage

Alle Gewässer

Zielfische: Barsch, Zander, Forelle u. a. Raubfische

Beschreibung

Die Methode kommt aus den USA und wurde dort von Schwarzbarsch-Anglern zuerst angewendet. Mit einer Drop-Shot Montage ist es möglich auch in sehr kraut- und hindernisreichen Gewässern zu fischen ohne gleich überall hängen zu bleiben. Sie ist besonders geeignet für das Angeln mit kurzen Ruten vom Boot aus, aber auch von Stegen, Pieren, Spundwänden und Steilufern. Da der mit einem Spezialknoten (z. B. Palomar) angeknüpfte und senkrecht von der Schnur abstehende Köder selbst unbeschwert ist, bewegt er sich sehr verführerisch, wenn die Montage phantasievoll vom Angler auf und ab bewegt wird.

Bei uns wird in erster Linie Barschen und Zandern nachgestellt. Experimentierfreudige Angler fangen aber auch andere Fischarten, z. B. Forellen und Hechte (s. S. 108). Manche angeln nicht nur vertikal sondern werfen mit längeren Ruten auch weit aus und holen den Köder dann langsam dicht über dem Grund wieder zurück. Experten empfehlen bei einem Anbiss nicht so heftig wie beim Spinnfischen üblich anzuschlagen. Der Drop-Shot Köder bewegt sich wie schwerelos, die Fische merken den Betrug nicht so schnell, lassen deswegen meist auch nicht so rasch wieder los. Fühlt man einen Kontakt, folgt eine schnelle Kurbelumdrehung, dann wird zügig, aber nicht ruckartig die Rute gehoben. Achten Sie immer auf eine scharfe Hakenspitze.

Geräte- und Ködervorschlag

Rute: Spinnrute (Drop-Shot Rute) mit Spitzenaktion, Länge 2,00 bis 2,90 m; Wurfgewicht: 5 bis 30 g.

Rolle: Stationärrolle mit 100 m Monofil 0,22 bis 0,25 mm oder 0,10 mm Multifil

Köder: Gummischwänze,- fische und -würmer, Streamer, aber auch natürliche Köder wie Kleinfische, Fischstreifen oder Würmer, die gerne auf am Öhr abgewinkelte Drop-Shot Haken aufgezogen werden.

TIPP

Üben Sie die richtige Führung der Montage in klarem Wasser, um das Gefühl für die notwendigen Rutenbewegungen zu entwickeln. Die Ausschläge dürfen nicht übertrieben ausfallen.

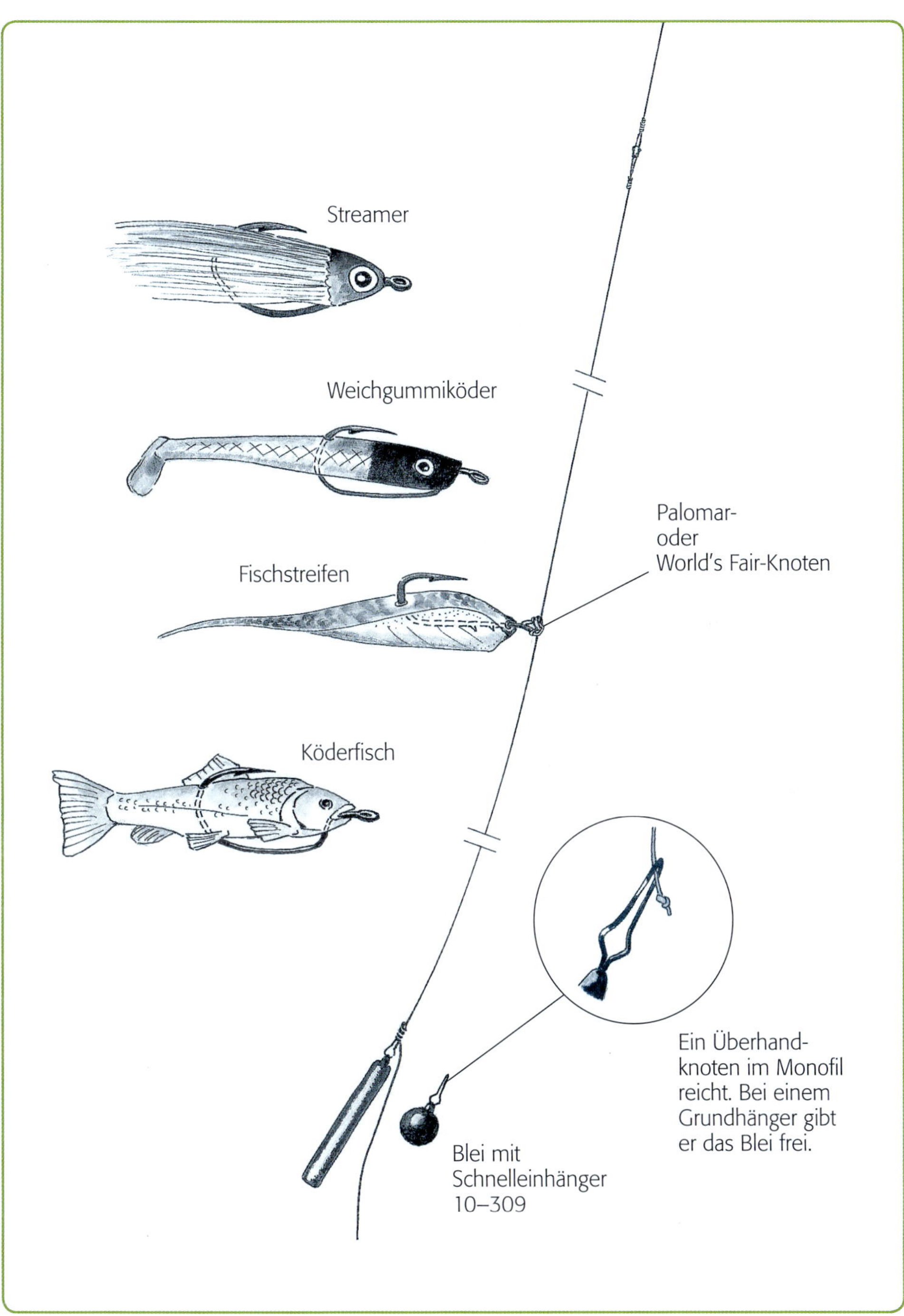
Streamer
Weichgummiköder
Palomar-
oder
World's Fair-Knoten
Fischstreifen
Köderfisch
Ein Überhand-
knoten im Monofil
reicht. Bei einem
Grundhänger gibt
er das Blei frei.
Blei mit
Schnelleinhänger
10–309

Drop-Shot-Montage für Hecht

Seen, langsame tiefere Flüsse

Zielfische: Hecht (Wels)

Beschreibung

Auch Hechte suchen in ihrem Lebensraum die Nähe von mehr oder weniger dichten Wasserpflanzen oder Strukturen und sie finden Drop-Shot Montagen sehr attraktiv. Nicht wenige Freunde dieser Methode machen beim Barsch oder Zanderangeln eine solche Begegnung. Leider kommt es dann oft zum Verlust des Fisches, da kein Raubfischvorfach verwendet wird. Wer gezielt mit größeren Gummifischen etc. und einer Drop-Shot-Montage auf Hecht fischt, sollte ein Stahl-oder Hardmonofilvorfach verwenden. Beide werden am besten mittels Klemmhülse befestigt, das Stahlvorfach auch mit Achterknoten. Eine pfiffige Lösung, um eine waagrechte Führung zu erreichen, bietet ein so genannter Stand-Out Haken, der sich durch einen kurzen Ausleger im Öhrbereich selbst nivelliert. Das zum Senkblei führende Stück Monofil ist in der gleichen Öse angeknüpft und führt dann durch den Ausleger. Ein generelles Wort zur geeigneten Rute: Spezielle im Fachhandel erhältliche »Drop-Shot Ruten«, sind eigentlich nicht notwendig. Eine solide, leichte bis mittlere Spinnrute, wie sie viele Angler bereits besitzen, mit sensibler Spitzenaktion aber einem kräftigen Rückgrat ist ideal. Allgemein gilt: Je weiter man werfen möchte, desto länger sollte die Rute sein. Zum Vertikalfischen reicht auch eine Zweimeter-Rute.

Geräte- und Ködervorschlag

Rute: Mittelstarke Spinnrute mit Spitzenaktion 2,60 bis 3,00 m; Wurfgewicht: 35 bis 50 g.
Rolle: Stationärrolle mit Hauptschnur 100 m Monofil 0,30 bis 0,35 mm.
Köder: Größere Gummischwänze, -fische, Hechtstreamer, Kleinfische.

TIPP

Für Bootsangler eine sehr empfehlenswerte Methode. Experten experimentieren gerne mit Köderfischen, die sie mit unterschiedlichen Aromastoffen behandelt haben.

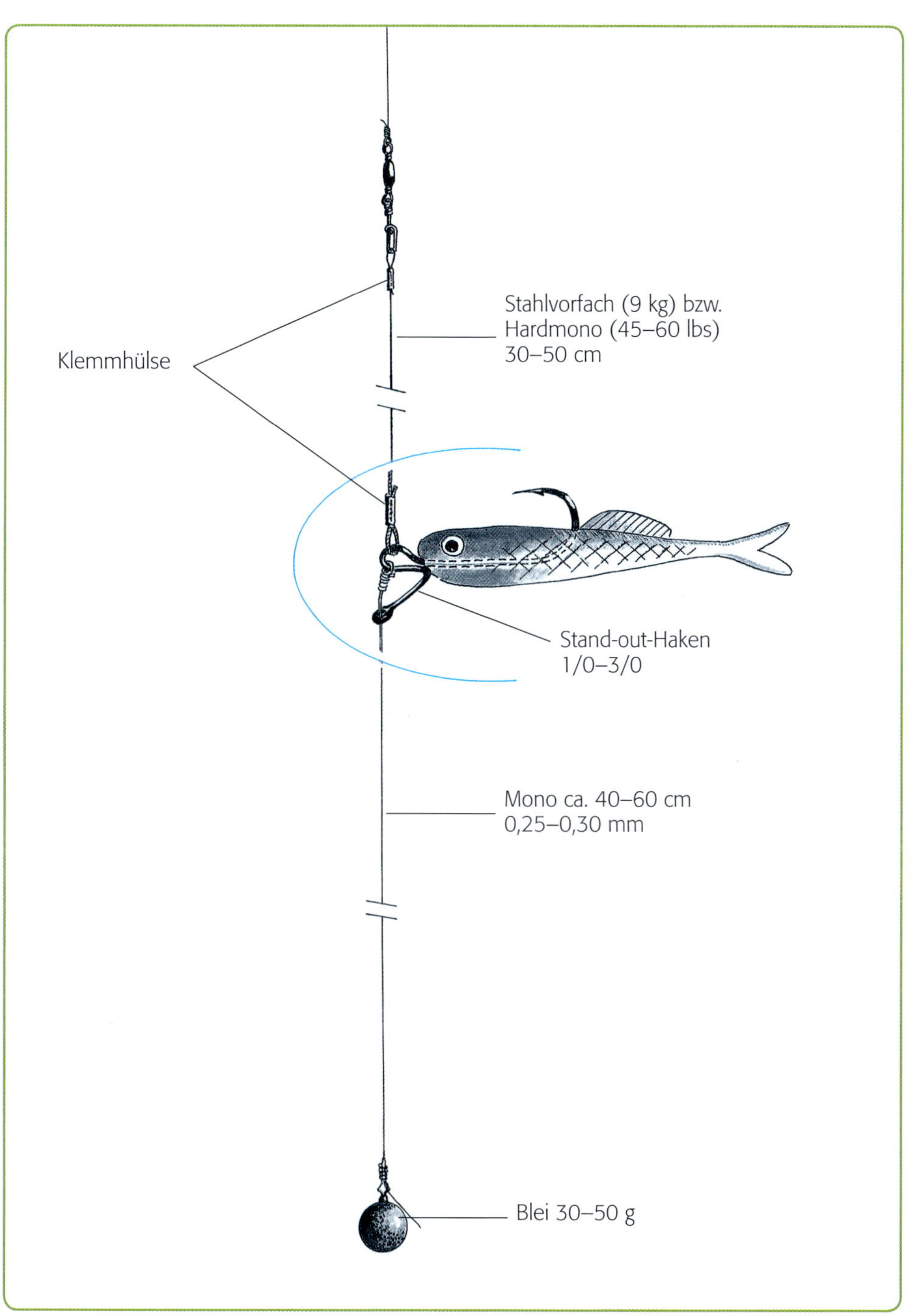
Stahlvorfach (9 kg) bzw.
Hardmono (45–60 lbs)
30–50 cm
Klemmhülse
Stand-out-Haken
1/0–3/0
Mono ca. 40–60 cm
0,25–0,30 mm
Blei 30–50 g

Fireball-Jig Montage

Mittlere bis größere Flüsse, Bagger-, Stau- und Naturseen

Zielfische: Zander, Barsch, Hecht, Forelle u.a. Raubfische

Beschreibung

Der Fireball-Jig stammt ebenfalls aus Nordamerika, wo er zum Eisangeln und Fischen auf Walleye (kleine amerikanische Zanderart) vom Boot aus eingesetzt wird. Bei uns ist er ebenso erfolgreich auf Barsch, Zander und Hecht. Es handelt sich um einen austarierten bunten Jigkopf in unterschiedlichen Farben und Gewichten von 4 bis 40 g mit kurzem eingegossenen Haken. Beködert wird er in der Regel mit einem natürlichen Köderfisch. Der große Hakenbogen wird im Unterkiefer eingestochen und am Kopf wieder herausgeführt. Ein Gummiplättchen hinter dem Widerhaken sichert den Fisch vor dem Abrutschen. Um einen Räuber sicher zu haken, wird in einer Extraöse am kurzen Vorfach ein zusätzlicher »Stinger«-Haken (Einzelhaken oder Drilling) angebracht und in der Flanke oder am Rücken des Fisches durchgestochen. Wo Hechte vorkommen, immer ein Stahlvorfach verwenden. Versierte Bootsangler suchen mit dem Echolot »fischhaltige« Bodenstrukturen und stellen sich genau darüber. Dann steuern sie den Fireball-Jig ganz dicht am Boden entlang und führen dabei extrem kurze Auf- und Abbewegungen mit der Rutenspitze durch. Unwiderstehlich für tiefstehende Zander. Eine leichte Brise ist zum Abfischen der guten Stellen nicht schädlich.

Geräte- und Ködervorschlag

Rute: Spinnrute (Drop-Shot Rute) mit Spitzenaktion 2,00 bis 2,90 m; Wurfgewicht: 5 bis 40 g.
Rolle: Stationärrolle mit 100 m Monofil 0,22 bis 0,25 mm oder 0,10 mm Multifil
Köder: Kleine Köderfische, auch unterschiedliche Gummiköder

TIPP

Halten Sie immer einige Fireball-Jigs in unterschiedlichen Farben und Gewichten bereit. Wenn Sie einen kleinen Schnellwechsel-Clip statt einem Knoten an der Spitze des Vorfachs verwenden, können Sie die Köpfe rascher austauschen.

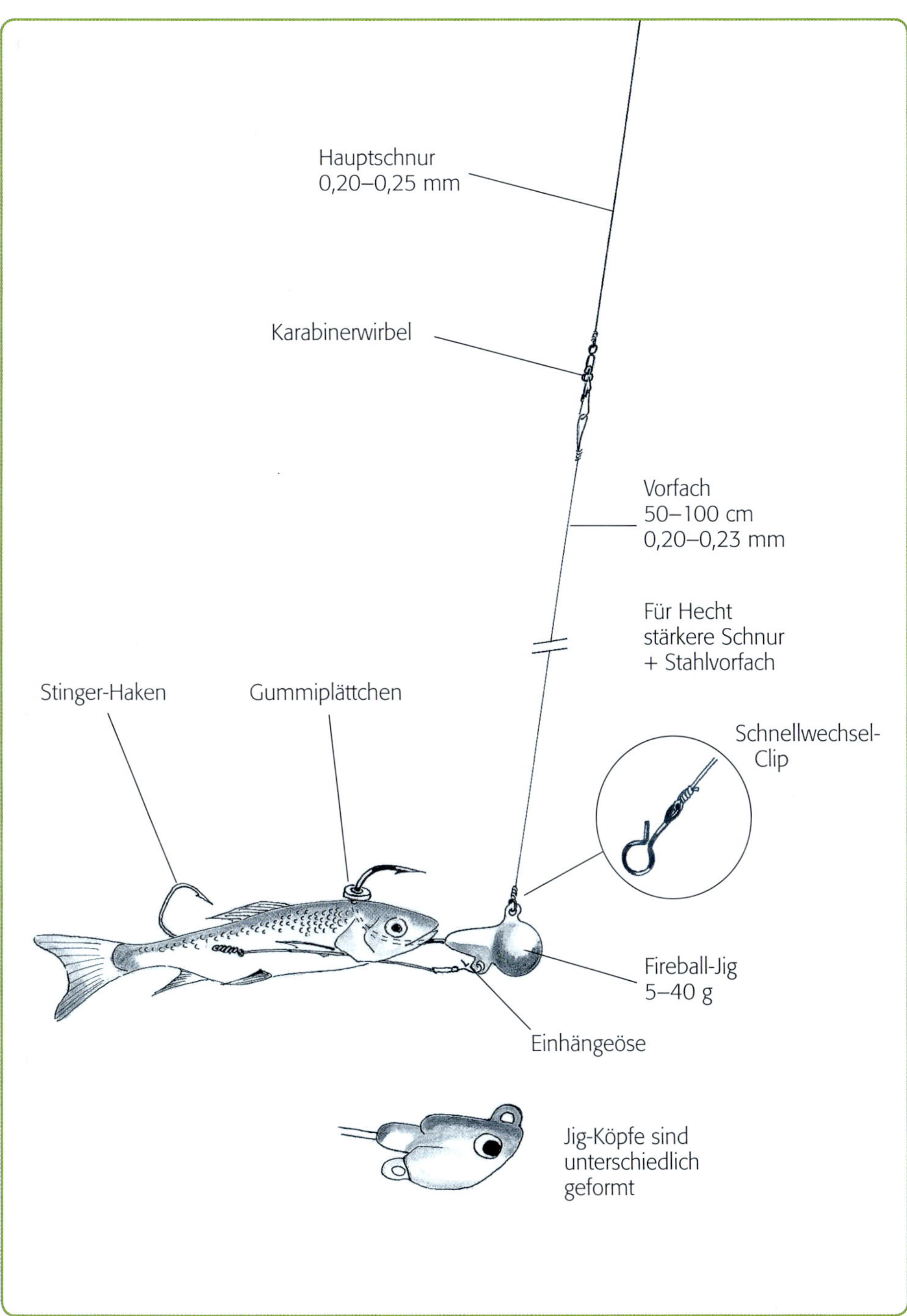
Hauptschnur
0,20–0,25 mm
Karabinerwirbel
Vorfach
50–100 cm
0,20–0,23 mm
Für Hecht
stärkere Schnur
+ Stahlvorfach
Stinger-Haken
Gummiplättchen
Schnellwechsel-
Clip
Fireball-Jig
5–40 g
Einhängeöse
Jig-Köpfe sind
unterschiedlich
geformt

Texas & Carolina Rig

Flüsse, Seen

Zielfische: Barsch, Zander

Beschreibung

Diese beiden Montagen sind bei amerikanischen Schwarzbarschanglern sehr beliebt in hindernisreichen Gewässern. In Europa wird vor allem Barschen und Zandern damit nachgestellt. Die einfache Zusammensetzung aus Bulletblei, Perle und im Gummiköder verborgene oder knapp darüber sitzende Hakenspitze schützt vor Hängern. Während am Texas-Rig das Blei direkt vor dem Haken sitzt, wird am Carolina-Rig ein Stück Vorfach in unterschiedlicher Länge zwischengeschaltet, der Gummiköder schwebt frei am Haken. Die Montage wird in der Regel langsam und phantasievoll durch das Wasser gezupft oder gejiggt. Vor allem beim Carolina-Jig prallt das Bulletblei und die Perle immer wieder geräuschvoll aufeinander. Das dabei entstehende knackende Geräusch soll die Raubfische aufmerksam machen. Nach Auskunft von einigen Drop-Shot Experten kommen die meisten Bisse in der Phase des langsamen Wiederabsinkens, nachdem das Rig vorher hoch gezupft und die Perle geräuschvoll vom Blei getroffen wurde. Der Biss eines Zanders fühlt sich oft relativ hart an, trotzdem wartet man einen Moment mit dem Anschlag. Der Fisch soll zuerst mit dem Köder wenden, sonst zieht man ihm den Haken oft wieder aus dem harten Maul heraus.

Geräte- und Ködervorschlag

Rute: Leichte Spinnrute mit Spitzenaktion 2,00 bis 2,70 m; Wurfgewicht: 10 bis 20 g.
Rolle: Kleine Stationärrolle mit 100 m Monofil 0,20 bis 0,25 mm
Köder: Vor allem bewegliche Gummiwürmer, -fischchen u. ä.; auch Naturköder (Tauwurm)

TIPP

Im Sommer werden die Rigs schneller und aggressiver, im Winter eher langsamer geführt. Eine gute Methode beim Carolina-Rig ist auch langsames Anheben und Senken der Rute. Sobald das Blei auf dem Boden trifft, taumelt der Köder langsam und verführerisch hinterher.

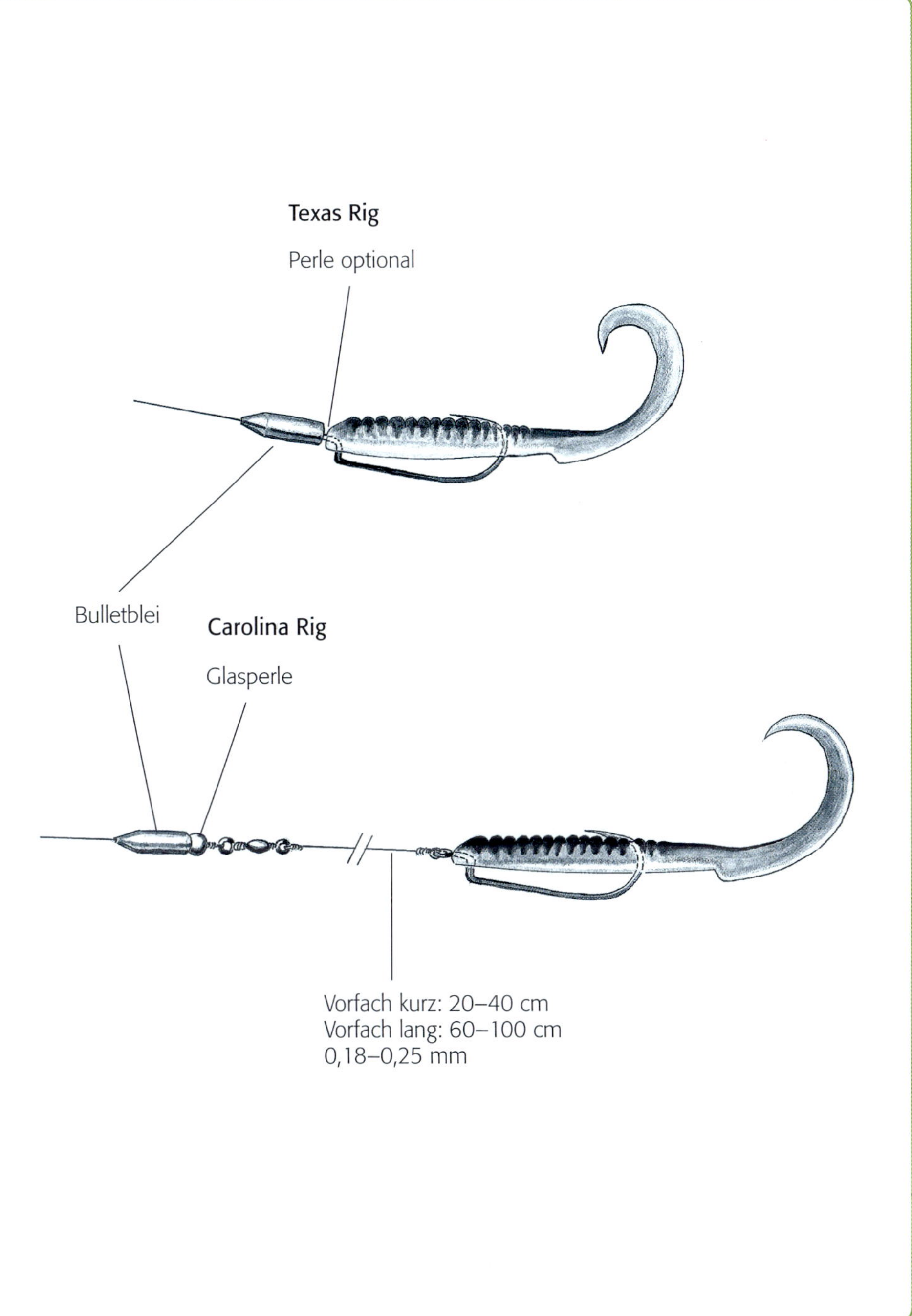
Texas Rig
Perle optional
Bulletblei
Carolina Rig
Glasperle
Vorfach kurz: 20–40 cm
Vorfach lang: 60–100 cm
0,18–0,25 mm

Mit dem »Spirolino«

Große Stillwasser und Flüsse, Küste

Zielfische: Hecht, Saibling, Meerforelle, Zander, Barsch.
Am Meer: Pollack, Makrele, Dorsch, Hornhecht etc.

Beschreibung

Der Spirolino (Sbirullino, Bombarde) kommt aus Italien. Es handelt sich dabei um eine spezielle Wurfpose zum sehr weiten Auswerfen von leichten und kleinen Ködern. Je nach Art des Spirolinos kann der Köder in allen Wassertiefen angeboten werden, denn Spirolinos gibt es in verschiedenen Größen, Gewichten sowie in schwimmenden bis schnell sinkenden Ausführungen. Die Methode eignet sich für viele räuberische Fischarten, auch im Meer lässt sich damit angeln. Die Vorfachlänge vor dem Spirolino beträgt ein bis zwei Meter. Nach dem Absinken der Montage bis in die gewünschte Wassertiefe, beginnt man in der passenden Geschwindigkeit Schnur einzuholen.

Zuerst wird der Spirolino auf die Schnur geschoben, gefolgt von einer Gummi-Stopperperle, die den Knoten am Vorfachwirbel vor dem Druck der Wurfpose schützt. Die skizzierte Montage ist für Hechte gedacht. Für Zander und Barsch nimmt man kleinere Streamer und wechselt das Stahlvorfach gegen etwa 25 cm, 0,20 bis 0,25 mm starkes, Monofil aus. Das steife längere Vorfachmonofil (0,40 bis 0,50 mm) belässt man, als Schutz gegen Verwicklungen beim Wurf.

Geräte- und Ködervorschlag

Gerätevorschlag (für Hecht)
Rute: Spinnrute, Länge 2,70 bis 3,60 m; Wurfgewicht: 30 bis 50 g
Schnur: Multifil 0,15 bis 0,20 mm mit ca. 6 m monofiler Schlagschnur (0,35 mm)
Köder: Hecht-Streamer Gr. 1/0 bis 3/0.
Für andere Raubfische kleine Streamer, Gummischwänzchen etc.

TIPP

Hecht-Streamer mit Bleiaugen werfen sich an der Fliegenrute nicht besonders gut, für den Spirolino sind sie zu empfehlen. Durch ruckweises Einholen schwimmt der Streamer in einer verführerischen Wellenlinie auf und ab. Viele Hechte finden das unwiderstehlich.

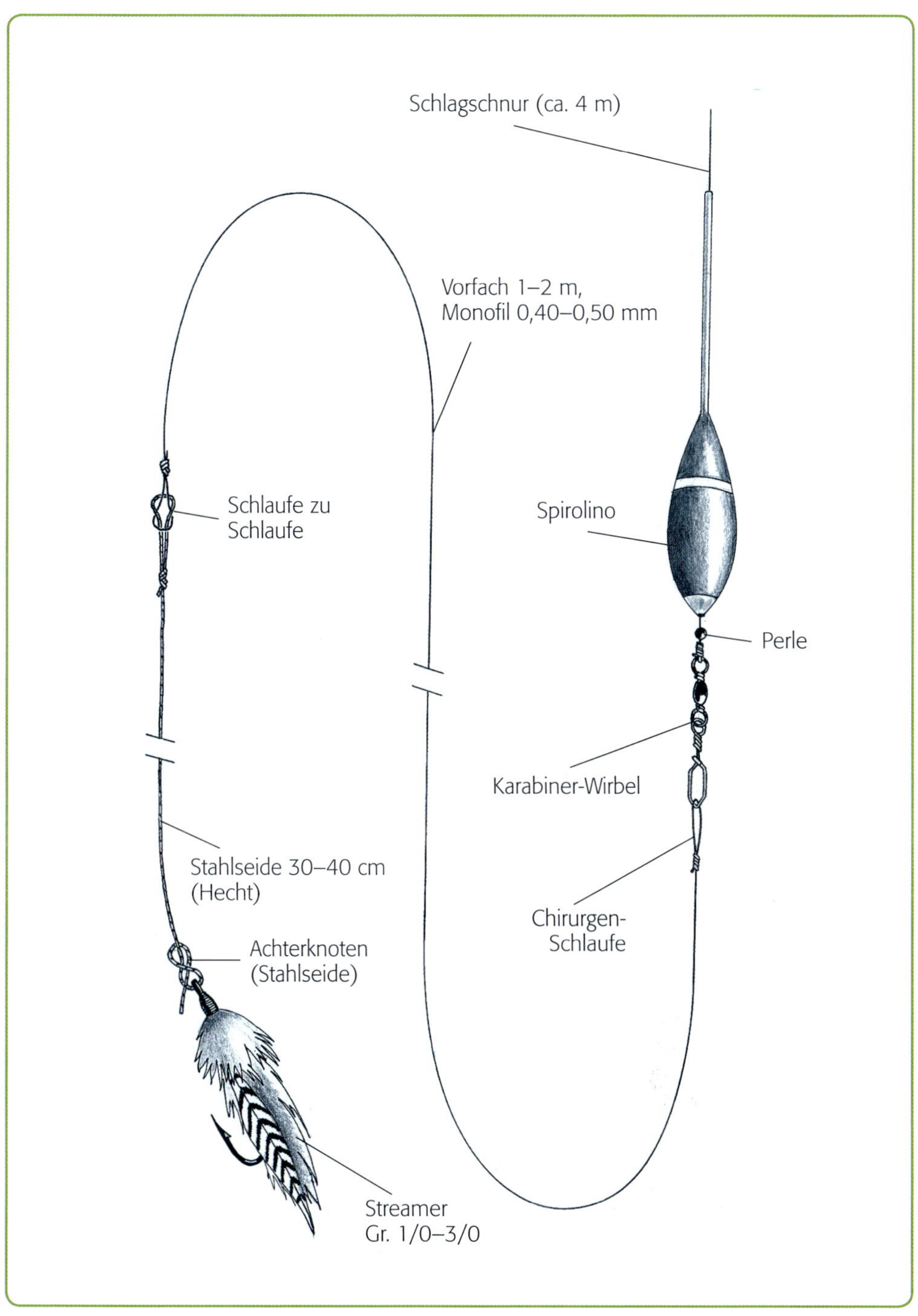
Schlagschnur (ca. 4 m)
Vorfach 1–2 m,
Monofil 0,40–0,50 mm
Schlaufe zu
Schlaufe
Spirolino
Perle
Karabiner-Wirbel
Stahlseide 30–40 cm
(Hecht)
Chirurgen-
Schlaufe
Achterknoten
(Stahlseide)
Streamer
Gr. 1/0–3/0

Das Trockenfliegenvorfach

Universell für Fließ- und Stillgewässer

Zielfische: Forelle, Äsche, Döbel, Rotauge, Karpfen u.a.

Beschreibung

Für das Fliegenfischen gibt es im Handel knotenlos verjüngte Monofilvorfächer. Der durchmesserstarke, obere Teil (Butt) leitet dabei die Energie des Wurfes von der Fliegenschnur zur sich nach vorne verjüngenden Mittelsektion weiter, hier wird die Geschwindigkeit bereits etwas abbremst, bis schließlich die feine, parallele Vorfachspitze (Tippet) sanft auf das Wasser sinkt. Die Länge der Vorfachspitze an handelsüblichen Vorfächern fällt allerdings mit rund 60 bis 70 cm oft etwas knapp aus und wird mit jedem Anknüpfen einer neuen Fliege noch kürzer. Das verhindert zunehmend eine ideale Präsentation des jeweiligen Musters.
Manche Fliegenfischer schneiden diese Spitze deswegen gleich zu Anfang weg und knüpfen am Beginn des Mittelteils ein kleines Vorfachringchen an. Daran kommt ein individuelles Tippet von 100 bis 150 cm Länge. Das unterstützt eine ungehinderte Drift und gibt Raum für etliche Fliegenwechsel.
Um die richtige Stelle für den Ring zu finden, greift man den Anfang der Vorfachspitze zwischen Daumen und Zeigefinger und führt diese an sich selber zurück. Sobald eine Seite stärker wird als die andere ist man angekommen.

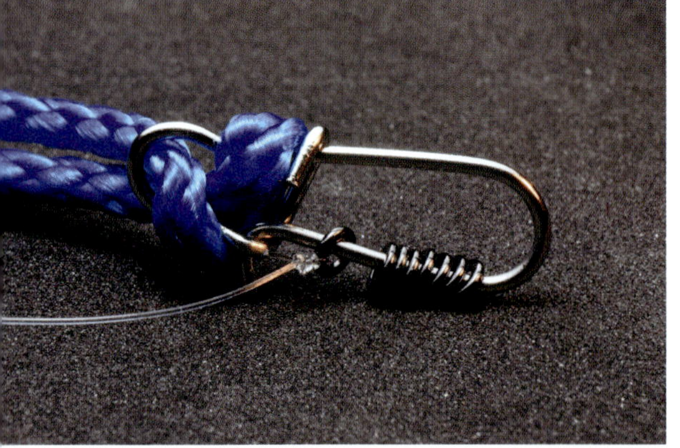

Geräte- und Ködervorschlag

Rute: Fliegenrute 2,45 bis 2,70 m, Schnurklasse (AFTMA) 3 bis 6
Rolle/Schnur: Kleine bis mittlere Fliegenrolle mit Fliegenschnur WF-F, DT-F, TT-F, AFTMA 3–6 und 50 m Nachschnur (Backing)
Für Wind-Vorfach: WF-F evtl. mit kurzem Front-Taper, Schnurklasse 5–6
Köder: Trockenfliegen, leichte Nymphen (Hare's Ear, Pheasant Tail u.ä.), Nassfliegen

Sicherer Vorrat:
Mehrere Vorfachringchen am Karabiner.

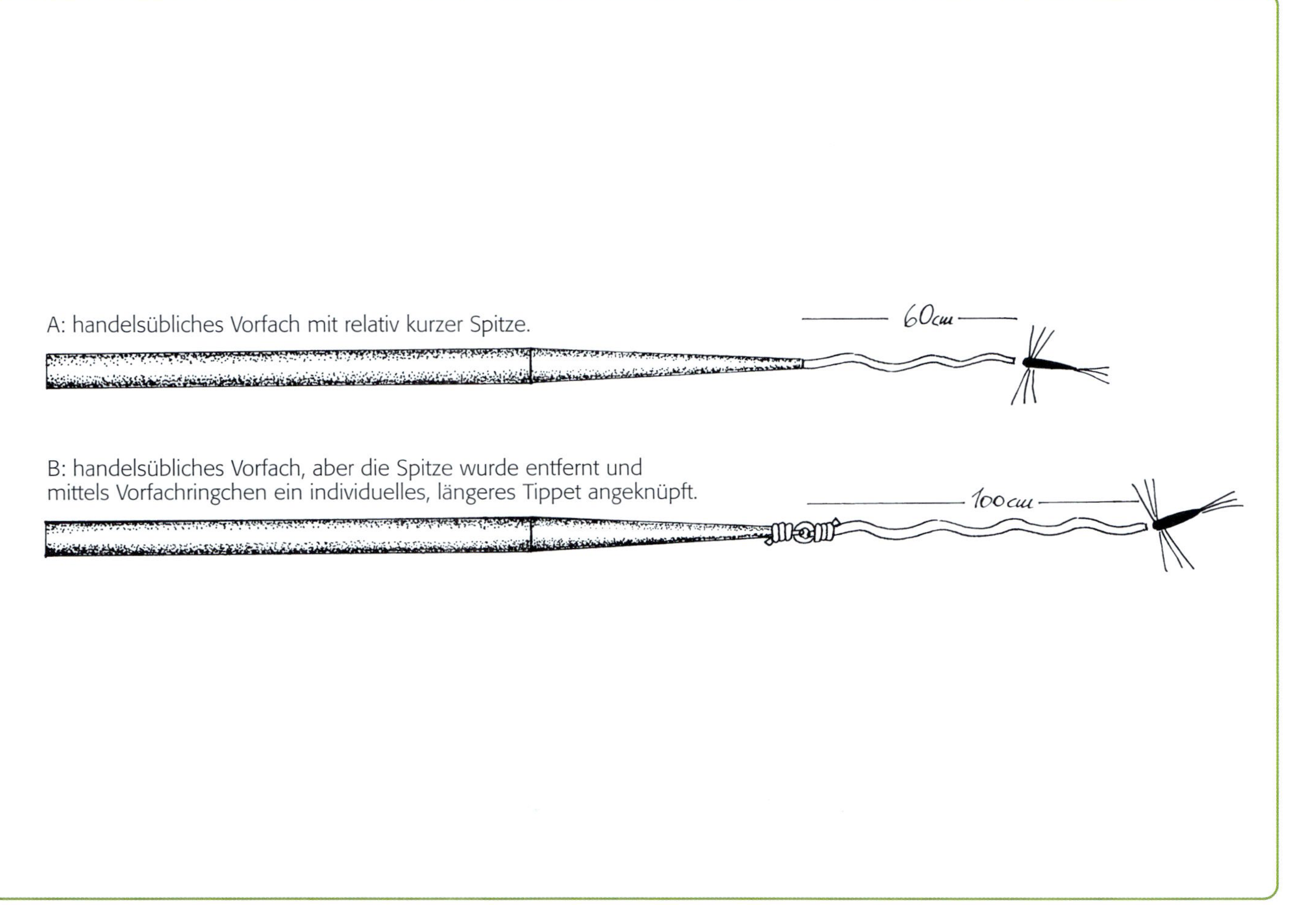

A: handelsübliches Vorfach mit relativ kurzer Spitze.

B: handelsübliches Vorfach, aber die Spitze wurde entfernt und mittels Vorfachringchen ein individuelles, längeres Tippet angeknüpft.

Beschwerte Nymphe in Grundnähe

Gumpen in Bächen und kleineren Flüssen

Zielfische: Forellen, Äschen, Barben

Beschreibung

Beschwerte Nymphen, die knapp über dem Grund eines Fließgewässers dahintreiben sollen, müssen stromauf angeboten werden. Nur so können sie an einem locker ausgelegten Vorfach schnell absinken und dann am Gewässerboden entlangtrudeln. Die Vorfachlänge ist von Strömungsgeschwindigkeit und Wassertiefe abhängig und beträgt etwa das 2 bis 2,5 fache der vorhandenen Wassertiefe. Es wird kein verjüngtes Vorfach verwendet. Das dicke Oberteil würde den Absinkvorgang zu sehr verlangsamen. Der Durchmesser des Nylons liegt durchgehend bei etwa 0,18 bis 0,20 mm. Manche Fliegenfischer bringen am unteren Ende zusätzlich eine kurze etwa 20 bis 30 cm lange Spitze aus etwas dünnerem Monofil (0,16 mm) an. Sie verleiht der Nymphe mehr Bewegung, außerdem lässt sich über dem Verbindungsknoten als zusätzliche Beschwerung ein Spaltblei anbringen, das somit nicht bis zum Haken durchrutschen kann. Ein Bissanzeiger an der Spitze der Fliegenschnur erleichtert die Bisserkennung erheblich.

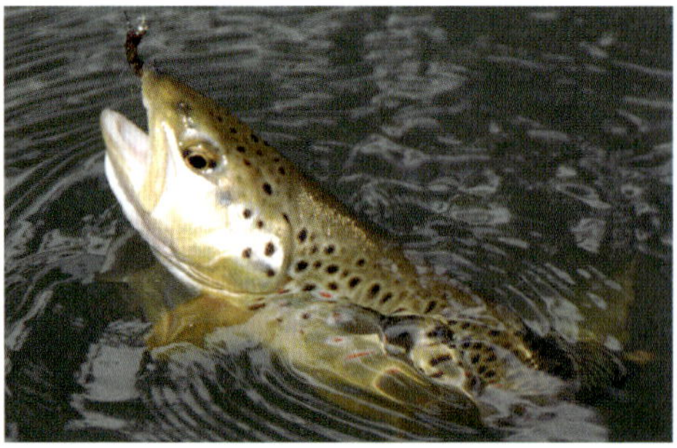

Bachforelle auf Goldkopfnymphe

Geräte- und Ködervorschlag

Rute: Fliegenrute, Länge: 2,60 bis 2,75 m für Schnurklasse (AFTMA) 5 bis 6

Rolle/Schnur: Mittlere Fliegenrolle mit schwimmender Fliegenschnur WF-F oder DT-F (AFTMA) 5 bis 6. Spezialschnüre zum Nymphenfischen mit etwas dickerem Spitzenteil erleichtern das Anbieten von beschwerten Mustern.

Köder: Goldkopfnymphen, Arthofer, Steinfliegennymphen, Köcherfliegenlarven u. ä.

TIPP

Ein Bissanzeiger aus Polypropylen-Garn gleitet beim Landen eines Fisches anstandslos durch den Spitzenring. Das Garn wird dazu einfach an der gewünschten Stelle in das Vorfach eingeschlauft und kann jederzeit wieder entfernt werden. Naturwolle ist ungeeignet. Sie saugt sich mit Wasser voll.

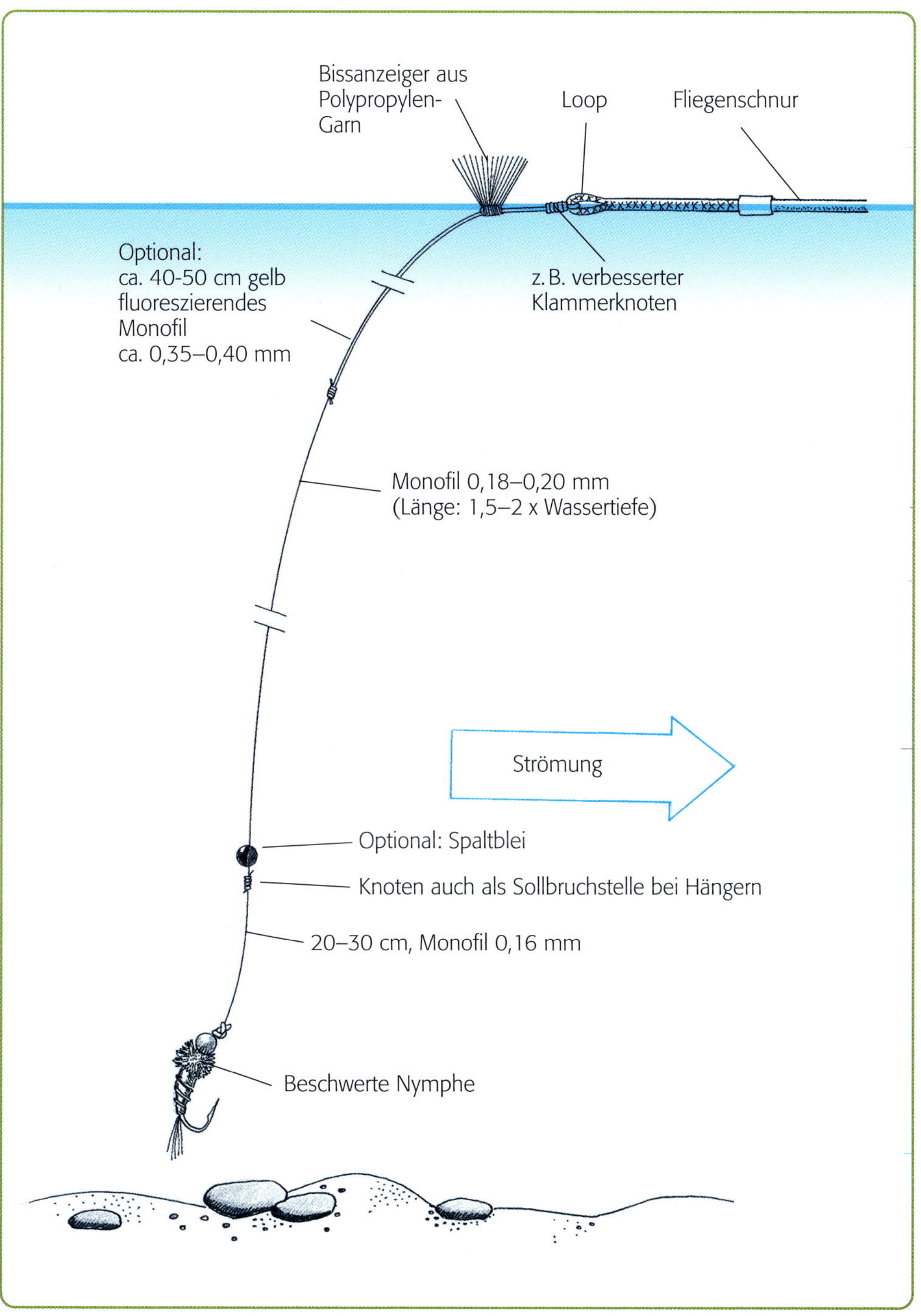
Bissanzeiger aus Polypropylen-Garn
Loop
Fliegenschnur
Optional:
ca. 40-50 cm gelb fluoreszierendes Monofil
ca. 0,35–0,40 mm
z. B. verbesserter Klammerknoten
Monofil 0,18–0,20 mm
(Länge: 1,5–2 x Wassertiefe)
Strömung
Optional: Spaltblei
Knoten auch als Sollbruchstelle bei Hängern
20–30 cm, Monofil 0,16 mm
Beschwerte Nymphe

Kombi-Montage: Trockenfliege-Aufsteigernymphe (Variante 1)

Flachbereiche von Fließ- und Stillgewässern

Zielfische: Forelle, Döbel, Rotauge, Rotfeder, auch Karpfen, im Fluss auch Rapfen

Beschreibung

Bei einem Insektenschlupf nehmen die Fisch oft vorwiegend die aufsteigenden Nymphen auf dem Weg zur Oberfläche. In diesem Fall sind auch bei einem guten Schlupf relativ wenige oberflächenaktive Fische zu sehen.

Die hier gezeigte Kombination zweier Fliegenmuster hat sich ganz besonders im Stillwasser bewährt, vor allem bei wenig oder keinem Wind und damit ziemlich unbewegter Wasseroberfläche. Die Fliegen werden im Bereich der umherkreuzenden Fische ausgelegt, dann wartet man bis diese sie finden. Bitte häufiges Werfen vermeiden! Die Trockenfliege hält die Nymphe, wie eine Pose, in einer bestimmten Tiefe, dient als »Attractor«, also als Reizfliege und als Bissanzeiger, falls sie nicht selbst genommen wird. In krautreichen Bereichen, den Hakenbogen der Trockenfliege besser abzwicken. Dann fängt zwar nur noch die Nymphe, aber die Gefahr, dass die lose Fliege, beim Drill in den Pflanzen, hängen bleiben würde, wäre zu groß. Dann ist der Verlust des Fisches vorprogrammiert.

Geräte- und Ködervorschlag

Rute: Fliegerute, Länge 2,70 bis 3,00 m, Schnurklasse: 5 (Bach) bis 7 (größere Gewässer)

Rolle/Schnur: Fliegenrolle mit Schwimmschnur DT oder WF-F, AFTMA 5 bis 7 und ca. 50 m Nachschnur (Backing)

Köder: Größere gut schwimmende Trockenfliege und kleinere unbeschwerte Nymphe (z. B. Hare's Ear, Pheasant Tail, Zuckmücken-Puppe im Stillwasser u. ä.)

TIPP

Beim Anknüpfen der Vorfachspitze lässt man das obere Knotenende ca. 20 cm lang als Springer für die Trockenfliege stehen. Nach dem Anknüpfen der Fliege beträgt die Länge noch 7–10 cm. Abhängig von den Lichtverhältnissen Trockenfliegen mit hellen oder dunklen Flügeln wählen. Dunkles Wasser (Schatten) = helle Flügel. Helles Wasser (Gegenlicht) = dunkle Schwingen!

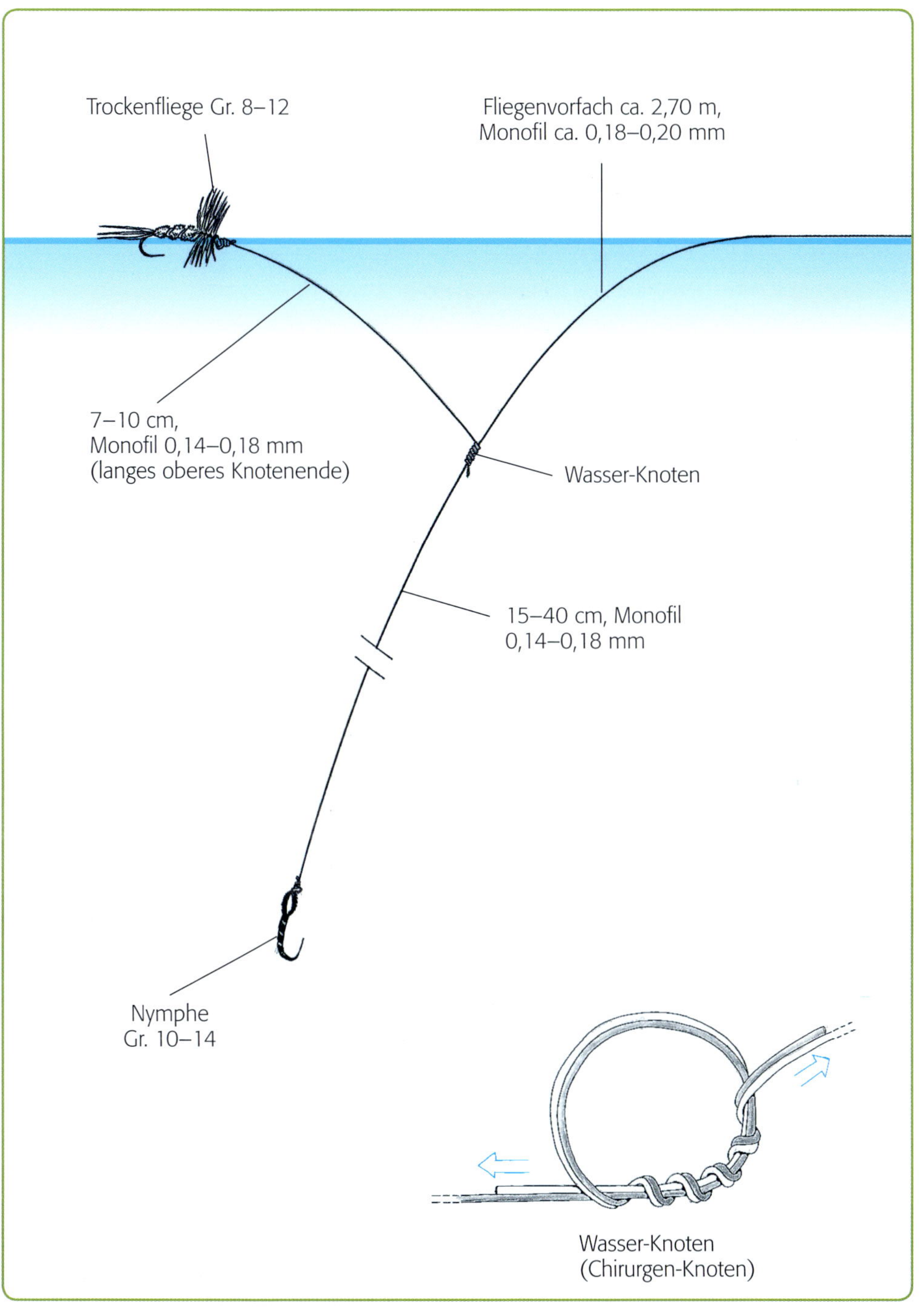
Trockenfliege Gr. 8–12
Fliegenvorfach ca. 2,70 m,
Monofil ca. 0,18–0,20 mm
7–10 cm,
Monofil 0,14–0,18 mm
(langes oberes Knotenende)
Wasser-Knoten
15–40 cm, Monofil
0,14–0,18 mm
Nymphe
Gr. 10–14
Wasser-Knoten
(Chirurgen-Knoten)

Kombi-Montage: Trockenfliege-Aufsteigernymphe (Variante 2)

Flachbereiche von Fließ- und Stillgewässern

Zielfische: Forelle, Döbel, Rotauge, Rotfeder, Karpfen

Beschreibung

Um spontan eine Nymphe mit einer Trockenfliege zu kombinieren, knotet man einfach die gewünschte Länge Monofil in den Hakenbogen (z.B. Clinchknoten). Ist der Knoten richtig festgezogen, rutscht er auch bei angedrücktem Widerhaken nicht über die Hakenspitze.
Vorteil: Wegen des fehlenden Springer-Seitenarms kommt es weniger zu Verwicklungen beim Werfen. Wird die Nymphe genommen, bleibt die Trockenfliege nicht so leicht in Pflanzen hängen, da der Fisch sie mit dem runden Hakenbogen hinter sich her zieht und die Spitze keinen Halt findet.
Nachteil: Das Vorfach vor der Trockenfliege treibt gerne auf der Oberfläche und kann Lichtreflexe erzeugen (also gut entfetten), im Gegensatz zum Vorfach der Variante 1, bei der das Monofil unter Wasser gezogen wird und damit für den Fisch weniger sichtbar ist.

Geräte- und Ködervorschlag

Rute: Fliegenrute, Länge 2,70 bis 3,00 m, Schnurklasse: 5 (Bach) bis 7 (größere Gewässer)
Rolle/Schnur: Fliegenrolle mit Schwimmschnur DT oder WF-F, AFTMA 5 bis 7 und ca. 50 m Nachschnur (Backing)
Vorfach: Verjüngt, Länge 3,0 bis 4,5 m (je ruhiger das Wasser, desto länger)
Köder: Größere gut schwimmende Trockenfliege und kleinere unbeschwerte Nymphe (z.B. Hare's Ear, Pheasant Tail, Zuckmücken-Puppe im Stillwasser u.ä.)

TIPP

Wenn sich nichts tut, zupfen Sie ganz vorsichtig ein wenig an der Schnur. Die Trockenfliege wirft ein paar kleine Wellen, die Nymphe steigt etwas auf und fällt dann wieder zurück. Meistens nimmt der Fisch dann die Nymphe.

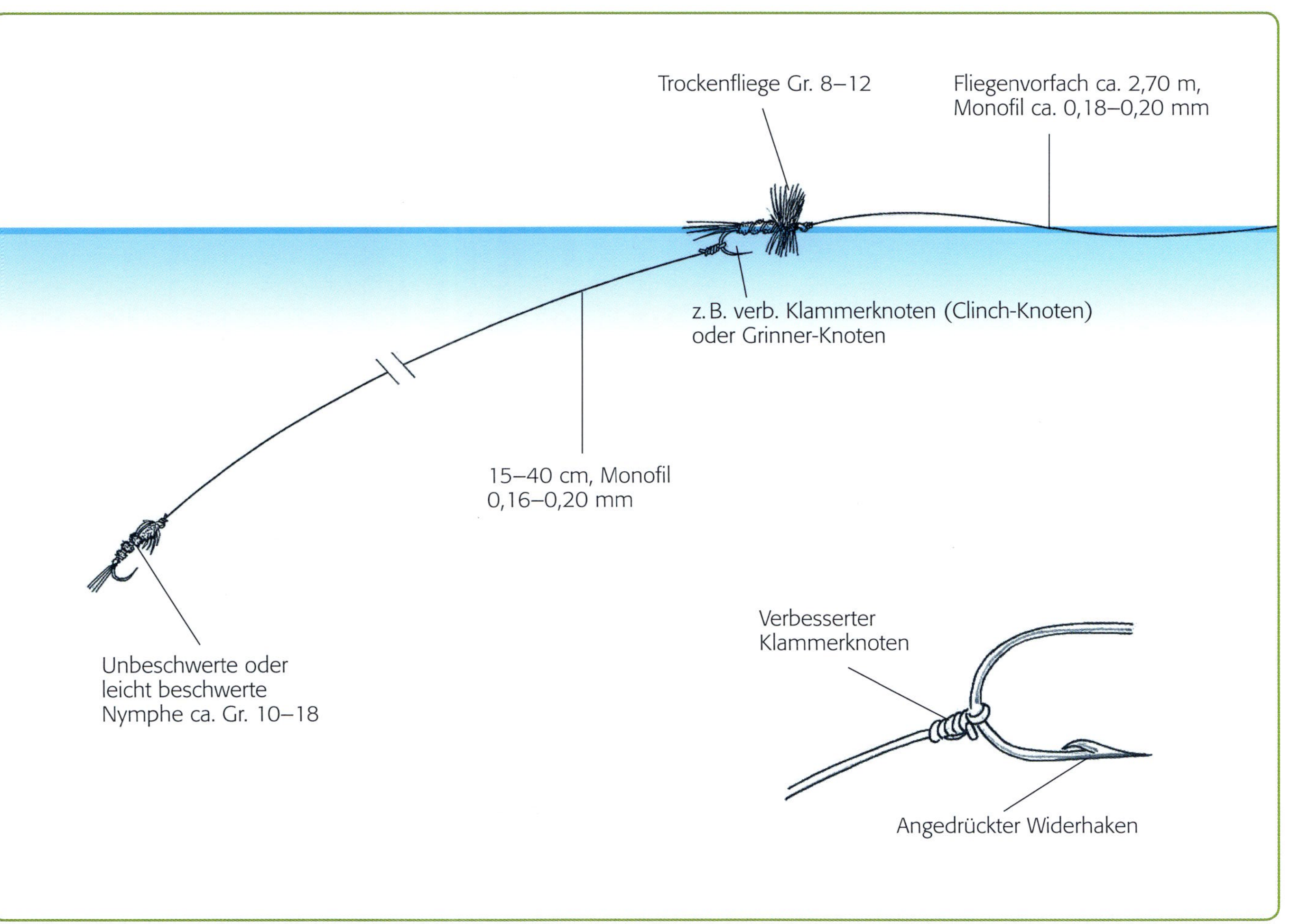
Trockenfliege Gr. 8–12
Fliegenvorfach ca. 2,70 m,
Monofil ca. 0,18–0,20 mm
z. B. verb. Klammerknoten (Clinch-Knoten)
oder Grinner-Knoten
15–40 cm, Monofil
0,16–0,20 mm
Unbeschwerte oder
leicht beschwerte
Nymphe ca. Gr. 10–18
Verbesserter
Klammerknoten
Angedrückter Widerhaken

Fliegenvorfach für Lachs

Lachsflüsse

Zielfische: Lachs, Meerforelle

Beschreibung

Gefischt wird prinzipiell wie mit der Nassfliege auf Forellen, indem die Schnur schräg stromabwärts ausgeworfen wird. Vorfach und Fliege schwingen dann mit der Strömung über die Standplätze der Lachse. Mit dem gezeigten einfach gestuften Vorfach sind Sie jederzeit für kleinere bis mittelgroße Lachse gut gerüstet: 3,0 m Monofil der Stärke 0,35 mm und einer ca. 50 cm langen Spitze aus Monofil 0,30 mm, bei klarem Niedrigwasser auch 0,25 mm. Schneidet man das obere Ende des Verbindungsknotens von Vorfach zur Spitze nicht kurz ab, sondern lässt eine Länge von etwa 15–20 cm stehen, kann man unter hindernisfreien Gewässerverhältnissen eine Springerfliege daran knüpfen.
Je nach Größe der zu erwartenden Lachse wird das Vorfach in der Stärke angepasst. An kleineren Flüssen und für kleinere Lachse benötigt man nicht unbedingt eine Zweihandrute.

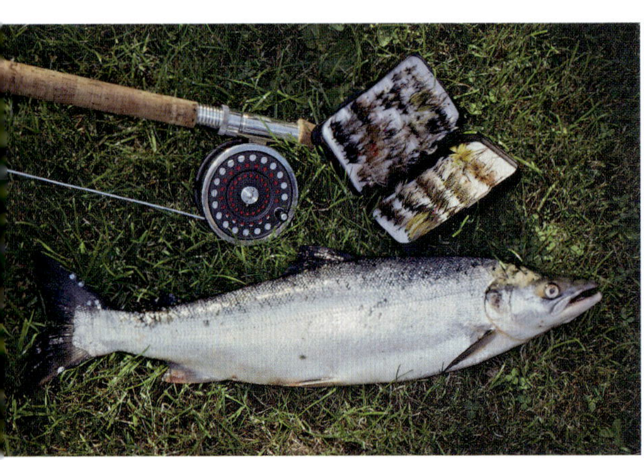

Drei-Kilo-Lachs aus Irland.

Geräte- und Ködervorschlag

(kleinere Lachse, Grilse)
Rute: Einhand-Fliegenrute, mittelschnell, Länge 2,70 bis 3,30 m, Schnurklasse 7 bis 8
Rolle/Schnur: Größere Fliegenrolle mit Fliegenschnur DT oder WF 7 bis 8. Schwimmende oder leicht sinkende Ausführung (Intermediate) und ca. 100 m Nachschnur (Backing)
Köder: Traditionelle Lachsfliegen aber auch Forellen-Nassfliegen (z. B. March Brown, Butcher, Watsons' Fancy). Muster mit weichem Haarschwingen spielen im Wasser besonders lebendig.

TIPP

Die Fliegengröße hängt vom Pegelstand ab. Im Sommer: Große Fliege (Gr. 6 bis 8) bei hohem Wasser, kleine Fliege (Gr. 10 bis 14) bei niedrigem Wasser.

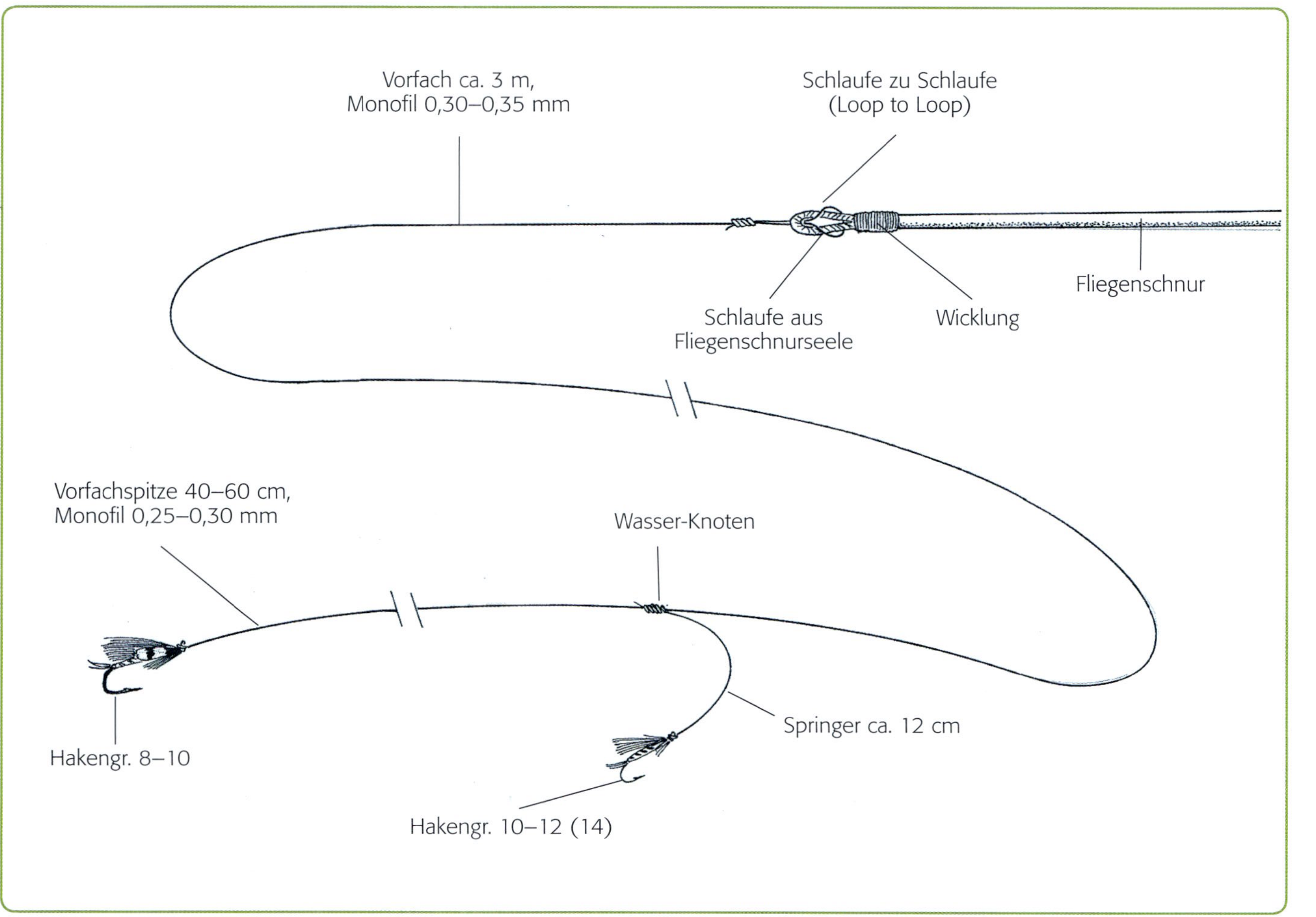
Vorfach ca. 3 m,
Monofil 0,30–0,35 mm
Schlaufe zu Schlaufe
(Loop to Loop)
Schlaufe aus
Fliegenschnurseele
Wicklung
Fliegenschnur
Vorfachspitze 40–60 cm,
Monofil 0,25–0,30 mm
Wasser-Knoten
Hakengr. 8–10
Springer ca. 12 cm
Hakengr. 10–12 (14)

Vorfach für schnell sinkende Fliegenschnur

Tiefere Fließ- und Stillgewässer

Zielfische: Forelle, Saibling, pazifische Lachse

Beschreibung

Während beim oberflächennahen Fliegenfischen immer ein mehr oder weniger langes Vorfach zum Einsatz kommt, ist in der Tiefe ein kurzes Vorfach i. d. R. vorteilhafter. Begründung: Bisse in der Tiefe werden in der Regel gefühlt und nicht gesehen. Ein langes Vorfach würde in der Tiefe zu sehr »umherflattern«. Der Kontakt zur Fliegenschnur wäre nicht gegeben und ein Anbiss bliebe möglicherweise unbemerkt. Ein kurzes Vorfach von 50 bis 100 cm liegt dagegen erheblich gestreckter im Wasser, deswegen überträgt sich ein Biss besser. Eine Verjüngung ist in der Regel nicht notwendig. Die Vorfachstärke liegt zwischen 0,25 bis 0,40 mm je nach Fischart.

Geräte- und Ködervorschlag

Rute: Fliegenrute, Länge 2,70 bis 3,05 m (schnelle bis mittelschnelle Aktion), Schnurklasse 5 bis 9 (je nach Fischart)
Rolle/Schnur: Mittelgroße Fliegenrolle mit Fliegenschnur WF (Weight Forward), medium- bis ultra-fast sinkend, auch Schusskopf-System
Köder: Sehr gute Streamer sind z. B.: Matuka, Clouser's Deep Minnow, Woolly Bugger, Grey Ghost.

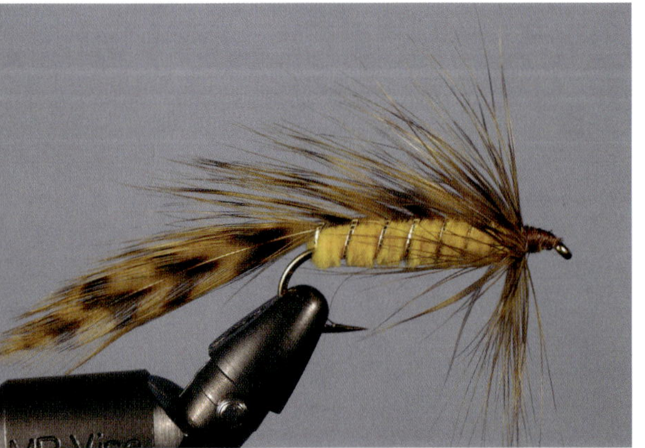

Matuka-Streamer

TIPP

Fische sucht man in verschiedenen Tiefen mit der Count-Down Methode. Nach dem Auswerfen im Sekundenabstand bis 5 zählen und einholen, beim nächsten Wurf bis 10 zählen, dann bis 15 usw. Beißt z. B. bei der 25er Stufe ein Fisch, lässt man beim nächsten Mal wieder bis 25 sinken. Auf der Verpackung der Fliegenschnur steht die Sinkgeschwindigkeit in ips (inch per second, Zoll (2,54 cm) pro Sekunde).

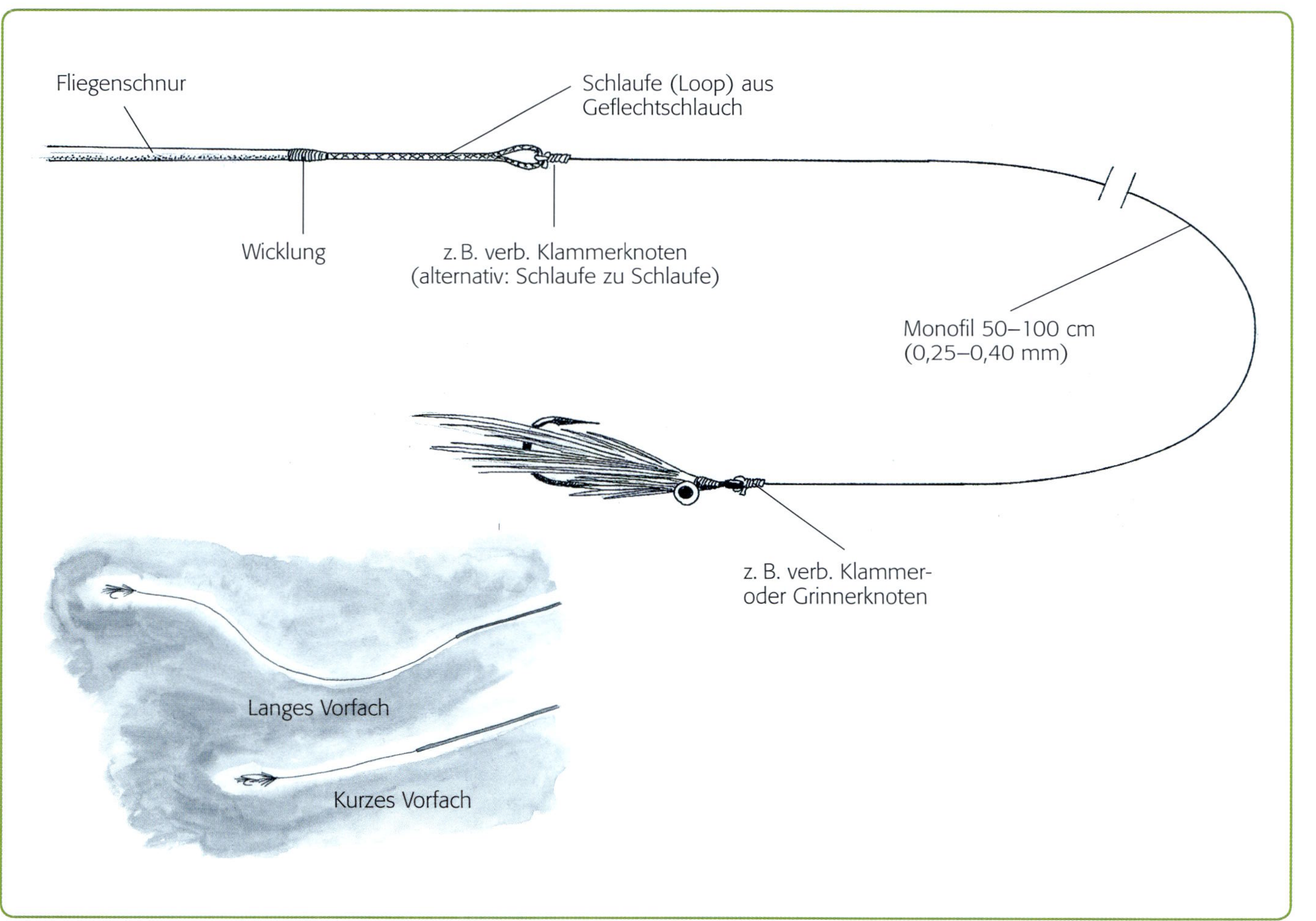
Fliegenschnur
Schlaufe (Loop) aus Geflechtschlauch
Wicklung
z. B. verb. Klammerknoten (alternativ: Schlaufe zu Schlaufe)
Monofil 50–100 cm (0,25–0,40 mm)
z. B. verb. Klammer- oder Grinnerknoten
Langes Vorfach
Kurzes Vorfach

Montage für große Streamer

Alle zum Fliegenfischen geeigneten Raubfischgewässer

Zielfische: Hecht, (Wels)

Beschreibung

Meist werden große Hechtstreamer an einer voll sinkenden oder einer teilweise sinkenden Schnur gefischt. Das Vorfach besteht aus einem 80 cm langen Monofil-Stück und einer etwa 30 bis 40 cm langen und flexiblen Stahlseide (49-fädig, ca. 9 kg Tragkraft), wenn es auf Hecht geht. Manche Fliegenfischer nehmen auch abriebfestes Hardmonofil (Mason's) in Stärke 60 bis 80 lbs und sind damit sehr zufrieden. Nach der Auseinandersetzung mit einem Hecht muss es aber auf Kratzspuren untersucht werden und sollte gegebenenfalls ausgewechselt werden. Für Wels und Huchen entfällt das Stahlvorfach. Die Verbindung kann aus einem kleinen Hochleistungskarabinerwirbel bestehen, aber auch nur aus zwei ineinander gesteckten Schlaufen (Loop to Loop). Der Stahldraht durchschneidet das Monofil nicht. Trotzdem sollte man nach einem schweren Hänger oder nach einem großen Fisch das Monofil und alle Verbindungen erneuern. Streamer bzw. Wirbel werden am Stahlvorfach am besten mit einem einfachen Achterknoten angeknüpft.

Geräte- und Ködervorschlag

Rute: Fliegenrute (mittelschnell bis schnell), Länge: 2,70 bis 2,85 m für Schnurklasse AFTMA 8 bis 9

Rolle/Schnur: Große Fliegenrolle mit Fliegenschnur AFTMA 8–9 und 100 m Nachschnur (Backing)

Typ der Fliegenschnur:
Variante 1: Sink-Tip (Sinkteil: Länge 1,5 m, für flacheres Wasser)
Variante 2: Sinkender Schusskopf (Länge 7 bis 8 m, Gewicht: 250 bis 350 g für tieferes Wasser) und Running-Line 25 m

Köder: Hechtstreamer, Länge 10 bis 20 cm

TIPP

Erlernen Sie unbedingt den »Doppelzug«, um die schwere Schnur mit dem großen Streamer weit genug werfen zu können. In der kalten Jahreszeit, wenn die Fische träge sind, wird der Streamer langsam geführt. Im Sommer dagegen reagieren Hechte auf schnelle Reize. Dann kann der Streamer gar nicht schnell genug durchs Wasser flitzen. Zu langsam geführten Streamern schwimmen die Fische oft nur hinterher, greifen aber nicht zu.

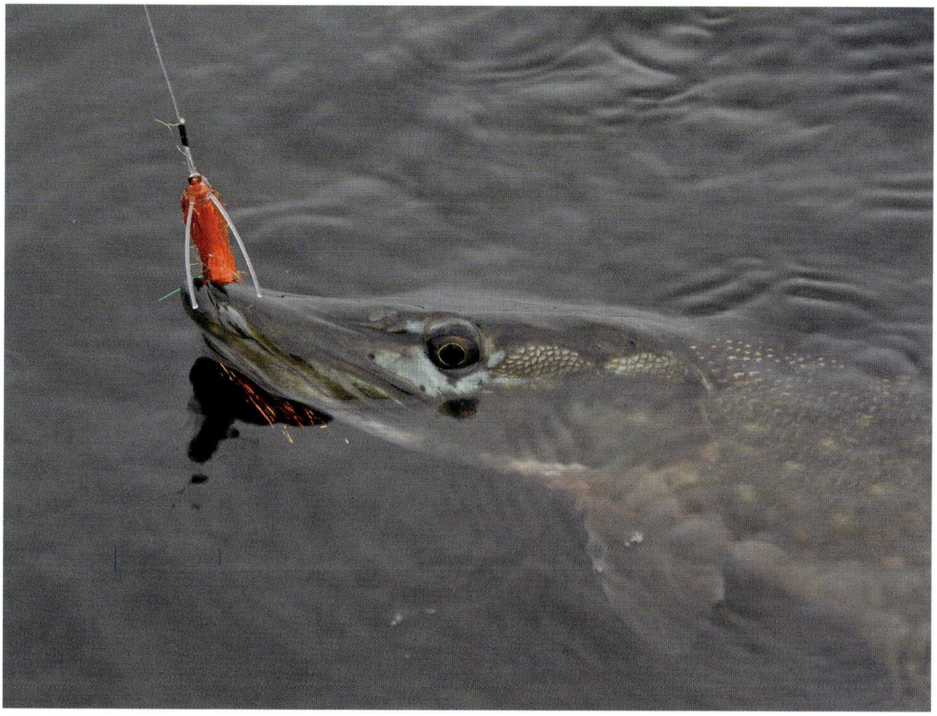

Hecht am Streamer.

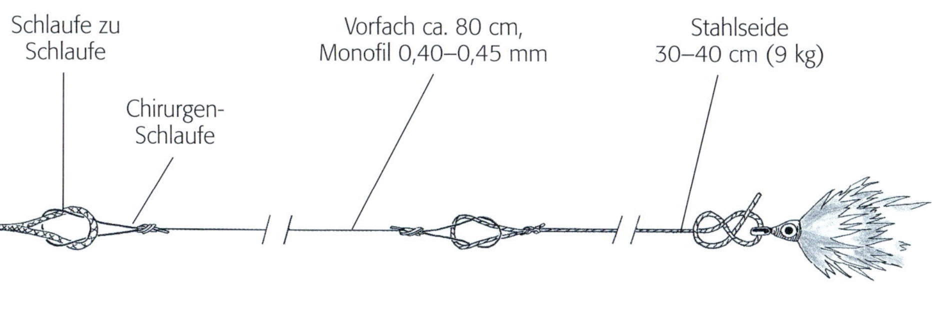

Brandungs-Montage für Plattfische & Co.

Strand, Mole, Pier

Zielfische: Scholle, Flunder, Dorsch, Wittling, Pollack, Katzenhai, kleine Rochen

Beschreibung

Plattfische mögen es auffällig. Deswegen sind Grundmontagen für das Brandungsangeln oft mit auffälligen Perlen und Spinnerblättchen versehen, die die Aufmerksamkeit der Fische auf sich ziehen. Will man hauptsächlich Dorsche fangen, kann man die Perlen auch reduzieren. Ausgeworfen wird meist soweit wie möglich, Experten schaffen es bis zu 180 m. Um den enormen Druck in der Beschleunigungsphase beim Wurf abzupuffern, ist zwischen Hauptschnur und Vorfach eine ca. 7 bis 10 m lange Schlagschnur montiert. Viele Angler bevorzugen eine Paternoster-Montage mit zwei Seitenarmen. Die beköderten Seitenarme werden dann entlang des Vorfachs gespannt und die Haken für den Wurf in Einhängeclips mit oder ohne »Impact-Shield« eingehängt. Ein Impact Shield sorgt für eine bessere Aerodynamik beim Wurf und schützt den Köder beim Aufprall auf dem Wasser. In diesem Moment wird das gestreckte Vorfach zusammengeschoben und die beköderten Haken lösen sich aus den Clips. Über unruhigem Grund verwendet man nur einen Seitenarm mit einem Haken.

Geräte- und Ködervorschlag

Rute: Brandungsrute, Länge 3,90 bis 4,20 m; Wurfgewicht: 150 bis 200 g
Rolle/Schnur: Weitwurf-Stationärrolle mit 250 m Monofil 0,35 mm und Schlagschnur 7 bis 10 m Länge, Monofil 0,60 mm
Köder: Watt- und Seeringelwürmer, 5 bis 10 cm lange Fischfleisch-Strips, z. B. aus dem weißen Bauchfleisch von Makrelen, Heringen und Meeräschen oder kleine ganze Fische (Sandaal). Die Köder sollen frisch sein.

TIPP

Vor allem kleine Köderfische und Fischstreifen sollte man eher »aktiv« fischen. Dazu wird der Köder langsam mit Unterbrechungen über den Grund gezogen. In diesem Fall kein Krallenblei sondern ein flaches Grundblei verwenden. Interessieren sich Krabben für den Köder, kann dieser mit Auftriebsperlen vom Boden weggehalten werden. Der schwebende Köder reizt den Plattfisch noch intensiver.

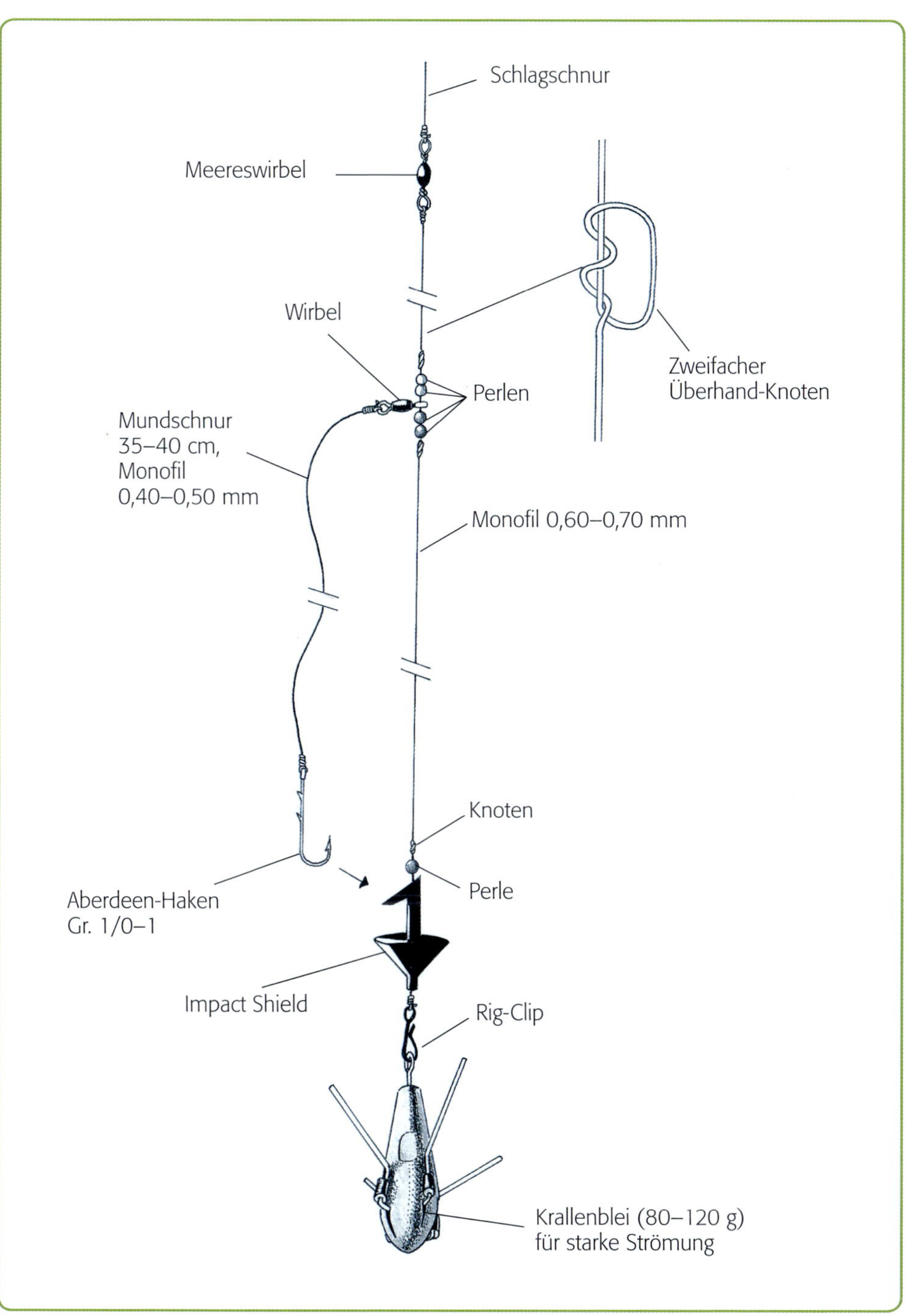
Schlagschnur
Meereswirbel
Wirbel
Perlen
Zweifacher
Überhand-Knoten
Mundschnur
35–40 cm,
Monofil
0,40–0,50 mm
Monofil 0,60–0,70 mm
Knoten
Perle
Aberdeen-Haken
Gr. 1/0–1
Impact Shield
Rig-Clip
Krallenblei (80–120 g)
für starke Strömung

Pulley-Rig für rauen Grund

Steil abfallende Strände mit tieferem Wasser, Felsenküsten

Zielfische: Dorsch, Plattfisch, Köhler, Pollack, Leng, Wolfsbarsch

Beschreibung

Eine sehr gute Salzwasser-Montage, bei uns auch Durchlauf-, Lift- oder Zug-Montage genannt. Gedacht ist sie für das Brandungs- und Klippenfischen über rauem Grund. Sobald der Fisch den Köder aufnimmt und wegschwimmen möchte, zieht er das Vorfach durch den Wirbel an der Hauptleine bis zum Blei (der Silikon-Schnurstopper rutscht mit). Durch den plötzlichen Widerstand hakt sich der Fisch in der Regel selbst. Ein scharfer Anhieb durch den Angler erübrigt sich dann in den meisten Fällen. Der Trick bei dieser Montage ist aber eigentlich, dass das Blei nun während des gesamten Drills dicht am Wirbel zur Hauptschnur sitzt. Somit befindet es sich immer vor dem Fisch und kann sich nicht so leicht in Hindernissen am Grund verhängen als ein Blei, das an einem längeren Strang vom Fisch nachgeschleppt wird. Für weite Würfe wird der beköderte Haken in ein Impact-Shield eingehängt. Beim Auftreffen auf die Wasseroberfläche entspannt sich die Schnur und der Köder löst sich aus dem Clip. Die Länge der Mundschnur (Monofil 0,35 bis 0,40 mm) ist von der Witterung abhängig. Verwenden Sie bis 60 cm bei ruhigem Wetter, unter rauen Bedingungen kürzen Sie es um die Hälfte.

Geräte- und Ködervorschlag

Rute: Brandungsrute, Länge 3,90 bis 4,20 m; Wurfgewicht: 150 bis 200 g
Rolle/Schnur: Große Stationärrolle mit 200 m Monofil 0,35 bis 0,40 mm und Schlagschnur Monofil 0,60 mm, 7 bis 10 m Länge
Köder: Fischstreifen, Wattwurm, Muschelfleisch (z. B. Muschelwurst im Netz)

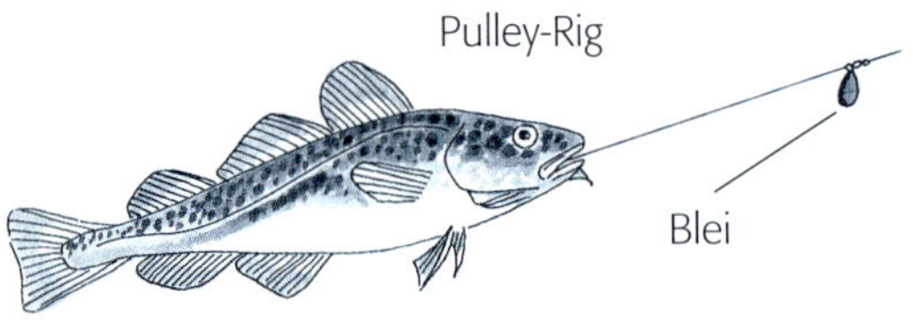

TIPP

Nach jedem Gebrauch im Salzwasser sollten Sie die Rolle sorgfältig in Süßwasser spülen, um die Salzreste zu entfernen. Ihre Rolle wird es Ihnen durch erhöhte Lebensdauer danken.

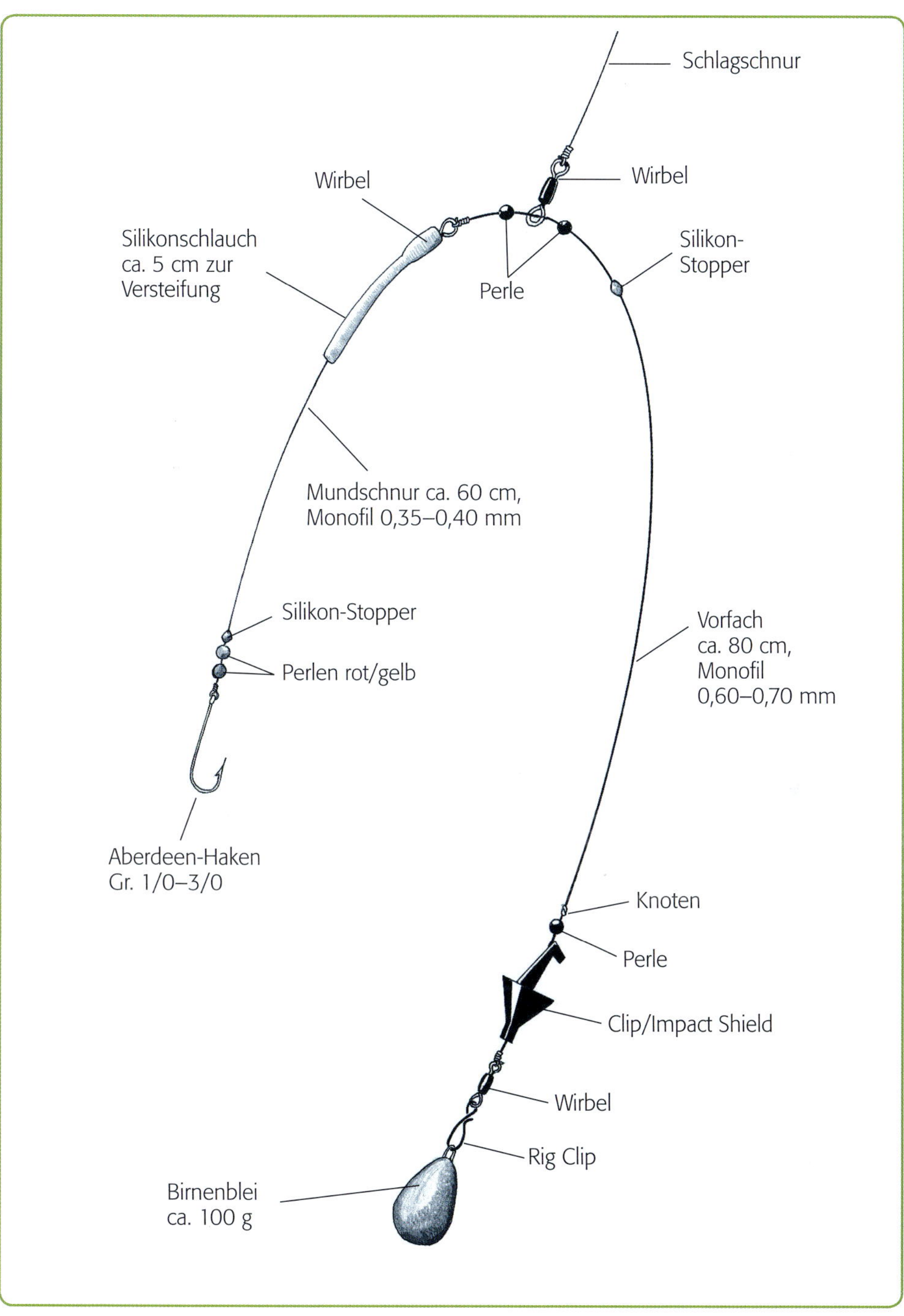
Schlagschnur
Wirbel
Wirbel
Silikonschlauch
ca. 5 cm zur
Versteifung
Perle
Silikon-
Stopper
Mundschnur ca. 60 cm,
Monofil 0,35–0,40 mm
Silikon-Stopper
Perlen rot/gelb
Vorfach
ca. 80 cm,
Monofil
0,60–0,70 mm
Aberdeen-Haken
Gr. 1/0–3/0
Knoten
Perle
Clip/Impact Shield
Wirbel
Rig Clip
Birnenblei
ca. 100 g

Stipp-Montage für Meeräschen

Hafenbereich, Mole, Pier, Wellenbrecher

Zielfische: Meeräsche, Gelbstrieme, Blöker, Meerbrasse u. a.

Beschreibung

Am Mittelmeer ist das Angeln vor allem in Hafenanlagen oder von Felsen aus beliebt. Beute sind meist kleinere Fischarten. In dem klaren Wasser sind feine Schnüre und abgewandelte Stippmethoden des Süßwassers am erfolgreichsten. Die Beschwerung der Montage muss fein ausfallen, sonst schöpfen die misstrauischen Fische sofort Verdacht. Versucht man es auf die argwöhnischen, größeren Meeräschen, darf oft nur ein Spaltschrot knapp über dem Vorfach angebracht sein. Manche Angler, die ihren Köder weiter draußen anbieten möchten, verwenden eine Wasserkugel als Pose, aber ein gut austarierter, vorgebleiter transparenter Crystal-Waggler (Gewicht je nach Wurfweite) oder eine Stickpose zeigt die vorsichtigen Bisse besser an. Werden zusätzlich Spaltschrote benötigt, sollten sie näher an der Pose sitzen als am Köder, damit dieser absolut natürlich absinken kann. Im angetrübten Wasser der Häfen kann das Gerät auch etwas gröber ausfallen. Hier sind die Fische an größere Nahrungsbrocken durch die ins Wasser geworfene Abfälle gewöhnt und auch der Köder darf durchaus von der deftigeren Sorte sein.

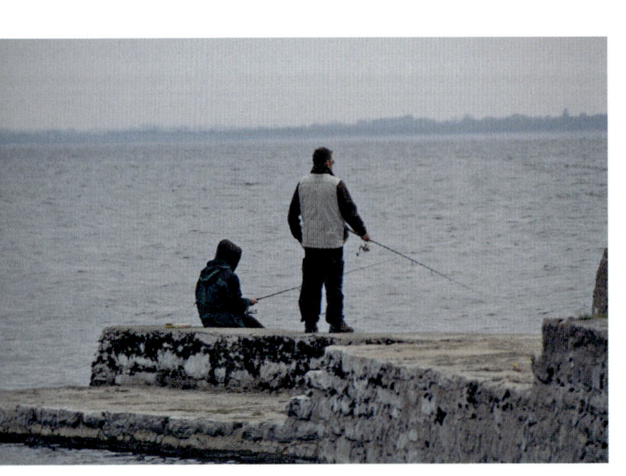

Meeräschen findet man oft in der Nähe von Pieren.

Geräte- und Ködervorschlag

Rute: Bolognese- oder Posenrute, Länge 5 bis 7 m; Wurfgewicht: 20 bis 25 g
Rolle/Schnur: Kleine bis mittlere Stationärrolle mit 100 m Monofil 0,16 bis 0,18 mm
Köder: Maden, Teig, Brot, kleine Fischstückchen

TIPP

Eine Mischung aus kleinen Brotstückchen und kleingehackten Sardinen lockt Meeräschen in die Reichweite der Angelrute.

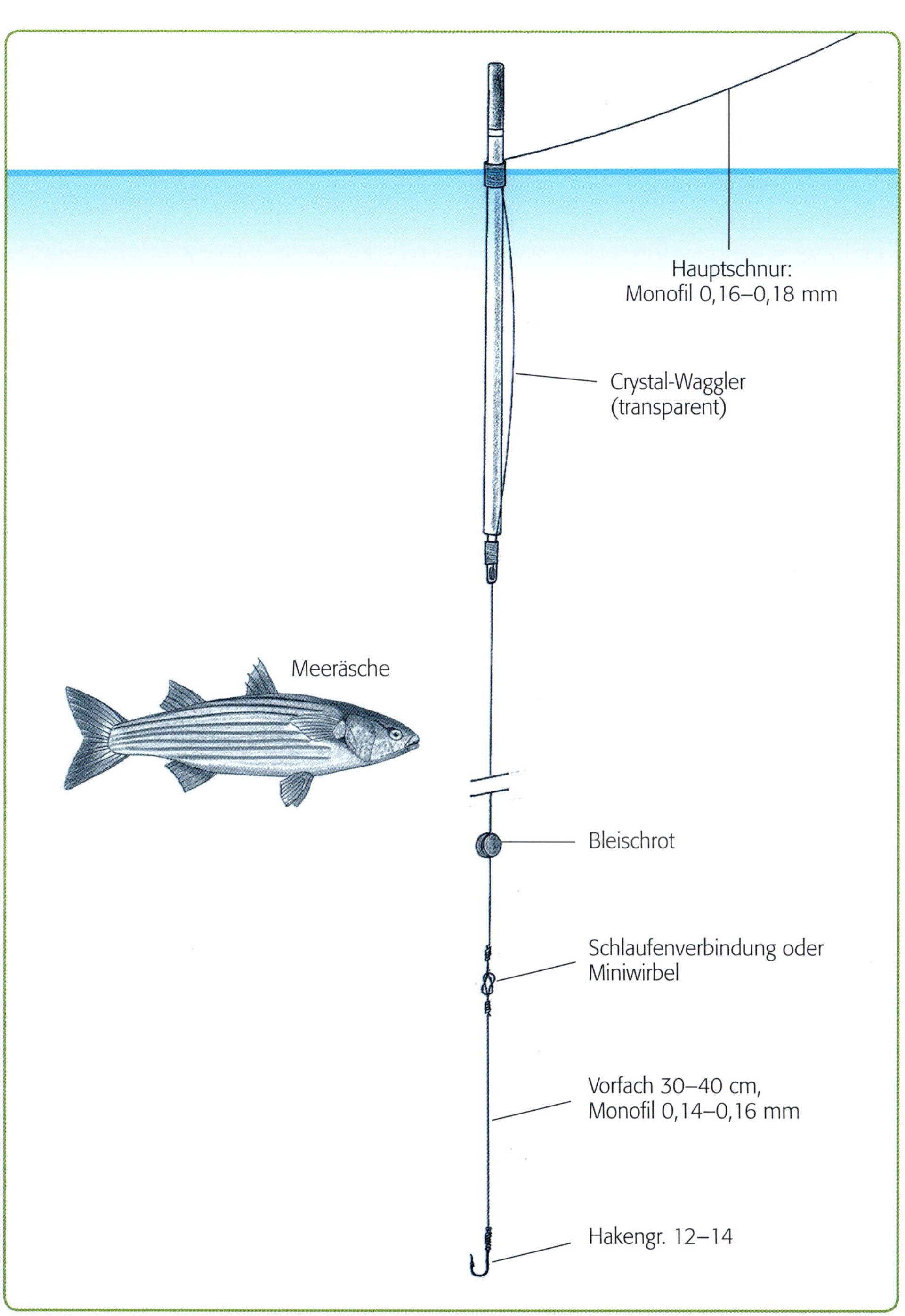
Hauptschnur:
Monofil 0,16–0,18 mm
Crystal-Waggler
(transparent)
Meeräsche
Bleischrot
Schlaufenverbindung oder
Miniwirbel
Vorfach 30–40 cm,
Monofil 0,14–0,16 mm
Hakengr. 12–14

Leichte Gleitposen-Montage

Mole, Pier, Klippe

Zielfische: Makrele, Hornhecht, Pollack, Köhler, Lippfisch

Beschreibung

Makrele und Hornhecht schwimmen in der Nähe der Wasseroberfläche, Pollack und Köhler meist tiefer. Die gewünschte Stelltiefe dieser Montage wird durch einen Stopper-Knoten (Monofil, Power-Gum) festgelegt und beträgt zwischen 1 und 2 m, für Pollack oder Köhler bis zu 8 m. Eine Stopperperle über die Schnur bis zum Stopper-Knoten schieben, dann die Pose durch ihr Zentrum auffädeln. Darunter kommt zuerst eine Gummiperle, dann ein Kugelblei, das schwer genug ist, um die Pose aufzustellen, dann wieder eine Gummiperle (Knotenschutz). Ein salzwasserfester Meereswirbel ist das Verbindungsglied zwischen Hauptschnur und einem etwa 30 cm langen Vorfach mit einem Aberdeen-Einzelhaken. Gefischt wird diese universelle Durchlauf-Montage meist von Pieren, Klippen oder Hafenmauern aus.

Geräte- und Ködervorschlag

Rute: Kräftige Spinnrute, Länge: 2,70 bis 3,30 m; Wurfgewicht: 40 bis 60 g
Rolle/Schnur: Mittlere Stationärrolle mit 150 m Monofil 0,35 mm
Köder: Sandaal oder kleiner Makrelen-/Heringsstreifen für Makrele und Hornhecht. Für Pollack und Köhler eignet sich am besten ein auf den Haken gezogener Wattwurm.

TIPP

Angelt man nicht zu tief mit einer auf der Schnur fixierten Pose, kann man für Hornhechte zusätzlich oberhalb der Pose einen beköderten Seitenarm anbringen, der dem Fisch mit dem langen Schnabel nun knapp unter der Wasseroberfläche serviert wird.

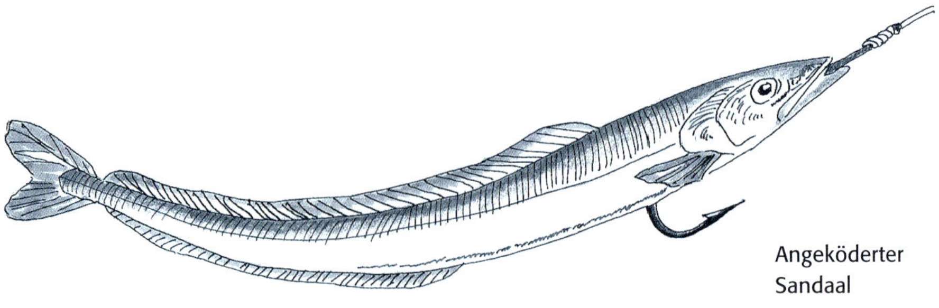

Angeköderter Sandaal

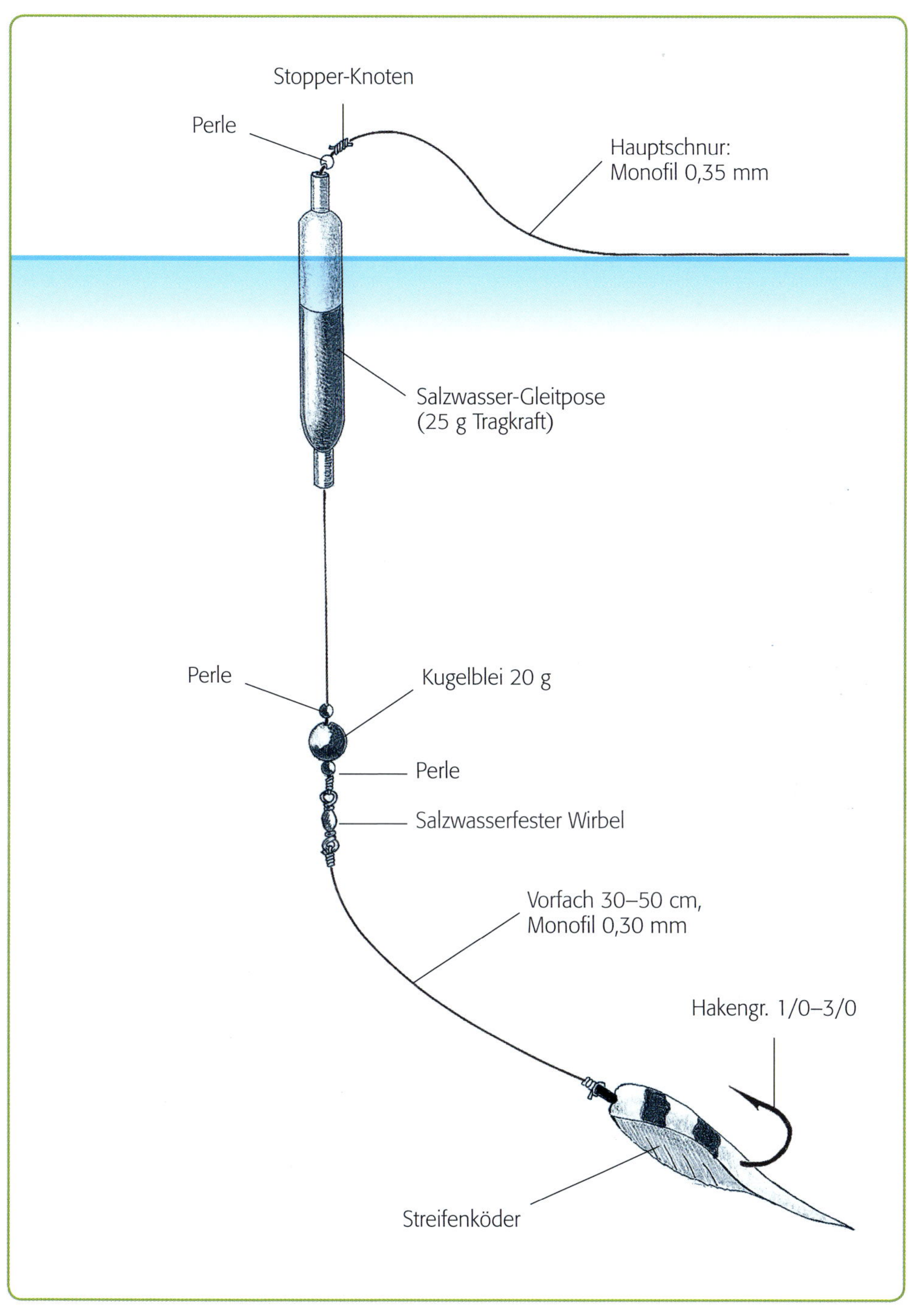
Stopper-Knoten
Perle
Hauptschnur:
Monofil 0,35 mm
Salzwasser-Gleitpose
(25 g Tragkraft)
Perle
Kugelblei 20 g
Perle
Salzwasserfester Wirbel
Vorfach 30–50 cm,
Monofil 0,30 mm
Hakengr. 1/0–3/0
Streifenköder

Pose und Jig-Montage

Mole, Pier, Klippe (Nordische Meere)

Zielfische: Makrele, Hornhecht, Pollack, Köhler

Beschreibung

Eine sehr einfache Posenmontage für das Fischen an Klippen oder von Molen, die jeder schnell zusammenstellen kann. Man braucht dazu nur eine Pose und einen Bleikopf-Jig, wie man ihn in Verbindung mit Twister-Schwänzen oder Gummifischchen verwendet. Die Bleikopf dient als Beschwerung, auf seinen Haken wird ein passender Köder aufgesteckt, z. B. ein Hautstreifen aus einer Makrele oder einem Hering. Hat man keinen natürlichen Köder zur Hand, kann bei entsprechendem Wellengang auch ein Twister oder Gummioctopus ausreichen, wenn der Futterneid unter den Fischen groß genug ist. Durch die sich an der Oberfläche bewegende Pose tanzt der Köder verführerisch auf und ab. Manche Fische nehmen den Kunstköder sehr rabiat und haken sich selbst. Diese Montage eignet sich auch zum Angeln von tangbewachsenen Klippen. Beim gewöhnlichen Zupfen des Jigs würde dieser ständig im Seetang hängen bleiben. Mit der Pose lässt er sich jedoch einige Meter von den Felswänden weghalten.

Geräte- und Ködervorschlag

Rute: Kräftige Spinnrute, Länge: 2,70 bis 3,30 m; Wurfgewicht: 40 bis 60 g
Rolle/Schnur: Mittlere Stationärrolle mit 150 m Monofil 0,35 mm
Köder: Makrelenstreifen, Sandaal, Wattwurm. Künstlich: Twister, Tintenfisch, Gummifischchen

TIPP

Den Fischstreifen länglich dreieckig schneiden, mit viel Fleisch im Basisbereich. Zur Dreiecksspitze hin in einen dünnen Hautstreifen auslaufen lassen. So flattert der Köder verführerisch im Wasser.
Siehe auch Seite 155 »Zerteilen einer Fischflanke«.

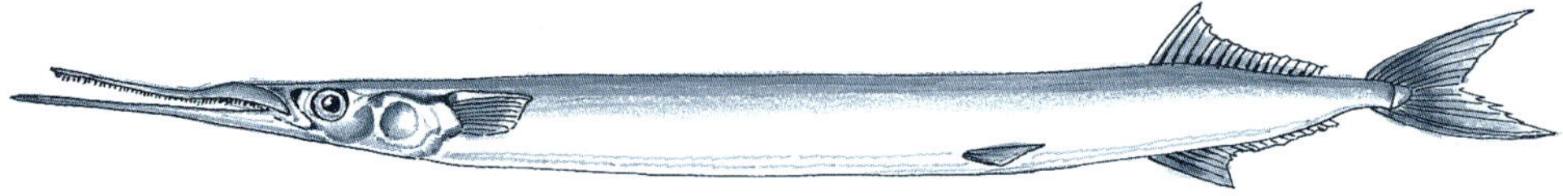

Hornhecht

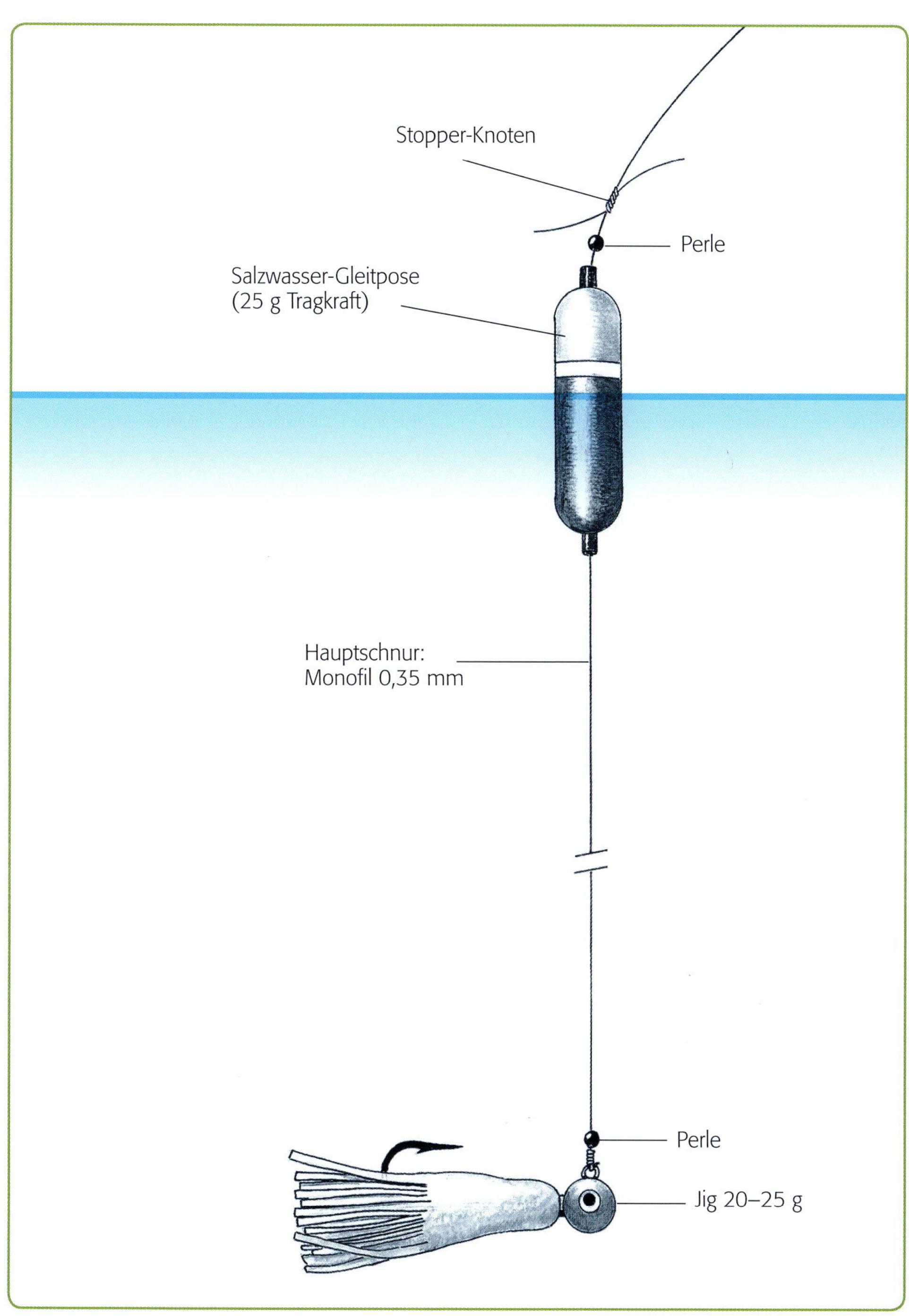
Stopper-Knoten
Perle
Salzwasser-Gleitpose
(25 g Tragkraft)
Hauptschnur:
Monofil 0,35 mm
Perle
Jig 20–25 g

Leichte Naturköder-Montage

Küstengewässer des nördlichen Atlantiks, norwegische Fjorde

Zielfische: Leng, Lumb, Kabeljau, Pollack, Köhler, Seewolf, Rotbarsch

Beschreibung

In den Sommermonaten ist das Angeln mit Naturködern in den nordischen Gewässern oft erfolgreicher als das Pilken. Die hier vorgestellte Montage besteht aus zwei bis vier Seitenarmen aus Metall, einem am Ende angebrachten Pilker ohne Haken aber mit einem Nachläufer, der ebenfalls mit einem Naturköder bestückt wird. Die nicht drehbaren Karabiner an den Seitenarmen werden entfernt und durch rotierbare Spiralwirbel ersetzt, die schnelles Auswechseln mit vorbereiteten, verschiedenartigen Seitenvorfächern erlauben. Außerdem kann sich ein gehakter Fisch nun frei am Seitenarm drehen ohne ihn zu verwinden. Die Verbindung zwischen Seitenarm und Spiralwirbel besteht aus einem kurzen Stück Monofil, das mit einem fluoreszierenden (rot/grün/weiß) Kunststoffschlauch versteift und abgedeckt wird. Diese Montage können Sie ohne große Verwicklungsgefahr langsam absenken und wieder nach oben holen.

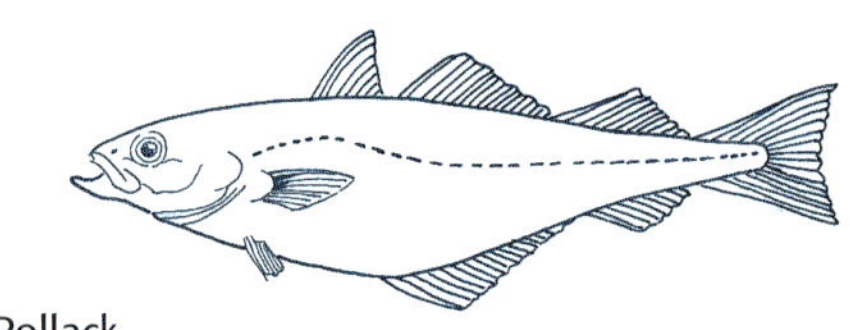

Pollack

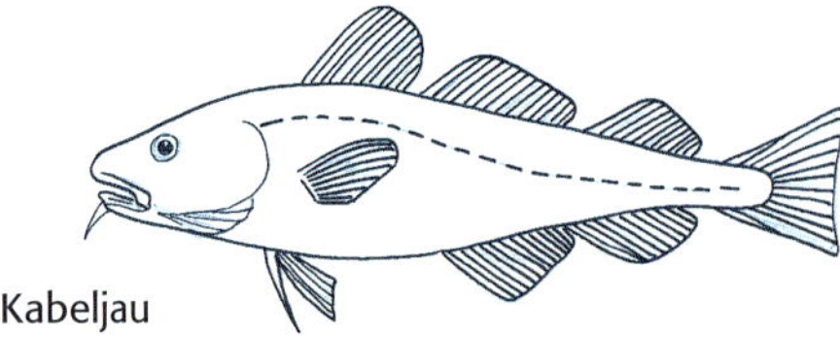

Kabeljau

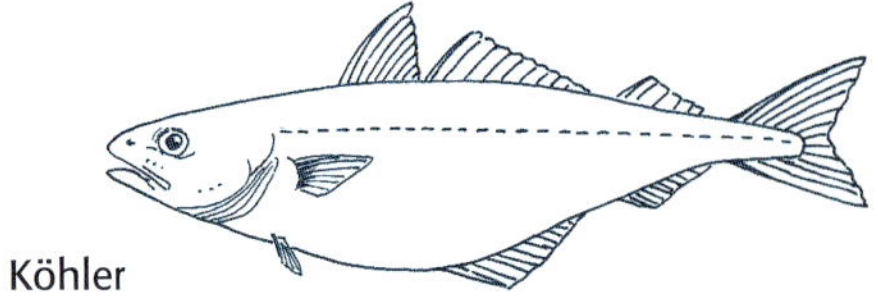

Köhler

Geräte- und Ködervorschlag

Rute: Pilkrute, Länge 2,10 bis 2,70 m; Wurfgewicht: 200 bis 500 g

Rolle/Schnur: Robuste Stationär- oder Multirolle mit 200 bis 300 m Multifil 0,25 bis 0,35 mm

Köder: Herings- oder Makrelenfetzen, Garnelen

TIPP

Zusätzlich angebrachte fluoreszierende Schläuche und Octopusse, Knicklichter, Leuchtperlen ziehen die Meeresräuber magisch an. Hier besteht viel Spielraum für Experimente.

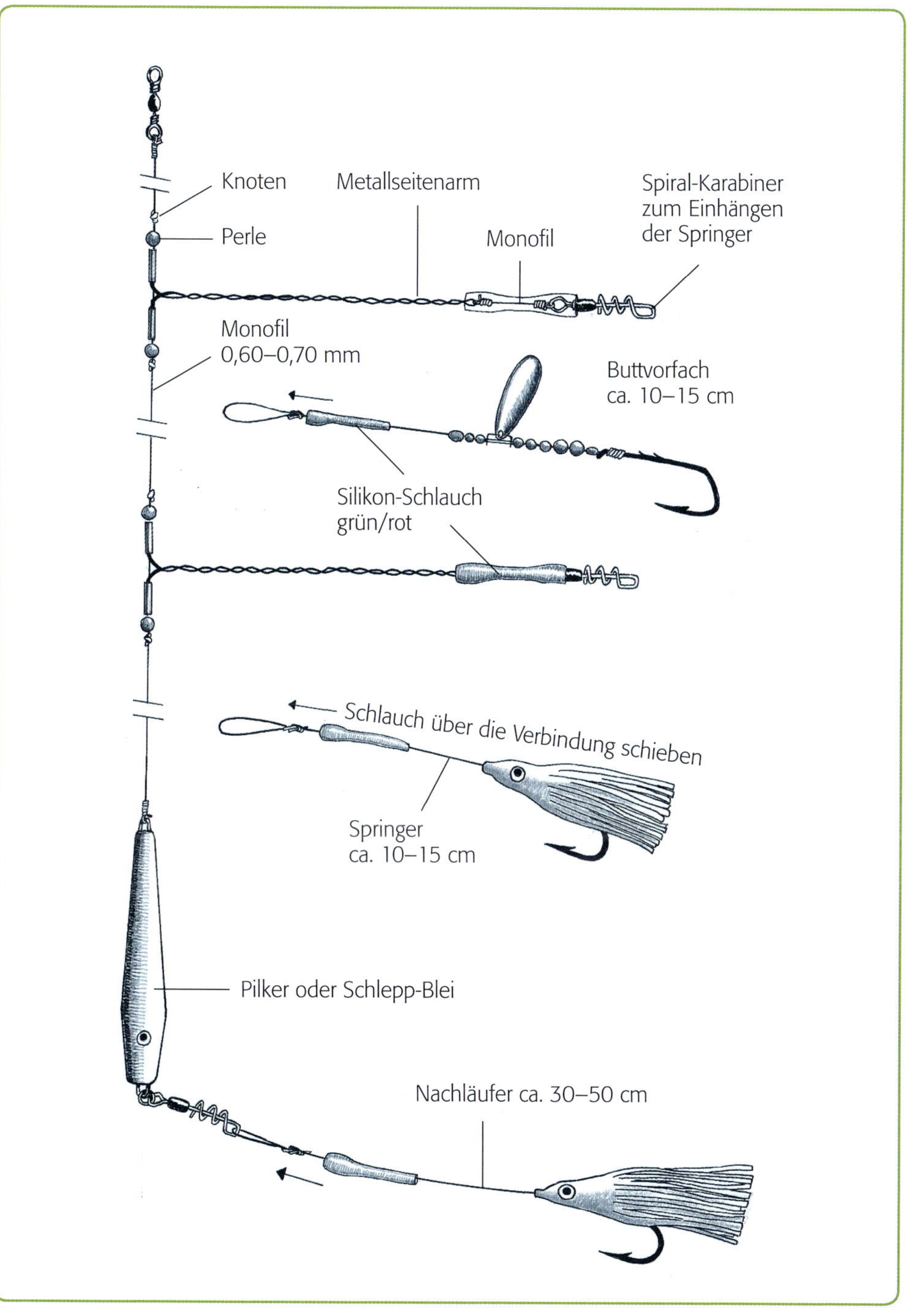
Knoten
Metallseitenarm
Spiral-Karabiner
zum Einhängen
der Springer
Perle
Monofil
Monofil
0,60–0,70 mm
Buttvorfach
ca. 10–15 cm
Silikon-Schlauch
grün/rot
Schlauch über die Verbindung schieben
Springer
ca. 10–15 cm
Pilker oder Schlepp-Blei
Nachläufer ca. 30–50 cm

Schwere Naturköder-Montage

Tiefe Küstengewässer des nördlichen Atlantiks

Zielfische: Leng, Heilbutt, Großdorsch, Seewolf, Seeteufel, Köhler etc.

Beschreibung

Mit dieser Montage geht es auf die großen Räuber der nordischen Meere, die besonders gut auf Naturköder ansprechen. Sehr bewährt hat sich dieses strapazierfähige Rig z. B. in den norwegischen Fjorden und den vorgelagerten tieferen Küstengewässern. Gefischt wird vom Boot aus in Tiefen von 100 bis 300 m. Da in diesen Tiefen oft sehr starke Unterströmungen vorherrschen, ist der Kernpunkt der Montage das robuste Schlepprohr aus Messing, mit einem daran eingehängten Schleppgewicht von 200 bis 1000 g (je nach den vorherrschenden Strömungsverhältnissen). Die Spiraldraht-Seitenarme sowie das eingehängte Hakenvorfach am unteren Ende sind mit rotierbaren Spiralkarabinern bestückt, damit sich ein gehakter Fisch frei drehen kann. Seitenarme werden auf dem Haupt-Vorfach durch doppelte Überhand-Knoten im Vorfach oder durch entsprechende aufgeschobene Quetschhülsen fixiert, die ihrerseits durch vorsichtiges Zusammendrücken auf dem starken Monofil festgesetzt werden.

Geräte- und Ködervorschlag

Rute: Bootsrute, Länge 2,10 bis 2,40 m; Wurfgewicht: 300 bis 1000 g (20 bis 50 lbs)
Rolle: Robuste Multirolle (evtl. mit Zweigang-getriebe), Schnurfassung 500 bis 600 m mit Multifil 0,30 bis 0,50 mm (Tragkraft 30 bis 50 kg)
Köder: Ganze oder halbe Makrele, Hering. Sehr gut ist die so genannte »Flattermakrele«, die allerdings von kleinen Fischen sehr gerne zerpflückt wird.

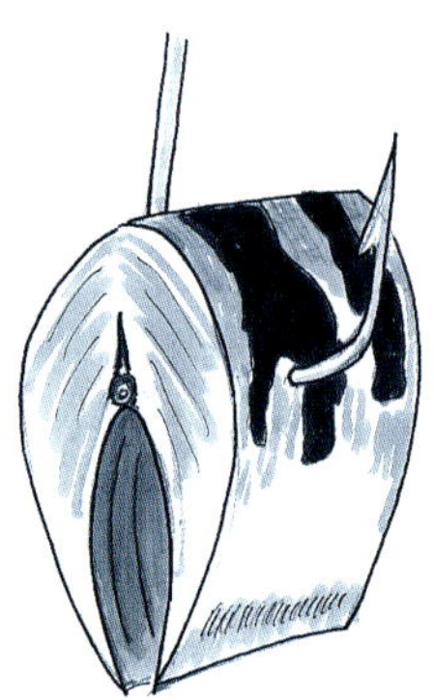

Stück einer Makrele

TIPP

Für diese schwere Fischerei empfiehlt sich eine Bootsrute mit einem qualitativ hochwertigen Roller-Endring und Kreuzschlitz im Rutenfuß zum Einstecken in einen Kampfgurt. Gönnen Sie dem Endring regelmäßig einen Tropfen Öl.

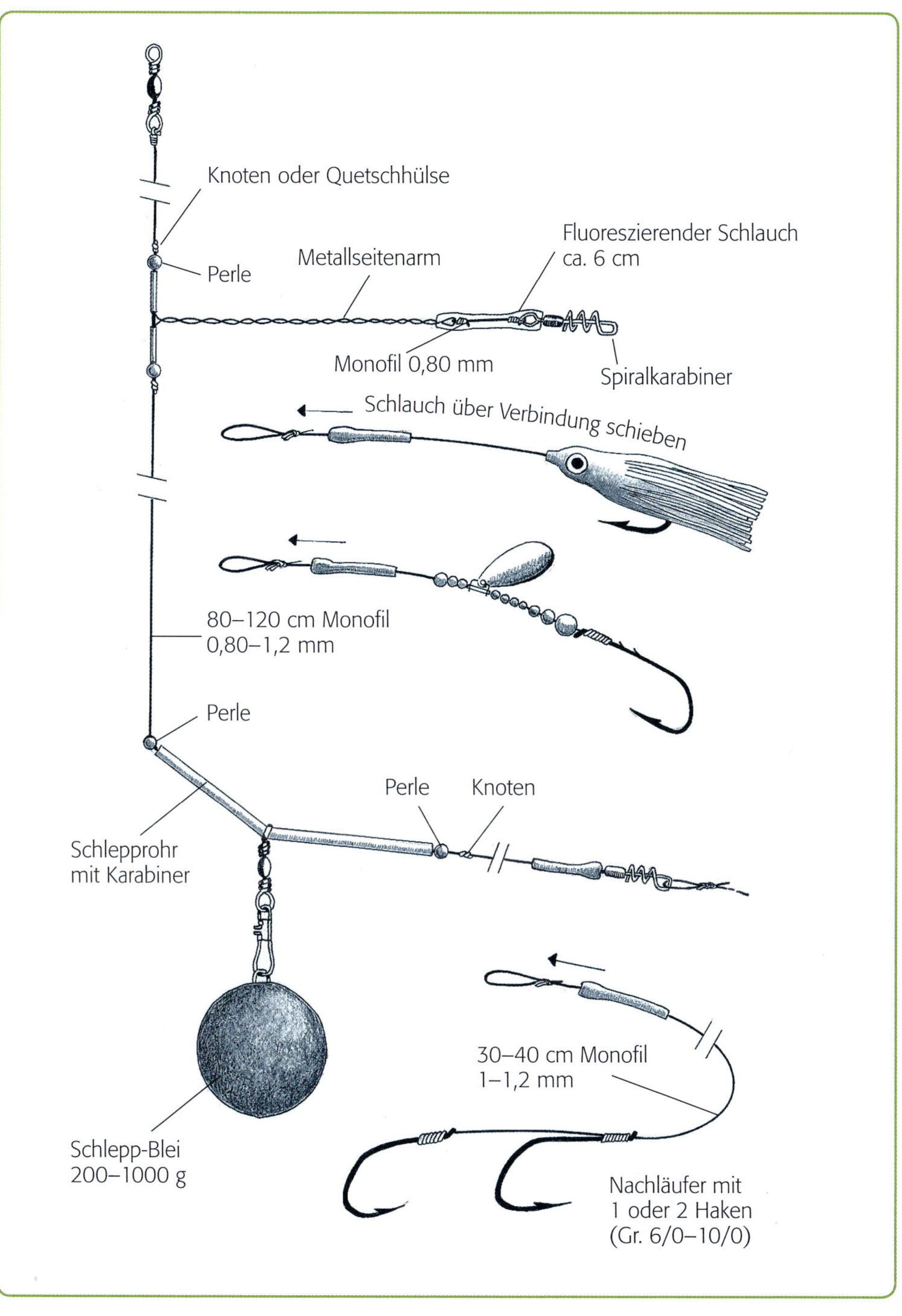
Knoten oder Quetschhülse
Perle
Metallseitenarm
Fluoreszierender Schlauch
ca. 6 cm
Monofil 0,80 mm
Spiralkarabiner
Schlauch über Verbindung schieben
80–120 cm Monofil
0,80–1,2 mm
Perle
Perle
Knoten
Schlepprohr
mit Karabiner
30–40 cm Monofil
1–1,2 mm
Schlepp-Blei
200–1000 g
Nachläufer mit
1 oder 2 Haken
(Gr. 6/0–10/0)

Conger-Montage

Biskaya bis Ärmelkanal (Schiffwracks, rauer Felsgrund)

Zielfische: Conger, Groß-Leng

Beschreibung

Mittels dieser einfachen, schnörkellosen Montage, die senkrecht vom verankerten Boot aus in die Tiefe abgesenkt wird, werden vor allem im Ärmelkanal und vor der Südküste Irlands schwere Conger über Wracks und rauem Grund gefangen. Ein schweres Blei und eine kräftiger Haken in Verbindung mit einer starken Schnur werden dabei bis in 80 m Tiefe auf dem Meeresboden ausgelegt. Der Köder soll allerdings möglichst ruhig liegen bleiben und wenig bewegt werden, da sonst wegen des unruhigen Grundes die Hängergefahr enorm steigt.
Das rund 1 bis 1,5 m lange Vorfach besteht wegen der rasiermesserscharfen Zähne der Conger am besten aus Stahldraht. Nach dem Anhieb muss der Fisch auf Biegen und Brechen davon abgehalten werden in irgendein Hindernis zu flüchten. Dazu ist eine starke Bootsrute notwendig. Ein Kampfgurt zum Einstecken der Rute in Hüfthöhe erleichtert den Drill und das Hochpumpen des Fisches aus der Tiefe.
Bronzehaken sind fischschonender als vernickelte Salzwasserhaken. Reißt die Schnur, rosten die Haken schnell aus dem Fischmaul.

Geräte- undKödervorschlag

Rute: Bootsrute 30 bis 50 lbs
Rolle/Schnur: Robuste Multirolle mit 300 m Monofil, Tragkraft 20 bis 30 kg oder Multifil vergleichbarer Tragkraft (verheddert sich aber leichter)
Köder: Die Kopf- oder Schwanzhälfte einer Makrele (Hering), auch Flattermakrele

TIPP

Fühlt man ein Ruckeln an der Rute und darauf einen stetigen Zug, einige Meter einholen und den Conger vom Grund wegholen, dann erst richtig anschlagen. Bei zu schnellem Anschlag flüchtet der Fisch sofort in das nächstbeste Versteck am Meeresgrund.

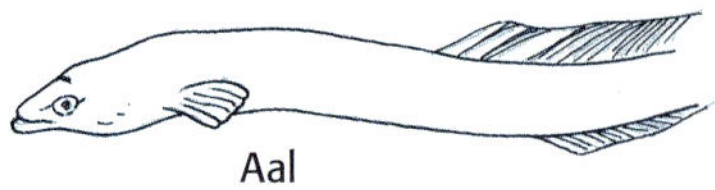

Rückenflosse beginnt hinter dem Kopf

Große Maulspalte

Aal

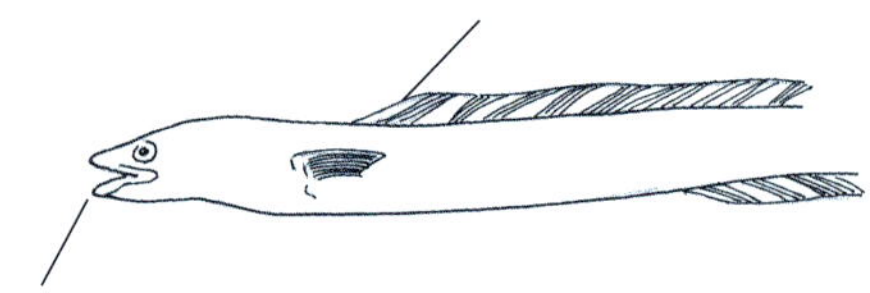

Conger

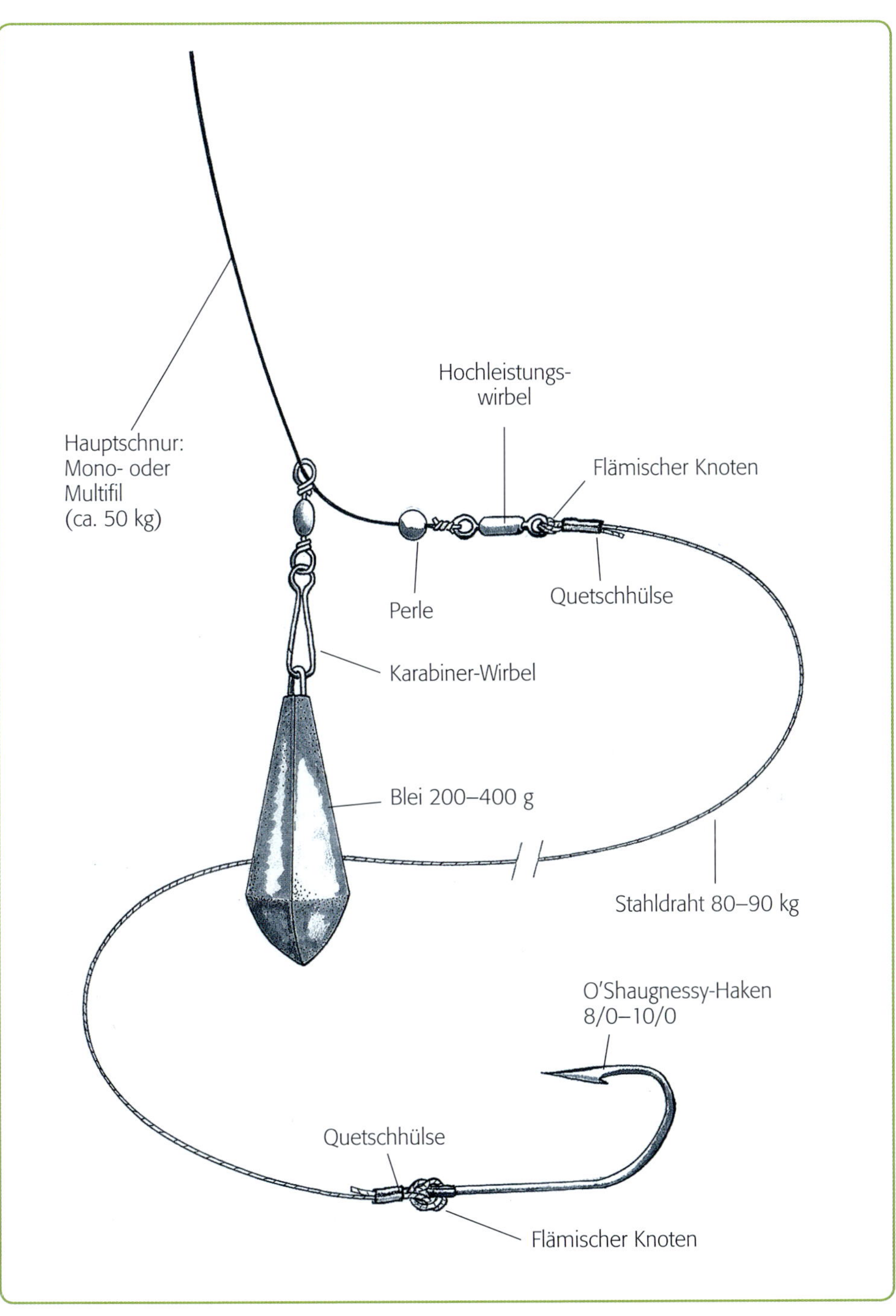
Hochleistungs-
wirbel
Flämischer Knoten
Hauptschnur:
Mono- oder
Multifil
(ca. 50 kg)
Perle
Quetschhülse
Karabiner-Wirbel
Blei 200–400 g
Stahldraht 80–90 kg
O'Shaugnessy-Haken
8/0–10/0
Quetschhülse
Flämischer Knoten

Die Ballon-Montage für Hai

Offene See

Zielfische: Verschiedene Haiarten wie Blau- oder Heringshai

Beschreibung

Beim Haiangeln vom Boot aus kommt ein frei im Wasser treibender Köder zum Einsatz. Das geschieht mit Hilfe eine starken »Pose«, eines einfachen Luftballons oder einer großen, leeren Plastikflasche. Beide sind auch auf große Entfernung gut sichtbar und halten den schweren Köder sicher in einer bestimmten Tiefe.

Ein starkes Stahlvorfach von 3,0 bis 4,5 m Länge ist nicht nur wegen der Zähne des Haies nötig, sondern auch wegen dessen rauer Haut, die beim Drill jede normale Angelschnur durchscheuern würde. Manche Angler schalten sogar kurz vor dem Haken zur Sicherheit noch zusätzlich einen besonders starken etwa 1,50 m langen Stahldraht vor, direkt vor dem Köder.

Um die Haie anzulocken, wird über die Bordwand des verankerten Bootes ein Netz oder ein durchlöcherter Eimer mit »Rubby Dubby« (zerstampfte Fischabfälle) gehängt. Dies erzeugt eine Duftspur, die sich langsam mit der Strömung kilometerweit ins Meer zieht. Kreuzende Haie finden diese Spur und folgen ihr bis zum Köder.

Geräte- und Ködervorschlag

Rute: Bootsrute (mit Kreuzschlitz) 50 bis 80 lbs, Länge 2,40 bis 2,70 m

Rolle/Schnur: Große Multi-Rolle mit 300 bis 400 m Multifil 30 bis 50 kg Tragkraft

Köder: meist ganze Makrelen

TIPP

Haie sind sensible Fische. Sobald einer an der Wasseroberfläche gesichtet wird, sollte absolute Ruhe an Bord einkehren, um ihn nicht zu vergrämen.

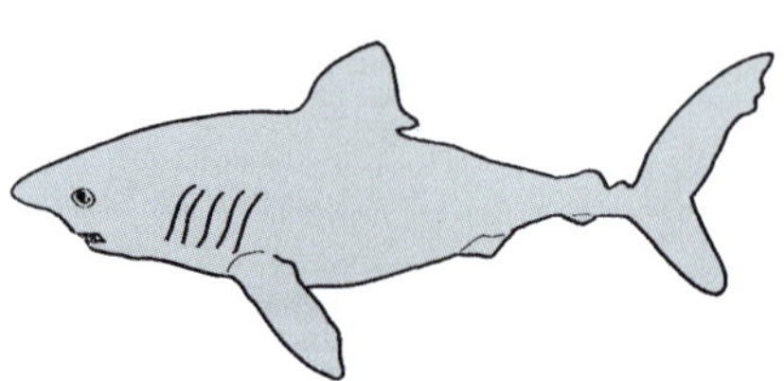

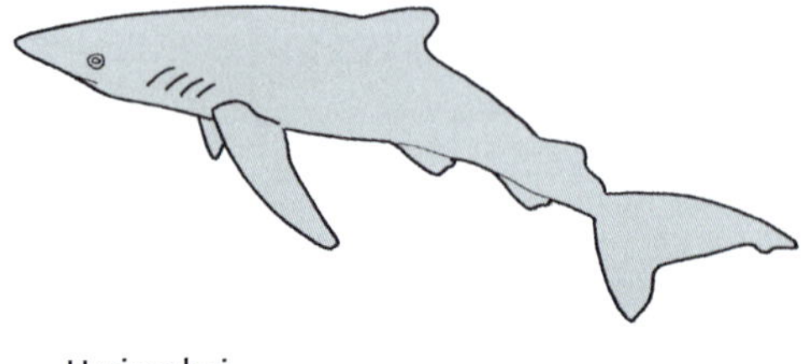

Heringshai

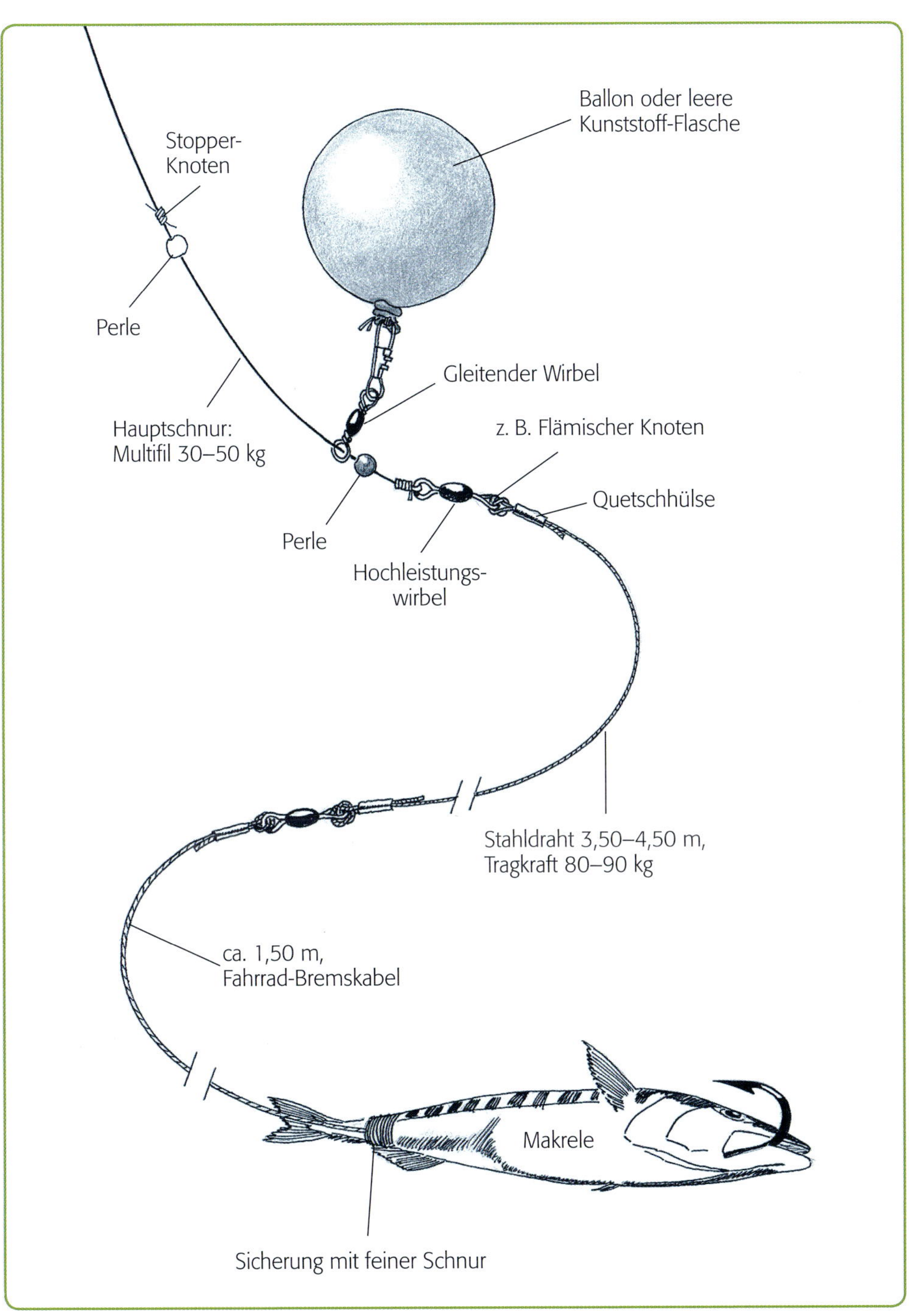
Ballon oder leere
Kunststoff-Flasche
Stopper-
Knoten
Perle
Gleitender Wirbel
Hauptschnur:
Multifil 30–50 kg
z. B. Flämischer Knoten
Quetschhülse
Perle
Hochleistungs-
wirbel
Stahldraht 3,50–4,50 m,
Tragkraft 80–90 kg
ca. 1,50 m,
Fahrrad-Bremskabel
Makrele
Sicherung mit feiner Schnur

Der Makrelen-Paternoster

Nord- und Ostsee, Atlantik

Zielfische: Makrelen, (Dorsch, Pollack, Köhler, Wittling)

Beschreibung

Im Sommer kommen die Makrelenschwärme aus dem Atlantik vor die nördlichen europäischen Küsten. Die schnellen, wohlschmeckenden Fische können dann vom Boot aus mit unkomplizierten Federsystemen gefangen werden. Die Schwärme werden meist durch Echolot geortet. Ist das Boot über dem Schwarm angekommen, werden die, mit fünf oder sechs gefiederten Haken, bestückten Paternoster-Systeme ins Wasser abgelassen. Als Beschwerung dient meist ein längliches Tropfenblei am Ende des Vorfachs. Oft kommen die ersten Bisse wenige Meter unter der Wasseroberfläche. Jetzt wartet man bis mehrere Rucke anzeigen, dass das System vollbesetzt ist, dann werden die zappelnden Fische an Bord gehievt. Das Vorfach sollte mindestens 0,50 mm dick sein und aus klarem Nylon bestehen. Die durch einen Chirurgen-Knoten angeknüpften Seitenarme, sind 0,35 bis 0,40 mm stark. Außer Federn werden auch kleine Gummi-Octopusse und andere Kunstköder verwendet.

Geräte- und Ködervorschlag

Rute: Kräftige Hecht- oder Grundrute, leichte Pilkrute, Länge 2,40 bis 3,00 m; Wurfgewicht: 40 bis 100 g

Rolle/Schnur: Große Stationärrolle mit 200 m Monofil 0,35 bis 0,40 mm

Köder: Federhaken, Octopusse etc.

TIPP

Auf der Suche nach den Makrelen sollten Sie nicht nur auf das Echolot achten, sondern auch nach Ansammlungen von Möven auf und über dem Wasser Ausschau halten. Die Vögel halten sich an die kleinen Beutefische, die vor den Räubern panikartig nach oben zur Wasseroberfläche flüchten.

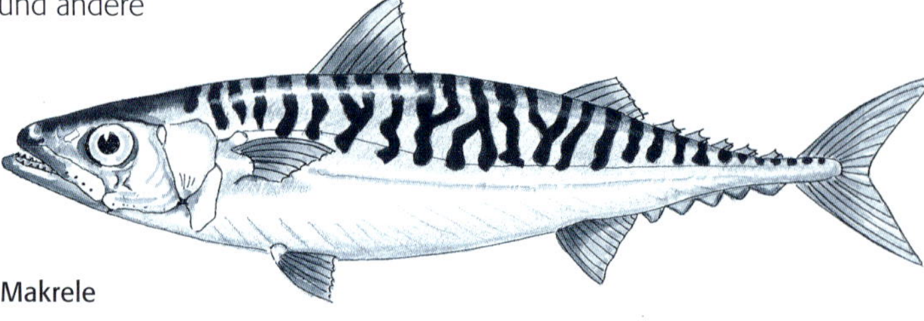

Makrele

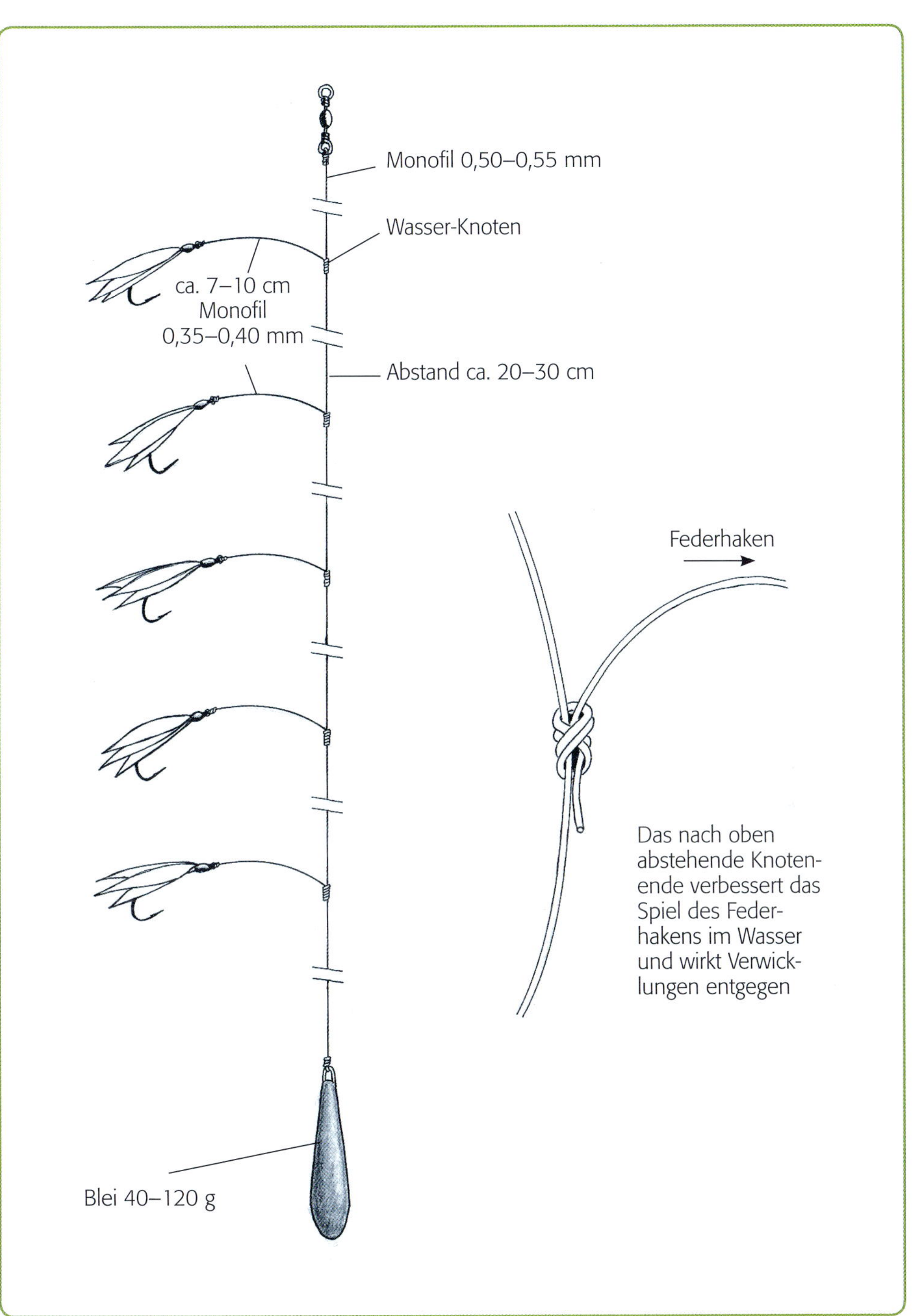
Monofil 0,50–0,55 mm
Wasser-Knoten
ca. 7–10 cm
Monofil
0,35–0,40 mm
Abstand ca. 20–30 cm
Federhaken
Das nach oben abstehende Knotenende verbessert das Spiel des Federhakens im Wasser und wirkt Verwicklungen entgegen
Blei 40–120 g

Leichtes Pilkangeln

Nord- und Ostsee, skandinavische Atlantikküste mit Kleinboot und Angelkutter

Zielfische: Dorsch, (Pollack, Köhler, Makrelen)

Beschreibung

Das leichte Pilken ist im Sommer in den nördlichen Küstengewässern weit verbreitet. Sehr beliebt ist ein Paternoster-System mit Endpilker, das vom Boot aus mitten in den mittels Echolot georteten Fischschwarm abgelassen wird. Durch Heben und Senken der Rute spielen die Köder verführerisch im Wasser und werden von den Fischen heftig attackiert. Man benötigt keine teure spezielle Ausrüstung, aber eine kräftige Rute und eine solide Rolle ist notwendig, um das manchmal voll besetzte System an Bord hieven zu können. Die Vorfächer werden aus 0,50 bis 0,60 mm starkem Monofil geknüpft. Bis zu vier Beifänger sind im Abstand von etwa 40 cm mit einem Chirurgen-Knoten oder einer Seitenarm-Schlaufe ans Vorfach geknüpft.
Bei Verwendung des Chirurgen-Knoten wird das nach oben wegstehende Knotenende verwendet, es steht im Wasser besser zur Seite weg als das nach unten weisende. Dadurch spielen die Beifänger besser. Diese könnten zusätzlich mit Fischfleischstreifen beködert werden. Die besten Plätze befinden sich auf einem Angelkutter am Bug oder am Heck. Während für an der Seitenreling stehende Angler an der Bordwand Schluss ist, können Angler an Bug oder Heck den Pilker von Luv nach Lee durchfischen.

Geräte- und Ködervorschlag

Rute: Kräftige Hecht- oder Grundrute, leichte Pilkrute, Länge 2,40 bis 3,00 m; Wurfgewicht: 40 bis 100 g
Rolle/Schnur: Große Stationärrolle mit 200 m Multifil Tragkraft 10 bis 15 kg oder Monofil 0,35 bis 0,40 mm
Köder: Verschiedene Pilker bis ca. 100 g.
Beifänger: Einfache Federhaken oder kleine Gummi-Octopusse.

TIPP

Stehen Sie morgens früher auf und kommen Sie einige Stunden vor dem Auslaufen des Kutters zum Hafen, damit Sie sich nicht mit den schlechteren Plätzen an der Reling begnügen müssen.

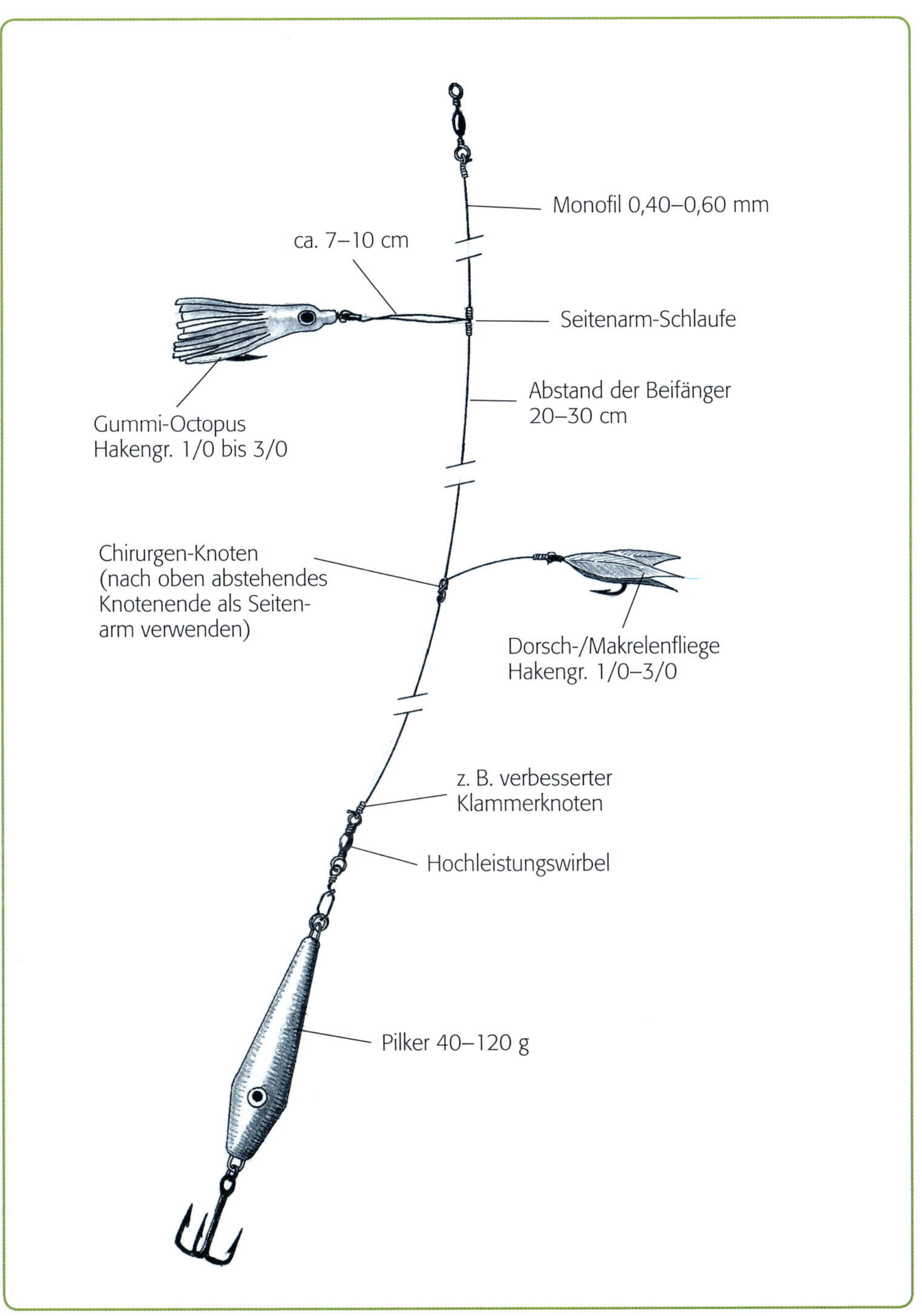
Monofil 0,40–0,60 mm
ca. 7–10 cm
Seitenarm-Schlaufe
Gummi-Octopus
Hakengr. 1/0 bis 3/0
Abstand der Beifänger
20–30 cm
Chirurgen-Knoten
(nach oben abstehendes
Knotenende als Seiten-
arm verwenden)
Dorsch-/Makrelenfliege
Hakengr. 1/0–3/0
z. B. verbesserter
Klammerknoten
Hochleistungswirbel
Pilker 40–120 g

Schweres Pilkangeln

Nördlicher Atlantik, Ostsee im Winter

Zielfische: Groß-Dorsch (-Pollack, -Köhler), Heilbutt

Beschreibung

Auf der offenen See, bei den Lofoten und in den berühmten Straumen Norwegens oder im Winter über den Groß-Dorsch Gebieten der Ostsee (Öresund, Gelbes Riff) benötigt man sehr kräftiges Gerät. Der Pilker muss je nach Strömungsverhältnissen bis 500 g, möglicherweise sogar 750 g schwer sein. Verwenden Sie nie mehr als höchstens drei Beifänger. Zur Herstellung der nötigen Seitenarme bietet sich die Seitenarm-Schlaufe an. Die Beifänger können dann direkt eingeschlauft werden. Wer das Verdrehen der Seitenarme fürchtet, fädelt zuerst einen Spiralwirbel (siehe auch bei »Schwere Naturköder-Montage«) auf. Da oft in großen Tiefen gefischt wird, empfiehlt sich eine dehnungsarme multifile Schnur.

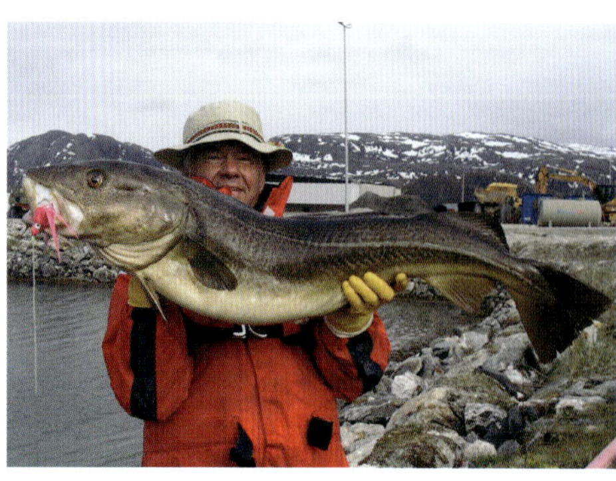

Norwegischer Großdorsch

Geräte- und Ködervorschlag

Rute: Pilkrute, Länge 2,10 bis 2,70 m; Wurfgewicht: 200 bis 500 g

Rolle/Schnur: Robuste Multirolle mit 300 bis 500 m Multifil 0,35 bis 0,40 mm (Tragkraft 25 bis 40 kg)

Köder: Neben dem 150 bis 750 g schweren

Pilker noch Beifänger: Vorzugsweise rote Gummiaale oder Gummimakks.

TIPP 1

Lassen Sie den Pilker bis zum Boden absinken, holen ihn dann etwa einen Meter hoch und beginnen dort mit kurzem Heben und Senken. Erfolgt kein Biss, versuchen Sie es stufenweise etwas höher bis Sie Kontakt bekommen.

TIPP 2

Erwartet man sehr schwere Fische, sollte man nur einen Beifänger verwenden oder hängt diesen direkt in den Springring am Kopf des Pilkers ein.

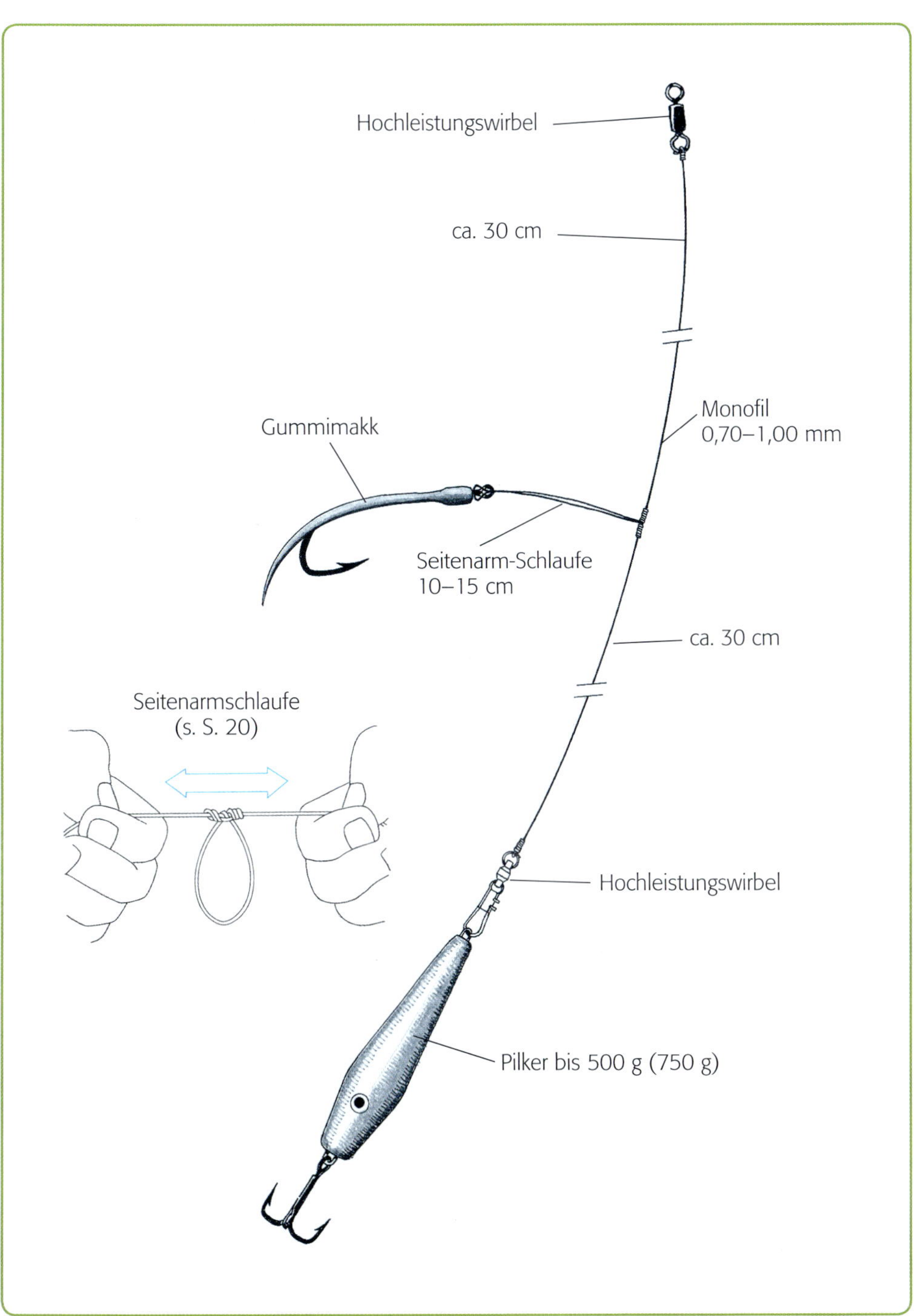
Hochleistungswirbel
ca. 30 cm
Gummimakk
Monofil
0,70–1,00 mm
Seitenarm-Schlaufe
10–15 cm
ca. 30 cm
Seitenarmschlaufe
(s. S. 20)
Hochleistungswirbel
Pilker bis 500 g (750 g)

Internationale Maßeinheiten

Gewicht

1 pound (lb oder lbs):
1 englisches Pfund = 453,59 g
Angabe der Testkurve von Karpfen oder Big-Game Ruten, bzw. der Tragkraft bei manchen Schnüren.

Durchschnittliche Tragkraft von Angelschnüren bei einem gegebenen Durchmesser

Die Angaben sind nur ein ungefährer Anhalt, da die tatsächlichen Werte sehr stark von Hersteller zu Hersteller variieren.

	Monofil	Polyfil
0,16 mm	2,4 kg	12,5 kg
0,20 mm	3,8 kg	16,0 kg
0,25 mm	5,3 kg	19,5 kg
0,30 mm	7,7 kg	25,0 kg
0,35 mm	10,4 kg	31,0 kg
0,40 mm	13,0 kg	36,0 kg
0,50 mm	20,0 kg	50,0 kg

Spaltschrot-Gewichte

Zum genauen Ausbleien von Stipp- oder Match-Montagen

SSG	1,90 Gramm
SG	1,60 Gramm
AAA	0,80 Gramm
BB	0,40 Gramm
No. 1	0,30 Gramm
No. 3	0,20 Gramm
No. 4	0,17 Gramm
No. 5	0,10 Gramm
No. 6	0,08 Gramm
No. 7	0,07 Gramm
No. 8	0,06 Gramm
No. 9	0,05 Gramm
No. 10	0,04 Gramm

Sinkgeschwindigkeit bei sinkenden Fliegenschnüren

Die Sinkgeschwindigkeit wird auf den Verkaufspackungen in »ips« angegeben:
ips = inch per second (Zoll pro Sekunde),
1 Zoll = 2,54 cm
Beispiel: 2,5 ips: die Schnur sinkt 2,5 Zoll oder 6,35 cm pro Sekunde.

Kennzeichnung von Fliegenvorfächern

Fliegen-Vorfächer amerikanischer Hersteller und Vertriebsfirmen sind auch in Deutschland erhältlich. Die Durchmesser sind meist nicht in mm angegeben, sondern in »inch« bzw. in »X« (sprich: ex) Angaben. Die Tabelle zeigt die Umrechnung von »X« in mm.

mm	0,08	0,10	0,13	0,15	0,18	0,20	0,23	0,25	0,28
X	8X	7X	6X	5X	4X	3X	2X	1X	0X

Testkurve

Die so genannte »Testkurve« ist das Gewicht, welches, bei waagrecht gehaltener Rute, die Spitze so nach unten ziehen würde, dass diese gerade zum Boden zeigt. Damit wird die Aktion der Rute und ihr Biegeverhalten beschrieben. Aus der englischen lb-Angabe auf dem Rutenblank lässt sich auch das Wurfgewicht herleiten.

Auf S. 64 ist z. B. eine Karpfenrute mit einer Testkurve von 2,5 bzw 3,0 lb erwähnt. Um das ungefähre Wurfgewicht zu erhalten, wird die Angabe der Testkurve zuerst in Gramm umgerechnet, dann das Ergebnis durch 16 geteilt.

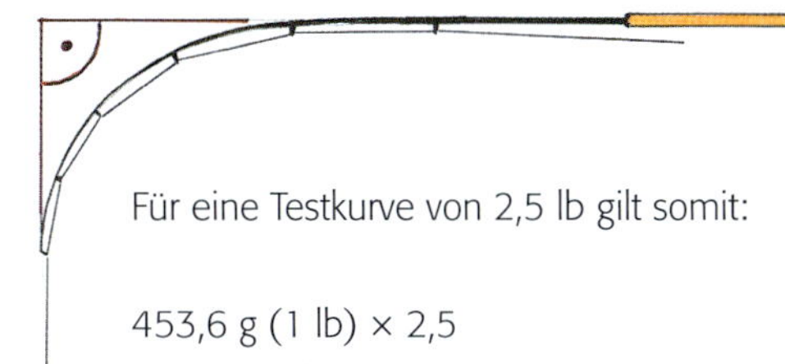

Für eine Testkurve von 2,5 lb gilt somit:

453,6 g (1 lb) × 2,5
= 1134 g / 16
= 70,8 g.

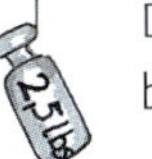

Das Wurfgewicht der Rute liegt etwa bei 60 bis 70 g.

Stichwortverzeichnis

Besonderer Dank gilt:

Günther Fenzel, »Birgländer Angelladen«, Poppberg (Angelgerät); Angelsport Meyer, Neumarkt/Opf. (Meeres-Montagen, Angelknoten); Michael Schlögl, Team Mosella (Friedfisch-Montagen); Siegbert Stümke, »Rute & Rolle« (Angelknoten); Fa. Ockert, Filament Technology, München (Angelgerät); Christian Hoch, Sebastian Schlott, »Fisch & Fang« (Raubfisch-Montagen); Hans Falk (Mitarbeit am Manuskript); Thomas Musil (Raubfischmontagen)

Impressum

© 2020 GRÄFE UND UNZER VERLAG GmbH, München

Das Werk einschließlich aller seiner Teile ist urheberrechtlich geschützt. Jede Verwertung außerhalb der engen Grenzen des Urheberrechtsgesetzes ist ohne Zustimmung des Verlags unzulässig und strafbar. Das gilt insbesondere für Vervielfältigungen, Übersetzungen, Mikroverfilmungen und die Einspeicherung und Verarbeitung in elektronischen Systemen.

Bildnachweis:
Alle Illustrationen und Fotos stammen vom Verfasser

Umschlagfotos: Hans Eiber

Lektorat: Gerhard Seilmeier
Herstellung: Ruth Bost
Layout/DTP: Uhl + Massopust, Aalen
Druck und Bindung: Livonia Print, Lettland

Gedruckt auf chlorfrei gebleichtem Papier

ISBN 978-3-8354-1592-8

10. Auflage 2025

Hinweis
Das vorliegende Buch wurde sorgfältig erarbeitet. Dennoch erfolgen alle Angaben ohne Gewähr. Weder Autor noch Verlag können für eventuelle Nachteile oder Schäden, die aus den im Buch vorgestellten Informationen resultieren, eine Haftung übernehmen.

www.blv.de

DIE KÖNNTEN SIE AUCH INTERESSIEREN.

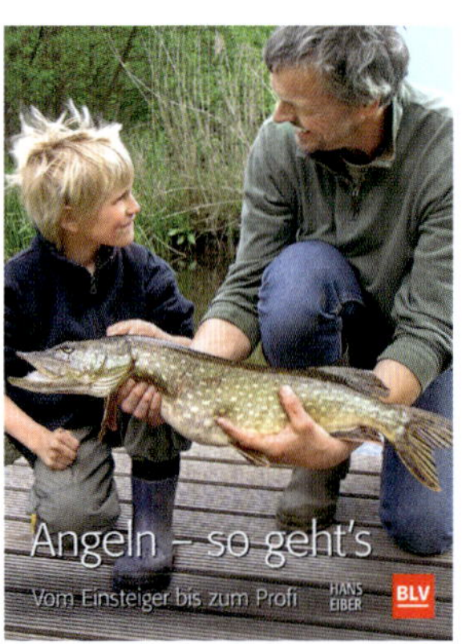

ISBN 978-3-8354-1508-9

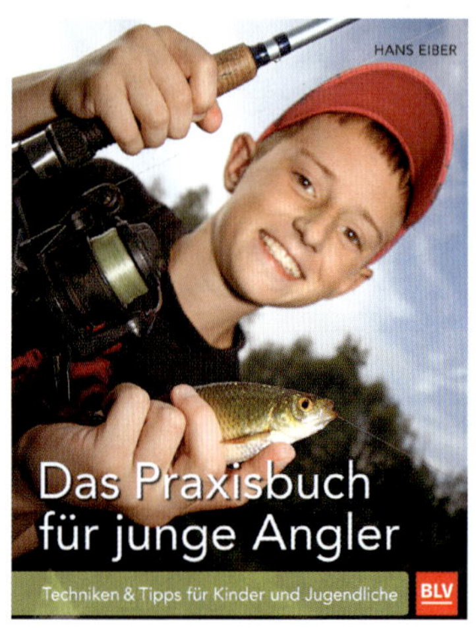

ISBN 978-3-8354-1697-0

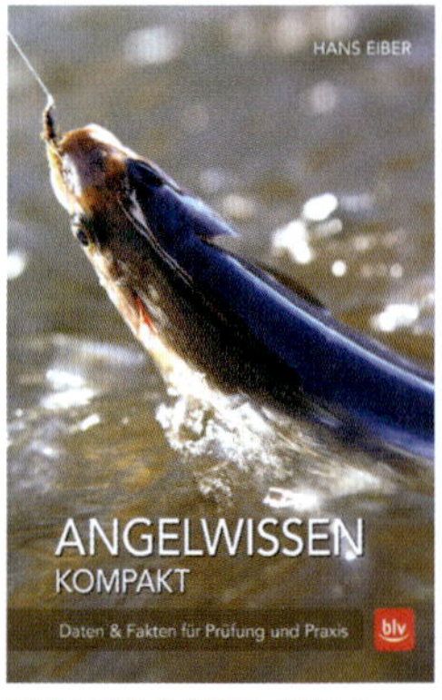

ISBN 978-3-8354-1514-9

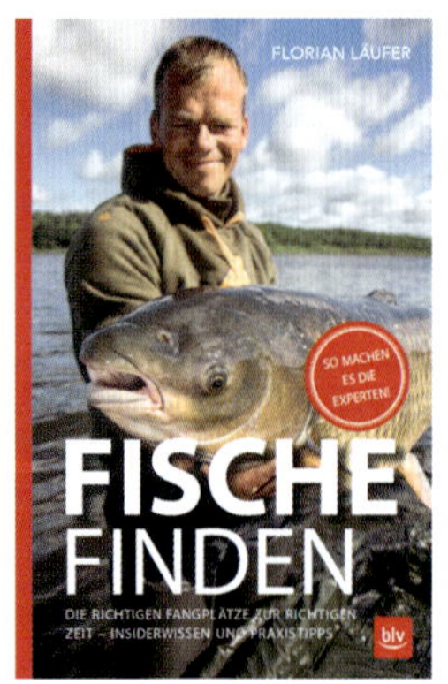

ISBN 978-3-8354-1751-9

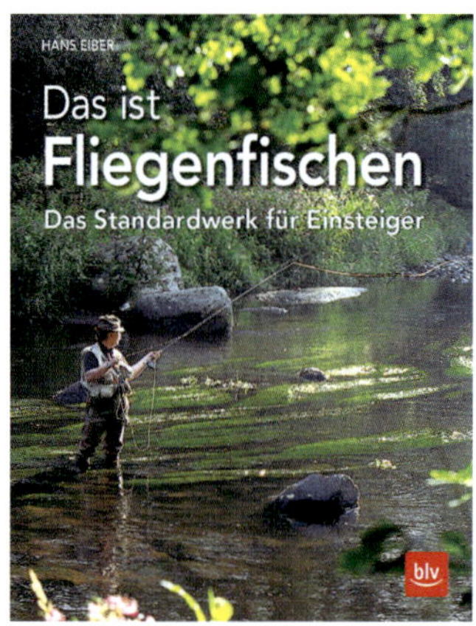

ISBN 978-3-8354-1810-3

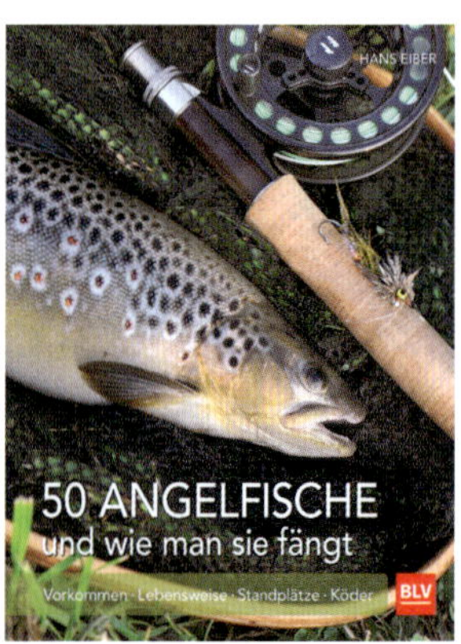

ISBN 978-3-8354-1624-6

Mehr von BLV auf **www.blv.de**